Hoffnung
die uns trägt

Wie Adventisten ihren Glauben bekennen

Rolf J. Pöhler

Herausgegeben von der
Freikirche der Siebenten-Tags-Adventisten

Vorwort

Reise der Hoffnung

von Jan Paulsen

Unser Leben gleicht einer Reise. Wir wählen die Straße, auf der wir unterwegs sind, und bestimmen damit das letzte Ziel sowie die Art und Weise, wie wir heute leben. Die ganze Menschheit befindet sich auf einer Reise von größter Wichtigkeit.

Adventisten sind Menschen, die ein festes Ziel vor Augen haben: das Kommen des auferstandenen Christus in Herrlichkeit und das Reich Gottes, das er für immer aufrichten wird. Wie das Volk Israel nach dem Auszug aus Ägypten, so befinden auch sie sich auf einer Reise der Hoffnung in einer angsterfüllten und orientierungslosen Welt.

Hoffnung hat nicht nur mit unserer Sehnsucht zu tun, sondern mit allem, was das Dasein bereichert, während wir in froher Erwartung leben. Unsere Hoffnung übt einen direkten Einfluss aus auf die Qualität unseres Lebens auf dem Weg zu ihrer Verwirklichung.

Diese Hoffnung stärkt uns, wenn wir auf schwierigem Terrain unterwegs sind. Sie befähigt uns, der Zukunft zuversichtlich und vertrauensvoll entgegenzusehen, ohne die Angst vor Ungewissheit und Orientierungslosigkeit, die unsere Gesellschaft kennzeichnet.

Siebenten-Tags-Adventisten sind – wie die christliche Kirche am Anfang – von einer lebendigen Hoffnung erfüllt, die ihrem Dasein Sinn und Freude gibt. Hoffnung ist so wichtig, dass es sich unbedingt lohnt, sie zu begreifen, zu ergreifen und mit anderen zu teilen.

Dieses Buch beschreibt das Wesen und die Bedeutung des adventistischen Glaubens. Ich lade Sie ein, mich auf dieser Reise der Hoffnung zu begleiten.

Jan Paulsen ist seit 1999 Präsident der Freikirche der Siebenten-Tags-Adventisten. Er wurde in Norwegen geboren und war auf drei Kontinenten als Pastor, Lehrer, Schulleiter und Regionspräsident für seine Kirche tätig. Er wurde an der Universität Tübingen zum Doktor der Theologie promoviert.

Einleitung

Credo – Ich glaube

von Rolf J. Pöhler

Eines der ältesten christlichen Glaubensbekenntnisse lautet: „Ich glaube, dass Jesus Christus Gottes Sohn ist." Die mit Abstand kürzesten bekenntnishaften Formulierungen jener Zeit enthalten lediglich zwei Worte: „Jesus (ist der) Christus" und „Christus (ist der) Herr."

Was die ersten Christen in wenigen Worten bzw. in einem einzigen Satz bezeugten, entwickelte sich im Lauf der Zeit zu sorgfältig durchdachten und ausformulierten Bekenntnissen, die die Kernaussagen und -anliegen des christlichen Glaubens immer wieder neu zum Ausdruck brachten.

Bis heute gilt das altkirchliche „Credo" als gemeinsames Glaubensfundament der Christenheit und wird im wöchentlichen Gottesdienst rezitiert. Siebenten-Tags-Adventisten stimmen diesem Bekenntnis zu, auch wenn es nicht zu ihrer gottesdienstlichen Liturgie gehört.

Während der Reformationszeit entstanden weitere Bekenntnistexte, in denen die protestantischen Kirchen Rechenschaft ablegten über ihren Glauben und ihre von der vorherrschenden Tradition abweichenden, biblisch begründeten Lehrauffassungen.

Auch Adventisten haben ihre Glaubensüberzeugungen in Form von 28 kurzen Artikeln zum Ausdruck gebracht – nicht zuletzt, um damit der Aufforderung des Apostels Petrus Folge zu leisten, der den Christen seiner Zeit schrieb: „Seid stets bereit, jedem Rede und Antwort zu stehen, der nach der Hoffnung fragt, die euch erfüllt." (1. Petrusbrief 3,15 Einheitsübersetzung)

Im Folgenden möchte ich Ihnen, liebe Leser, Auskunft geben über den Glauben der Siebenten-Tags-Adventisten, der mein eigener Glaube geworden ist. „Credo – Ich glaube …"

Rolf J. Pöhler ist Professor für Systematische Theologie an der Hochschule Friedensau. Er war als Pastor, leitender Mitarbeiter und theologischer Referent der Siebenten-Tags-Adventisten in Deutschland tätig. Er wurde an der Andrews-Universität (Michigan, USA) zum Doktor der Theologie promoviert.

Inhaltsübersicht

Präambel   Unterwegs im Glauben 8

Von Gott und seinem Wort
Kapitel 1   „Dein Wort macht mich klug" 14
Kapitel 2   „Groß ist das Geheimnis des Glaubens" 20
Kapitel 3   „Vater unser im Himmel" 26
Kapitel 4   „Ich glaube an Jesus Christus!" 32
Kapitel 5   Gott ist uns fern – und doch ganz nah 38

Von Mensch und Erlösung
Kapitel 6   „... und siehe, es war sehr gut!" 44
Kapitel 7   „Was ist der Mensch ...?" 50
Kapitel 8   Christus ist Sieger! 56
Kapitel 9   „Es ist vollbracht!" 62
Kapitel 10 „Ich weiß, dass ich gerettet bin!" 68
Kapitel 11 Alles, was lebt, wächst 74

Von der Gemeinde Jesu
Kapitel 12 Ich gehöre zur Familie Gottes 80
Kapitel 13 „Der Herr kennt die Seinen" 86
Kapitel 14 „Die Mauer ist weg – wir sind *ein* Volk!" 92
Kapitel 15 „Ich bin getauft auf deinen Namen ..." 98
Kapitel 16 Christus ist unter uns 104
Kapitel 17 „Reich beschenkt bin ich in dir" 110
Kapitel 18 Gott spricht zu uns – auch heute noch 116

Vom christlichen Leben

Kapitel 19 „Deinen Willen, mein Gott, tue ich gern" 122
Kapitel 20 Sabbat – „um des Menschen willen" 128
Kapitel 21 „Meinem Gott gehört die Welt ..." 134
Kapitel 22 Gott will unser Bestes! 140
Kapitel 23 „Was Gott zusammengefügt hat ..." 146

Von der Vollendung

Kapitel 24 „Wir haben einen großen Hohenpriester" 152
Kapitel 25 „Siehe, ich komme bald!" 158
Kapitel 26 „Man lebt nur zweimal" 164
Kapitel 27 Ende gut, alles gut 170
Kapitel 28 „Siehe, ich mache alles neu!" 176

Nachwort „Halte dich in der Mitte!" 182

Anhänge

Anhang 1 28 biblische Grundlehren 188
Anhang 2 Weiterführendes Studienmaterial 200

Abkürzungen / Bildnachweis / Impressum 222

 Aktualisierungen und Ergänzungen dieses Buches im Internet:
www.christsein-heute.info/hoffnung

Unterwegs im Glauben

Offenheit für neue Erkenntnisse

Mit etwa 30 Jahren war er zum Dekan der philosophischen Fakultät – einige Jahre später zum Rektor – der ältesten Universität in Mitteleuropa ernannt worden, die 1348 von Kaiser Karl IV. in Prag, der Hauptstadt des Heiligen Römischen Reiches, nach dem Pariser Vorbild gegründet worden war. Daneben übte er noch Priestertätigkeiten an der Bethlehem-Kapelle aus, wo er in der tschechischen Volkssprache predigte. Die Rede ist von dem böhmischen Reformator Jan Hus (um 1370-1415), der durch seine Kritik an der verweltlichten Kirche, sein Bekenntnis zur Autorität der Bibel und sein Eintreten für die Gewissensfreiheit in Konflikt mit der Kirche seiner Zeit geriet.

Zunächst untersagte man ihm die Ausübung seiner priesterlichen Funktionen, später wurde er mit dem Kirchenbann belegt. Schließlich sollte er sich vor dem Konstanzer Konzil rechtfertigen. Trotz des Versprechens von König Sigismund auf freies Geleit wurde Hus in Konstanz verhaftet, verurteilt und 1415 mitsamt seiner Bücher auf dem Scheiterhaufen verbrannt. Damit endete die Karriere des Prager Theologieprofessors, der sich bereits in jungen Jahren eine Regel zu eigen gemacht hatte, die ihn später Kopf und Kragen kosten sollte: „Vom Beginn meines Studiums an habe ich es mir zum Grundsatz gemacht, dass ich, sobald ich eine richtigere Meinung kennenlerne, sofort von meiner weniger richtigen ablasse und bescheiden und freudig die besser begründete Ansicht annehme." Wer heute das Hus-Museum in Konstanz besucht, kann diesen Text als Inschrift am Hus-Haus wiederfinden.

Nicht immer endet die Lebensgeschichte der mutigen Bekenner des Glaubens auf dem Scheiterhaufen. Hundert Jahre später entging Martin Luther diesem Schicksal, doch die Haltung war dieselbe, die er auf dem Reichstag zu Worms vor Kaiser und Fürsten an den Tag legte: „Wenn ich nicht mit Zeugnissen der Schrift oder mit offenbaren Vernunftgründen besiegt werde, so bleibe ich von den Schriftstellen besiegt, die ich angeführt habe, und mein Gewissen bleibt gefangen in Gottes Wort. Denn ich glaube weder dem Papst noch den Konzilien allein, weil es offenkundig ist, dass sie öfters geirrt und sich selbst widersprochen haben."

Präambel

Jan Hus wurde 1415 mitsamt seiner Bücher in Konstanz auf dem Scheiterhaufen verbrannt – vermutlich an dieser Stelle, wo heute ein Gedenkstein daran erinnert.

Im Glauben wachsen

Was für Päpste und Konzilien zutrifft, gilt auch für theologische Konferenzen und kirchliche Synoden: Sie können irren (und sie haben geirrt). Dabei ist das Eingeständnis eines Fehlers eigentlich kein Makel. Im Gegenteil: Wer seine Fehler erkennt und eingesteht, hat an Einsicht gewonnen und meist eine neue Erkenntnis dazu. Deshalb ist dem englischen Dichter und Schriftsteller Alexander Pope zuzustimmen, der meinte: „Niemand sollte sich jemals schämen zuzugeben, dass er sich geirrt hat; denn das bedeutet nichts anderes, als dass er heute weiser ist als gestern."

Der englische Theologe John Henry Newman (1801-1890) – der Aufsehen erregte, als er von der anglikanischen zur katholischen Kirche übertrat – drückte eine ähnliche Erkenntnis aus: „Leben heißt sich ändern, und vollkommen sein heißt, sich oft geändert haben." Gerade aus christlicher Sicht ist die Bereitschaft zur Veränderung eine wichtige Voraussetzung für ein gesundes Wachstum im Glauben. „Wachset in der Gnade und Erkenntnis unseres Herrn und Retters Jesus Christus!" schrieb Petrus an die Gläubigen (2 Ptr 3,18 EÜ*), während sich Paulus über die Christen in Thessalonich freute, „denn euer Glaube wächst ständig" (2 Ths 1,3 Hfa). Nur wer sich in seinem Denken verändern lässt, kann den Willen Gottes erkennen (Röm 12,2).

Bereits Jesus hatte seine Jünger darauf hingewiesen, dass es für sie auch später noch manches zu lernen geben würde: „Ich hätte euch noch viel mehr zu sagen, aber ihr könnt es jetzt noch nicht begreifen. Wenn aber der Geist der Wahrheit kommt, werdet ihr die Wahrheit vollständig erfassen." (Joh 16,12f. Hfa) Unter der Leitung des Heiligen Geistes sollte das Verständnis der Nachfolger Jesu für das Evangelium auch in Zukunft nachhaltig vertieft werden. Schließlich ist all unser Wissen – gerade auch unsere Erkenntnis über Gott – nur „Stückwerk", bis sich eines Tages die ganze Wahrheit enthüllen wird (1 Kor 13,9f.). Kein Glaubensbekenntnis, kein Dogma oder Lehrsatz kann deshalb den Anspruch erheben, das letzte und verbindliche Wort zu sein. Die Wahrheit der göttlichen Offenbarung –

* Abkürzungsverzeichnis auf Seite 222.

Nur anlässlich einer Weltsynode (Generalkonferenz-Vollversammlung, hier 2005 in St. Louis, USA) können Änderungen oder Ergänzungen der 28 adventistischen Glaubensüberzeugungen beschlossen werden.

genauer gesagt, unsere Erkenntnis dieser Wahrheit – ist dynamisch, fortschreitend, progressiv.

Den Glauben bewahren

Das bedeutet nun nicht, dass der christliche Glaube keine unumstößliche Wahrheit, kein klares Bekenntnis und keine feste Gewissheit kennt. „Dein Wort ist die Wahrheit", bezeugt Jesus im Johannesevangelium (Joh 17,17). Maßstab christlichen Denkens und Redens ist Gottes Wort, das in der Heiligen Schrift offenbart ist. Es verkündigt „das Geheimnis Gottes, das Christus ist, in welchem verborgen liegen alle Schätze der Weisheit und der Erkenntnis" (Kol 2,2f.). Diese gilt es zu bewahren und daran festzuhalten (Kol 1,23; 2,6f.). Darum werden die Gläubigen aufgefordert: „Tretet entschieden für den überlieferten Glauben ein, der dem heiligen Volk Gottes ein für alle Mal anvertraut worden ist." (Jud 3 GNB) Anders und noch deutlicher ausgedrückt: „Haltet entschlossen am Glauben fest, und bewahrt ihn genau so, wie er euch überliefert wurde; denn was Gott gesagt hat, ist für alle Zeit gültig." (Jud 3 Hfa)

Mit Martin Luther bekennen sich auch Siebenten-Tags-Adventisten zur Bibel als der verbindlichen Richtschnur ihres Glaubens (*sola scriptura*). Deshalb kann und will ihr Credo auch nur insoweit Geltung beanspruchen, wie es dem normativen biblischen Zeugnis entspricht. Im Unterschied zu den meisten anderen christlichen Glaubensbekenntnissen sind die adventistischen Glaubensüberzeugungen deshalb prinzipiell revisionsfähig und – wie die Geschichte zeigt – mehr als einmal überarbeitet bzw. neu formuliert worden. Ein für alle Zeiten fixiertes Credo, dessen Text unveränderlich ist, kennen sie – wie auch die Bibel selbst – nicht.

Um diese grundlegende Überzeugung zum Ausdruck zu bringen und die Vorrangstellung der Heiligen Schrift gegenüber allen späteren Bekenntnistexten deutlich zu machen, wurde den adventistischen Glaubensüberzeugungen bei ihrer Neuformulierung im Jahr 1980 eine Präambel vorangestellt, die folgenden Wortlaut hat:

> ## *Präambel*
>
> *Siebenten-Tags-Adventisten anerkennen allein die Bibel als Richtschnur ihres Glaubens und betrachten die folgenden Glaubensüberzeugungen als grundlegende Lehren der Heiligen Schrift. Diese Glaubensaussagen stellen dar, wie die Gemeinde die biblische Lehre versteht und bezeugt. Eine Neufassung ist anlässlich einer Vollversammlung der Generalkonferenz (Weltsynode) dann zu erwarten, wenn die Gemeinde durch den Heiligen Geist zu einem tieferen Verständnis der biblischen Wahrheit gelangt oder bessere Formulierungen findet, um die Lehren des heiligen Gotteswortes auszudrücken.*
>
> („Glaubensüberzeugungen der Siebenten-Tags-Adventisten", Präambel)

Neues und Altes

Wer die Glaubensüberzeugungen der Adventisten in ihrer Entstehung und Entwicklung verfolgt, wird feststellen, dass sie von zahlreichen unveränderten und biblisch verwurzelten Grundüberzeugungen geprägt sind, jedoch auch eine Reihe von theologischen Entwicklungen erkennen lassen. Ein ehemaliger Kirchenpräsident drückte es so aus: „Kein ernsthafter Betrachter der adventistischen Geschichte kann unsere Vergangenheit studieren ohne zu bemerken, dass ein gleichbleibender Faktor im Adventismus in dessen Bereitschaft besteht, sich zu ändern." (Neal C. Wilson)

Dass dieser Umstand nicht gegen, sondern eher für das adventistische Bekenntnis spricht, hat ein katholischer Theologe in einem bedenkenswerten Satz zum Ausdruck gebracht, der für alle Kirchen Gültigkeit hat: „Wahre Treue gegenüber der Vergangenheit schließt die Bereitschaft ein, vorwärts zu gehen, ermutigt vom Beispiel unserer Vorgänger." (Avery Dulles) Ellen G. White – fraglos die einflussreichste Persönlichkeit im Adventismus – hat diesen Gedanken immer wieder und mit Nachdruck unterstrichen (siehe die folgenden beiden Seiten).

Die Bereitschaft, die eigenen Überzeugungen anhand der Heiligen Schrift zu überprüfen und gegebenenfalls zu korrigieren, ist ein nachhaltiger Impuls aus der adventistischen Frühzeit. Der spätere Europamissionar John N. Andrews rief 1849 als gerade 20-Jähriger voller Idealismus aus: „Ich würde tausend Irrtümer gegen eine Wahrheit eintauschen!"

In diesem Satz spiegelt sich die Einstellung von Jan Hus ebenso wider wie die von Martin Luther. Siebenten-Tags-Adventisten wollen dem Beispiel derer folgen, die im Sinne des Jesuswortes gehandelt haben: „Jeder Schriftgelehrte also, der ein Jünger des Himmelreichs geworden ist, gleicht einem Hausherrn, der aus seinem reichen Vorrat Neues und Altes hervorholt." (Mt 13,52 EÜ)

An einem Fachwerkhaus in Stein am Rhein, einem am Bodensee gelegenen kleinen Ort in der Schweiz, befindet sich folgende Inschrift: „Lasset uns am Alten – so es gut ist – halten, doch auf alten Grund Neues wirken jede Stund." Kein schlechtes Motto für die Kirche von Jesus Christus!

Ellen G. White: „Die Wahrheit ist progressiv"

In ihrem Schrifttum hielt Ellen White eine sorgfältige Balance aufrecht zwischen dem Bedarf an lehrmäßiger Kontinuität und Identität einerseits und der realen Möglichkeit theologischer Erneuerung und Veränderung andererseits. Unermüdlich warnte sie die Gemeinde vor der gleichgültigen Vernachlässigung von kostbarem „alten Licht" sowie vor dem Widerstand gegenüber „neuem Licht". Hier ist eine repräsentative Auswahl ihrer Aussagen zur Frage der Glaubens- und Lehrentwicklung:

„Christus gab seinen Jüngern Wahrheiten, deren Breite und Tiefe und Wert sie nur wenig schätzten oder begriffen, und die gleiche Situation findet sich auch heute in der Gemeinde Gottes. Auch wir haben weder die Größe noch die Schönheit der Wahrheit begriffen, die Gott uns heute anvertraut hat. Würden wir in geistlicher Erkenntnis zunehmen, würden wir sehen, wie die Wahrheit sich in Richtungen entwickelt und ausdehnt, von denen wir kaum geträumt haben." *(1)*

„Es ist unmöglich, Menschen den Heiligen Geist zu verleihen, die in ihren Vorstellungen festgefahren und deren Lehren alle gleichbleibend und unveränderlich sind." *(2)*

„Auch Siebenten-Tags-Adventisten stehen in der Gefahr, ihre Augen vor der Wahrheit, wie sie in Jesus ist, zu verschließen, wenn sie im Widerspruch zu dem steht, was sie für richtig gehalten haben." *(3)*

„Immer wenn die Gemeinde Gottes in der Gnade wächst, wird sie beständig ein klareres Verständnis seines Wortes finden. Sie wird neues Licht und neue Schönheit in seinen heiligen Wahrheiten entdecken. Dies war schon immer so in der Geschichte der Kirche und wird auch bis zum Ende so weitergehen. Wenn aber echtes geistliches Leben abnimmt, wächst die Gefahr eines Stillstands in der Erkenntnis der Wahrheit. Die Menschen ruhen sich dann selbstzufrieden auf den Erkenntnissen aus, die sie bereits aus Gottes Wort erhalten haben und entmutigen andere, die Heilige Schrift noch gründlicher zu erforschen. Sie werden konservativ und weichen Diskussionen aus." *(4)*

„Niemand von uns kann sich mit der Meinung rechtfertigen, dass es keine Wahrheit mehr zu offenbaren gäbe und dass alle unsere Auslegungen der Bibel ohne Fehler seien. Die Tatsache, dass gewisse Lehren viele Jahre lang als Wahrheit angesehen wurden, ist kein Beweis für die Unfehlbarkeit unserer Vorstellungen.

Ellen G. White: „Die Wahrheit ist progressiv" (Forts.)

Alter macht aus Irrtum keine Wahrheit, und die Wahrheit kann es sich leisten, fair zu sein. Keine wahre Lehre wird durch eine sorgfältige Prüfung etwas verlieren." *(5)*

„Wenn wir unseren Geist offenhalten und ständig die göttliche Offenbarung erforschen, werden wir reiche Schätze der Wahrheit finden. Alte Wahrheiten werden in neuen Blickwinkeln erscheinen, und Wahrheiten werden aufleuchten, die wir bei unserer Suche übersehen haben." *(6)*

„Ich bin gefragt worden: ‚Meinst du, dass der Herr noch mehr Licht für uns als Gemeinde hat?' Ich antworte: Er hat Licht, das für uns neu ist, aber es ist kostbares altes Licht, das vom Wort der Wahrheit hervorleuchtet. Wir besitzen erst die Schimmer der Lichtstrahlen, die noch auf uns kommen werden ... Wir werden nie einen Punkt erreichen, von dem ab es keinen Zuwachs in der Wahrheitserkenntnis mehr für uns geben wird." *(7)*

„Je sorgfältiger wir nach der Wahrheit wie nach einem verborgenen Schatz suchen – denn es gibt helle und wichtige Wahrheiten, von denen wir bisher erst die Schatten kennen –, desto gewisser werden wir im Licht fortschreiten, wie Er im Licht ist." *(8)*

„Wir haben noch viele Lektionen zu lernen und sehr viele zu verlernen. Gott allein ist unfehlbar. Wer meint, keine liebgewordenen Ansichten aufgeben, seine Meinung nicht ändern zu müssen, wird enttäuscht werden ... Gott möchte, dass wir alle Lehrauffassungen sorgfältig und beharrlich durchforschen. Als Gläubige dürfen wir uns nicht mit bloßen Vermutungen und unklaren Vorstellungen über die Wahrheit zufriedengeben ... Es ist deshalb wichtig, dass wir bei der Verteidigung unserer Glaubensüberzeugungen niemals zu Argumenten greifen, die nicht völlig stichhaltig sind ... Wir sollten nur solche Argumente verwenden, die ... der sorgfältigsten Prüfung standhalten." *(9)*

„Die Wahrheiten von der Erlösung können sich ständig entwickeln und ausdehnen. Es sind alte Wahrheiten, die dem Wahrheitssuchenden aber ganz neu erscheinen ... In jeder Epoche gibt es eine neue Entwicklung der Wahrheit, eine Botschaft Gottes an die Menschen dieser Generation. Die alten Wahrheiten sind alle unentbehrlich; neue Wahrheit ist nicht von der alten gelöst, sondern deren Entfaltung. Nur wenn wir die alten Wahrheiten verstehen, können wir die neuen begreifen ... Wer aber das Neue verwirft oder vernachlässigt, besitzt das Alte nicht wirklich. Es verliert seine Kraft und wird zur bloßen, leblosen Form." *(10)*

(1) Selected Messages, Band 1, S. 188
(2) Selected Messages, Band 1, S. 386
(3) Testimonies to Ministers and Gospel Workers, S. 70
(4) Counsels to Writers and Editors, S. 38-39
(5) Review and Herald, 20. Dezember 1892
(6) Manuskript 75, 1897
(7) Selected Messages, Band 1, S. 401, 404
(8) Brief 147, 1897
(9) Counsels to Writers and Editors, S. 37, 40
(10) Christ's Object Lessons, S. 127-128

„Dein Wort macht mich klug"

Mit der Bibel in der Hand ist der Christ mündig

Eigentlich wollte Schafan nur das Geld der Tempelsammlung abholen, um die Handwerker zu bezahlen, die im Auftrag König Josias am Gotteshaus arbeiteten. Doch was ihm der Hohepriester Hilkija dann noch mitgab, entpuppte sich als ein wertvoller Fund. Es handelte sich nämlich um das „Buch des Bundes" – vermutlich das fünfte Buch Mose –, das bei den Aufräumarbeiten gefunden worden war. Als der königliche Schreiber es Josia vorlas, zerriss dieser vor Entsetzen seine Kleider, denn er erkannte, wie sehr seine Vorgänger und das Volk von den Weisungen Gottes abgewichen waren. Daraufhin veranlasste der König eine öffentliche Lesung des Buches, dem die Erneuerung des Bundes, die Abschaffung des Götzendienstes und eine tiefgreifende Reform des Gottesdienstes folgten (2 Kön 22f.; 2 Chr 34). Die Kultusreform des Josia war ein Höhepunkt in der meist dunklen Geschichte Judas.

Szenenwechsel. Nach der Rückkehr aus dem babylonischen Exil ließ der Schriftgelehrte Esra auf einer Volksversammlung am Neujahrstag das Gesetz Moses – alle fünf Bücher – öffentlich verlesen und von den Leviten in die aramäische Volkssprache übersetzen. Dem tief erschütterten Volk – auch ihm war der Gegensatz zwischen dem Willen Gottes und ihrem eigenen Tun schmerzlich bewusst geworden – verordneten sie daraufhin ein Freudenfest. „Seid nicht bekümmert; denn die Freude am Herrn ist eure Stärke." Auch während der folgenden Tage und Wochen trafen sich die Familienoberhäupter, um das „Buch des Gesetzes" zu hören, sich von den Priestern und Leviten darin unterweisen zu lassen und in einer feierlichen Selbstverpflichtung das Einhalten der Weisungen und Gebote Gottes zu geloben (Neh 8-10). Diese denkwürdigen Ereignisse übten großen Einfluss auf das nachexilische Judentum aus.

Erneuter Szenenwechsel. Drei Tage hatten sie ihn verzweifelt gesucht, doch er war wie vom Erdboden verschwunden. Als seine Eltern im Tempelbezirk nach ihm Ausschau hielten, entdeckten sie ihn schließlich im Kreise von Schriftgelehrten, mit denen er eifrig über die Heiligen Schriften disputierte.

Kapitel 1

Alle waren erstaunt über seine einsichtsvollen Fragen und Antworten – mehr als ungewöhnlich für einen Zwölfjährigen, der gerade erst religionsmündig geworden war. Jetzt saß er schon bei den Erwachsenen und erklärte ihnen das Wort Gottes! Als seine Mutter Maria ihn zur Rede stellte, verstand er ihre Aufregung nicht. „Warum habt ihr mich gesucht?", erwiderte Jesus. „Ihr hättet doch wissen müssen, dass ich dort sein muss, wo es um Gottes Sache geht." (Lk 2,42 Hfa) Zwanzig Jahre später staunte das ganze Volk über die außergewöhnliche Schriftkenntnis des gelernten Tischlers Jesus von Nazareth.

Gottes Wort macht Menschen weise

Was diese Beispiele verbindet, ist die nachhaltige Wirkung einer intensiven persönlichen Beschäftigung mit der Heiligen Schrift. Wenn Menschen das Wort Gottes hören oder lesen, ernst nehmen und befolgen, verändert sich nicht nur ihr eigenes Leben, sondern auch das ganzer Familien, Völker und Kulturen. Die Geschichte unserer Welt ist auch die Geschichte eines Buches, das wie kein anderes selbst Geschichte gemacht und geprägt hat: die Bibel (griech.: *biblia*) – „das Buch". Von ihm bezeugen Adventisten mit vielen anderen Christen:

Die Heilige Schrift — 1

Die Heilige Schrift – Altes und Neues Testament – ist das geschriebene Wort Gottes, durch göttliche Inspiration heiligen Menschen anvertraut, die geredet und geschrieben haben, getrieben vom Heiligen Geist. In diesem Wort hat Gott dem Menschen alles mitgeteilt, was zu dessen Errettung nötig ist. Die Heilige Schrift ist die unfehlbare Offenbarung seines Willens. Sie ist der Maßstab für den Charakter und der Prüfstein aller Erfahrungen. Sie ist die maßgebende Offenbarungsquelle aller Lehre und der zuverlässige Bericht von Gottes Handeln in der Geschichte.

(Glaubensüberzeugungen der Siebenten-Tags-Adventisten, Nr. 1)

Die hohe Wertschätzung, die Christen der Bibel gegenüber besitzen, ist das Erbe des Judentums, dessen Heilige Schriften als das ältere bzw. Alte Testament den ersten Teil der christlichen Bibel bilden. Sie werden durch die Schriften der Apostel und deren Schüler – das Neue Testament – ergänzt und erklärt. Später erhielt auch der Islam eine eigene „Bibel", den Koran. Gemeinsam bilden Judentum, Christentum und Islam die drei großen Buchreligionen der Menschheit. Keine von ihnen wäre ohne ihre „Heilige Schrift" zur Weltreligion geworden.

Das längste Kapitel der Bibel besteht aus einem scheinbar nicht enden wollenden Loblied auf die Vorzüge der Thora, der einzigartigen Offenbarung des Willens Gottes an Israel. Dabei wird jedem der 22 Buchstaben des hebräischen Alphabets eine Strophe gewidmet, deren acht Verse jeweils mit demselben Buchstaben beginnen. Strophe 13 ist dem Buchstaben „M" gewidmet und enthält die folgenden bemerkenswerten Sätze: „Wie habe ich dein Gesetz so lieb! Täglich sinne ich ihm nach. Du machst mich mit deinem Gebot weiser, als meine Feinde sind; denn es ist ewiglich mein Schatz. Ich habe mehr Einsicht als alle meine Lehrer; denn über deine Mahnungen sinne ich nach. Ich bin klüger als die Alten; denn ich halte mich an deine Befehle." (Ps 119,97-100) Wer sowohl seinen Gegnern als auch seinen Lehrern und Eltern überlegen ist, der ist in der Tat ein weiser Mensch. „Dein Wort macht mich klug." (Vers 104)

Die Bibel – das Kursbuch der Gemeinde

Die Evangelien sind eine eindrucksvolle Bestätigung dieser Wahrheit. So hat Jesus dem Versucher, der ihn – sogar mit Bibelsprüchen! – vom richtigen Weg abzubringen versuchte, ein dreimaliges „Es steht geschrieben" entgegengehalten und ihm damit fest widerstanden (Mt 4,4.7.10). Schon als Zwölfjähriger war er aufgrund seiner hervorragenden Schriftkenntnis den Rabbis an Einsicht überlegen und in der Bergpredigt konterte er das Traditionsargument „Ihr habt gehört, dass zu den Alten gesagt ist" mit einem sechsfachen „Ich aber sage euch" (Mt 5,21. 27.31.33.38.43). Damit stellte er sich nicht gegen die Schrift, sondern erwies sich als ihr vollmächtiger Ausleger. Immer wieder zitierte er die Bibel, um seine Lehre (Mt 19,3-6) sowie seinen messianischen Anspruch zu untermauern (Mt 21,42-44; Mk 12,35-37; Lk 24,44-47; Joh 10,33-36). In seinen Augen legte die Schrift ein klares Zeugnis von ihm ab (Joh 5,39).

Auch die Apostel beriefen sich in ihrer Verkündigung immer wieder auf die Heilige Schrift (Apg 28,23ff.; Röm 1,1f.; 2 Tim 3,15f.; 2 Ptr 1,19-21) und forderten die Gläubigen dazu auf, die gehörte Botschaft anhand ihrer Bibel zu überprüfen (Apg 17,11; 1 Ths 5,20f.). Gleichzeitig beanspruchten sie Autorität für das, was sie im Auftrag Gottes lehrten und verkündigten (1 Kor 14,37; Gal 1,8-12). Bald achteten die christlichen Gemeinden die Schriften der Apostel und ihrer Schüler ebenso wie den jüdischen Kanon (2 Ths 2,15; 2 Ptr 3,15f.). Evangelien und Briefe wurden gesammelt und von späteren, apokryphen Schriften unterschieden, bis sie schließlich als „Neues Testament" kanonischen – d. h. verbindlichen – Status erlangten. Um 400 n. Chr. war die Bildung des christlichen Kanons (griech.: Richtschnur) abgeschlossen.

Die Bedeutung der Kanonbildung lässt sich auf einen einfachen Nenner bringen: „Durch die Schaffung einer Norm hat die Kirche verzichtet, ihre eigene Norm zu sein." (O. Cullmann) Im Laufe der Jahrhunderte wurde jedoch der kirchlichen Tradition und dem bischöflichen (Lehr-)Amt immer mehr Gewicht beigemessen, das es der Bibel nicht mehr erlaubte, die Lehre und Praxis der Kirche wirksam zu kritisieren. Dagegen betonten die Reformatoren des 16. Jahrhunderts das „sola scriptura"-Prinzip, das die Bibel als die einzige und letztverbindliche Quelle der Glaubenswahrheit versteht und die Kirche ihrer göttlichen Autorität unterordnet. Die Heilige Schrift ist der Maßstab für Lehre und Leben, Denken und Tun der Gemeinde; von ihr muss sie sich beurteilen lassen. In der Bibel hat Gott seinen Willen klar und verständlich offenbart und uns alles mitgeteilt, was zur Erlangung des Heils nötig ist. Wer ihr folgt, wird das Ziel seines Lebens „unfehlbar" finden – er kann es unmöglich verfehlen (2 Tim 3,15f.).

Die vierfache Gestalt des Wortes Gottes

Der Ausdruck „Wort Gottes" – und die damit gemeinte Sache – wird in der Bibel unterschiedlich verstanden und gedeutet. Er bezeichnet sowohl die mündliche und schriftliche als auch die „persönliche" Form des Redens Gottes mit uns Menschen.

1. Die Prophetie – das bezeugte Wort Gottes

Jer 5,13; 27,18; Offb 1,1-3.9
Bei Jeremia und Hesekiel heißt es 70 Mal: „Das Wort des Herrn geschah/kam zu ..."

2. Die Predigt – das verkündigte Wort Gottes

Apg 6,7; 8,25; 15,35f.; Röm 10,17; Gal 1,11f.; 1 Ths 2,13; 1 Ptr 4,11

3. Die Heilige Schrift – das schriftgewordene Wort Gottes

Ps 119; Joh 10,35; 2 Tim 3,14-17; 2 Ptr 1,19-21; Hbr 4,12

4. Jesus Christus – das menschgewordene Wort Gottes

Joh 1,14; Hbr 1,1f.; Offb 19,13

Jesus Christus ist der eigentliche Inhalt, die bleibend gültige Botschaft der Prophetie, der Predigt und der Schrift. Insofern ER durch sie zu Wort kommt, weisen sie alle auf Ihn hin.

Vom Lesebuch zum Lebensbuch

Adventisten stehen erklärtermaßen auf dem Boden dieser reformatorischen Erkenntnis. Ellen White – als Mitbegründerin und Prophetin der Gemeinde hoch geachtet – stellte klar, was diese Lehre für einen Christen konkret bedeutet: „Es ist die erste und höchste Pflicht jedes vernünftigen Wesens, aus der Heiligen Schrift zu lernen, was Wahrheit ist, und dann in diesem Licht zu wandeln und andere zu ermutigen, ihrem Beispiel zu folgen. Wir sollten Tag für Tag fleißig in der Bibel forschen, jeden Gedanken wägen und Text mit Text vergleichen. Mit Gottes Hilfe müssen wir uns selbst unsere Meinungen bilden, da wir auch für uns selbst vor Gott Rechenschaft abzulegen haben." („Der große Kampf", S. 599)

So weit die Theorie – doch wie sieht die Praxis aus? Dem steigenden Bildungsniveau der Bevölkerung steht eine zunehmende Unkenntnis der Bibel gegenüber. Auch in freikirchlichen Kreisen nimmt die Bibelkenntnis immer mehr ab. Dabei handelt es sich bei der Bibel um einen einzigartigen Klassiker der Weltliteratur, den jeder gebildete Mensch kennen sollte. Selbst Nichtchristen sind davon angetan. So antwortete der Atheist Bertold Brecht auf die Frage eines Journalisten nach seiner Lieblingslektüre: „Sie werden lachen: die Bibel!" Um wie viel mehr haben Christen, die sich zur Heiligen Schrift als dem inspirierten Wort Gottes bekennen und glauben, darin das wahre, ewige Leben zu finden (Joh 5,39), allen Grund, sie regelmäßig zu lesen und gründlich zu studieren! Wie sagte doch einmal der Schriftsteller Manfred Hausmann: „Mit der Bibel in der Hand ist der Christ mündig. Sonst nicht."

Ellen G. White über die Inspiration der Bibel

„Die Bibel ist von Menschen geschrieben. Diese waren vom Heiligen Geist inspiriert ... Die Bibel wurde nicht in einer großartigen übermenschlichen Sprache offenbart. Um jeden zu erreichen, wurde Jesus Mensch. Die Bibel musste also in der Sprache des Menschen geschrieben werden. Alles aber, was menschlich ist, ist auch unvollkommen.

Die Bibel wurde von inspirierten Menschen geschrieben, aber es ist nicht die Art, wie Gott seine Gedanken ausdrückt, sondern wie es Menschen tun. Nicht Gott als Autor wird dargestellt. Menschen werden oft sagen, ein solcher Ausdruck sei nicht göttlich. Aber Gott hat sich in der Bibel nicht in Worten, Logik und Rhetorik einem Test unterziehen wollen. Die Autoren der Bibel waren Gottes Schreiber, nicht seine Feder. Halte dir doch die verschiedenen Schreiber vor Augen! Nicht die Worte der Bibel sind inspiriert, sondern die Menschen. Die Inspiration bezieht sich nicht auf die Worte oder Ausdrücke des Menschen, sondern auf ihn selbst. Er ist es, der unter dem Einfluss des Heiligen Geistes mit Gedanken erfüllt wird. Doch die Worte tragen den Stempel der jeweiligen Persönlichkeit. Der göttliche Geist hat sich mitgeteilt. Der göttliche Geist und Wille verbinden sich mit dem Geist und Willen des Menschen. Auf diese Weise werden die Worte des Menschen zum Wort Gottes."

(„Für die Gemeinde geschrieben: Ausgewählte Botschaften" von Ellen G. White, Advent-Verlag, Hamburg, 1991, Bd. 1, S. 9-22)

Die Bibel – einzigartig und unvergleichlich

Inwiefern unterscheidet sich die Bibel von anderen Büchern?

1. Ihr Ursprung: Die Bibel verdankt ihre Entstehung dem besonderen Reden Gottes in der Vergangenheit und dem bei Hörern wie Lesern gewirkten Glauben an Gottes Offenbarung.

2. Ihre Existenz: Die Bibel hat alle Kritik, Ablehnung, Verfolgung und Verbote unbeschadet überstanden. Weder die römischen Kaiser noch die mittelalterliche Kirche, die französische Revolution oder der atheistische Kommunismus konnten ihr bleibenden Schaden zufügen.

3. Ihre Überlieferung: Die Bibel ist das am besten überlieferte Buch des Altertums. Die Handschriftenfunde von 1947 beweisen die Sorgfalt der Überlieferung des Alten Testaments. Vom Neuen Testament gibt es über 5000 Handschriften, die zum Teil bis ins 2. Jh. zurückreichen. Zum Vergleich: Die älteste erhaltene Handschrift der Schriften Platons stammt aus dem Jahr 895 n. Chr.

4. Ihre Verbreitung: Die Bibel ist das am weitesten verbreitete Buch der Weltliteratur. Sie liegt in ca. 400 Sprachen komplett vor, Teile davon in weiteren 1900 Sprachen. Allerdings sind noch immer über 4000 Sprachen ohne Bibel(teile).

5. Ihre Glaubwürdigkeit: Manches (nicht alles), was von Kritikern angezweifelt wurde, ist inzwischen von der Archäologie und Altertumsforschung bestätigt worden, zum Beispiel die Existenz der Hetiter und des Mederkönigs Darius. Erfüllte Prophezeiungen über Völker und Städte sowie über den Messias unterstreichen ebenfalls die Glaubwürdigkeit ihrer Aussagen.

6. Ihre Aktualität: Die Bibel enthält praktische Hinweise und Ratschläge für viele Bereiche des Lebens – Hygiene, Gesundheit, Ernährung, Ehe, Familie, Religion, Ethik, Politik, Recht, Wirtschaft und Soziales –, die bis heute aktuell und von kulturübergreifender Bedeutung sind.

7. Ihre Einheit: Trotz ihrer langen Entstehungszeit von weit über 1000 Jahren, zahlreicher Verfasser und Redaktoren sowie unterschiedlicher Textgattungen bildet die Bibel eine Einheit, was auf einen Hauptautoren (Gott) als ihre letzte Wirkursache (prima causa) schließen lässt.

8. Ihre Botschaft: Die Bibel enthält im Grunde genommen eine einzige Botschaft, nämlich das Evangelium von Christus, dem wahren Heil, und vom ewigen Leben, das er uns bringt.

9. Ihre Wirkung: Die Bibel hat das Leben unzähliger Menschen sowie ganzer Völker und Kulturen bis zum heutigen Tag nachhaltig zum Guten verändert.

10. Ihre Autorität: Die Bibel ist das offenbarte, inspirierte und autoritative „Wort Gottes".

Argumente wie diese sind keine Beweise für die Wahrheit der Heiligen Schrift, wohl aber überzeugende Indizien. Das Vertrauen zum Wort Gottes entsteht durch den Geist Gottes (Röm 8,16). „Das Zeugnis des Heiligen Geistes ist besser als alle Beweise." (Johannes Calvin)

„Groß ist das Geheimnis des Glaubens"

Gottes ewige Liebe ist offenbart und doch verborgen

Seit Monaten hatte er von ihm geredet, sein nahe bevorstehendes Kommen angekündigt. Von überall her strömten die Leute in die Wüste, um den außergewöhnlichen Prediger zu sehen und seine herausfordernde Botschaft zu hören. „Macht den Weg frei für den Herrn! Räumt alle Hindernisse weg, damit er kommen kann! Dann werden wir alle den von Gott gesandten Retter sehen!" (Lk 3,4-6 Hfa) Zum Zeichen der Umkehr und Sündenvergebung sowie zur Vorbereitung auf den Messias ließen sich die Menschen im Jordan untertauchen. Der Täufer selbst hielt jeden Tag nach ihm Ausschau und wartete sehnsüchtig auf die Erfüllung der göttlichen Verheißung.

Zunächst hatte Johannes ihn in der Reihe der Taufwilligen gar nicht bemerkt. Doch als Jesus plötzlich vor ihm stand, wurde ihm bewusst: Dies ist der versprochene Retter und Richter der Welt, der Sohn Gottes, „der größer ist als ich, denn er war da, lange bevor es mich gab" (Joh 1,29-34 NL). Widerwillig gab er dessen Wunsch nach, ebenfalls getauft zu werden. Hätte es nicht eher umgekehrt sein sollen? Doch dann geschah etwas Unerwartetes: „Da tat sich der Himmel auf, und der Heilige Geist fuhr hernieder auf ihn in leiblicher Gestalt wie eine Taube, und eine Stimme kam aus dem Himmel: Du bist mein lieber Sohn, an dir habe ich Wohlgefallen." (Lk 3,21.22) Gott, der Vater, bekannte sich zu seinem geliebten Sohn, berief ihn zu seiner einzigartigen Mission und rüstete ihn dafür mit dem Heiligen Geist aus.

Kapitel 2

Bei der Taufe Jesu bekannte sich Gott-Vater zu seinem geliebten Sohn, berief ihn zu seiner einzigartigen Mission und rüstete ihn dafür mit dem Heiligen Geist aus.

Auch heute sind bei einer christlichen Taufe Gott-Vater, Jesus Christus und der Heilige Geist beteiligt. Nach seiner Auferstehung befahl Jesus seinen Jüngern: „Geht hinaus in die ganze Welt und ruft alle Menschen in meine Nachfolge! Tauft sie und führt sie hinein in die Gemeinschaft mit dem Vater, dem Sohn und dem Heiligen Geist!" (Mt 28,19 Hfa) Menschen nicht nur „im Namen Gottes", sondern „in seinen Namen hinein" zu taufen heißt nach dem Grundtext, sie in eine persönliche Verbindung mit ihm zu führen. Nachfolge Jesu schließt eine vertrauens- und liebevolle Beziehung zu Gott ein – dem Vater, dem Sohn und dem Geist. An dieser Stelle wird deutlich: Christen reden anders von Gott als dies im Judentum und Islam, den beiden anderen großen monotheistischen Religionen, der Fall ist. Obwohl sich alle drei zu einem einzigen Gott bekennen, ist der Gott der Christen ein dreieiniger, das heißt „dreifach-einziger" Gott.

Ein dreieiniger Gott

Hier scheiden sich die Geister: Während die einen die Lehre von der „Trinität" als heidnische bzw. christliche Irrlehre verwerfen, machen die anderen darauf aufmerksam, dass bereits das Neue Testament – die verbindliche Glaubensurkunde der Christenheit – von Gott in zweifacher, ja in dreifacher Form redet. Jesu Auftreten, sein quasi-göttlicher Anspruch (Mk 2,5-12; Joh 10,1-30; 14,6-11) und sein intimes Vater-Sohn-Verhältnis zu Jahwe (Mk 14,36) prägten und veränderten das Gottesbild der Jünger und späteren Apostel. Die biblische Lehre vom „einzig-einen" Gott wurde zwar aufrechterhalten und bestätigt (5 Mo 6,4f.; Mk 12,29; 1 Tim 1,17), gleichzeitig jedoch zum Glauben an den „drei-einen" Gott erweitert und vertieft.

Das Wort „Trinität" kommt in der Bibel zwar nicht vor, doch findet sich eine ganze Reihe von Aussagen, die in diese Richtung weisen. So schließt beispielsweise Paulus den zweiten Korintherbrief mit folgendem Segensspruch: „Die Gnade unseres Herrn Jesus Christus und die Liebe Gottes und die Gemeinschaft des Heiligen Geistes sei mit euch allen!" (2 Kor 13,13; vgl. Mt 28,19; 1 Kor 12,4-6; Eph 4,4-6; 2 Ths 2,13f.; 1 Ptr 1,2) „Gemeinschaft mit dem Heiligen Geist"? – das ist mehr als die Verbindung mit einer göttlichen Kraft oder Energie. Es ist die direkte Beziehung zum persönlichen Stellvertreter von Jesus Christus auf Erden, in dem sich Gottes Gegenwart verbirgt und zugleich enthüllt (Joh 14,16.26; 15,26; 16,7-15).

Wie die Taufe Jesu zeigt, sind Vater, Sohn und Geist deutlich zu unterscheiden, doch sie können und dürfen nicht voneinander getrennt werden. Was von Gott, dem Vater, zu sagen ist, gilt deshalb auch vom Sohn und vom Geist. Die Wesenseigenschaften Gottes – Ewigkeit, Unsterblichkeit, Unendlichkeit, Schöpfermacht, Allwissenheit, Allgegenwart etc. – lassen sich nicht auf den himmlischen Vater begrenzen, sondern sie gelten ebenso für den Sohn und den Heiligen Geist. Von diesem dreieinigen Gott bezeugen Adventisten mit unzähligen anderen Christen aus Vergangenheit und Gegenwart:

Die Dreieinigkeit | 2

Es ist ein Gott: Vater, Sohn und Heiliger Geist – drei in Einheit verbunden, von Ewigkeit her. Gott ist unsterblich, allmächtig und allwissend; er steht über allem und ist allgegenwärtig. Er ist unendlich und jenseits aller menschlichen Vorstellungskraft. Dennoch kann er erkannt werden, weil er sich selbst offenbart hat. In alle Ewigkeit gebührt ihm Ehre, Anbetung und der Dienst der ganzen Schöpfung.

(Glaubensüberzeugungen der Siebenten-Tags-Adventisten, Nr. 2)

Ein offenbartes Geheimnis

Liebe braucht ein Gegenüber, dem sie sich mitteilen und an das sie sich verschenken kann.

Wie anders sollten wir von Gott reden als in Worten, die dem menschlichen Verstand widersprüchlich erscheinen? Versuchen wir das Geheimnis der „Dreieinigkeit" mit unserer Logik, vernünftigen Argumenten und Bildern aus unserer Erfahrungswelt zu erklären, ziehen wir ihn auf die geschöpfliche Ebene herunter und machen uns damit schuldig (2 Mo 20,4). Bekennen wir dagegen unsere Unwissenheit und schweigen ehrfürchtig vor dem göttlichen Geheimnis, dann versäumen wir weiterzugeben, was Gott über sich selbst offenbart hat. Das Beste, was wir deshalb tun können, ist, das gläubig zu bezeugen, was die Heilige Schrift über ihn bezeugt, und ehrfürchtig zu schweigen, worüber sie schweigt.

Eines der ältesten christlichen Glaubensbekenntnisse lautet: „Groß und einzigartig ist die geheimnisvolle Wahrheit unseres Glaubens: In der Welt erschienen als schwacher Mensch, im Himmel in seiner göttlichen Würde bestätigt – so wurde Christus den Engeln gezeigt und den Völkern der Erde verkündet. Überall in der Welt fand er Glauben, und im Himmel erhielt er die höchste Ehre." (1 Tim 3,16 GNB) Dass Gott in Jesus Mensch geworden und am Kreuz für uns gestorben ist (2 Kor 5,19), dass der auferstandene Christus alle Macht im Himmel und auf Erden besitzt (Mt 28,18; Eph 1,20f.) – das ist in der Tat eine einzigartige Botschaft. Sie berichtet von einem Geheimnis, das alle menschliche Vorstellungskraft übersteigt und doch von einem Kind verstanden werden kann. Auf Golgatha offenbarte sich die unfassbare Liebe Gottes – und bleibt zugleich für alle verborgen, die nicht an ihn glauben (Joh 3,14-21).

Wenn Gott Liebe ist – und daran lässt das Evangelium, ja, die gesamte Bibel, keinen Zweifel (1 Joh 4,8.16) –, dann beginnt seine Liebe aber nicht erst mit der Erschaffung der Welt oder der Menschwerdung von Jesus. Der ewige Gott ist ein ewig liebender Gott – und das vor aller Schöpfung. Liebe jedoch braucht ein Gegenüber, dem sie sich mitteilen und an das sie sich verschenken kann. Wie aber kann der von Ewigkeit existierende Gott ohne ein solches Gegenüber leben und lieben? Auf diese Frage antwortet die Trinitätslehre: Gott ist als Vater, Sohn und Heiliger Geist ein Gott in Beziehung (Relation) – sowohl zu seinen Geschöpfen als auch zu sich selbst. Anders als Juden und Muslime können Christen auf die drei „Personen" Gottes verweisen, in denen sich seine ewige Liebe offenbart und zugleich verhüllt. (Siehe die Übersicht „Wie die Trinitätslehre entstand und was sie [nicht] lehrt", S. 25.)

Von Gott reden heißt anbeten

Wie in der alten Kirche gibt es auch heute noch unter Christen manche Diskussionen und Auseinandersetzungen über die Frage nach dem Wesen Gottes. „Es geschieht nichts Neues unter der Sonne", könnte man mit Salomo sagen (Pred 1,9). Selbst die Antworten sind die gleichen, die schon in der Frühzeit des Christentums die Gemüter erhitzten. Wer in Christus einen Gott „zweiter Klasse" sieht – ein irgendwann gezeugtes, geborenes oder geschaffenes und zur Gottgleichheit erhobenes Wesen – und den Heiligen Geist lediglich als göttliche Kraft versteht, ignoriert

Auf Golgatha offenbarte sich die unfassbare Liebe Gottes – und bleibt zugleich für alle verborgen, die nicht an ihn glauben.

das biblische Zeugnis über die ewige Gottheit Jesu (Joh 1,1-18; 20,28; Kol 1,15-19; 2,9; Offb 1,8; 22,13) und die personalen Eigenschaften des Geistes (1 Kor 2,10f.; 12,11; Röm 15,30). Er erkennt auch nicht die Größe der Liebe Gottes, der nicht ein Wesen schafft, das er für uns „opfern" kann, sondern der selbst für uns ans Kreuz geht! (2 Kor 5,19)

Wer sich diese geheimnisvolle Wahrheit des christlichen Glaubens – der Grundtext sagt: „das Geheimnis der Gottesfurcht" (1 Tim 3,16) – vor Augen hält, wird spitzfindigen Debatten über die Natur Christi aus dem Weg gehen, keine unheiligen Streitgespräche über den Heiligen Geist führen und auch keine geistigen „Scheiterhaufen" errichten. In der Gegenwart des heiligen Gottes verstummen alle theologischen Argumente und machen der Anbetung und Verehrung des Schöpfers, Erlösers und Herrn der Welt Platz. Als Mose in der Wüste am brennenden Busch Gottes Anwesenheit spürte, zog er seine Schuhe aus und verhüllte sein Angesicht (2 Mo 3,1-6). Sollten wir weniger ehrfürchtig sein, wenn es um den Ewigen und Unfassbaren geht?

Bei der Abfassung seiner Briefe wurde Paulus manches Mal von dem Evangelium, das er niederschrieb, so überwältigt, dass er seine Ausführungen unterbrach und eine „Doxologie" einfügte – einen Lobpreis der Größe und Güte Gottes (Röm 11,33ff.; 16,25ff.; Eph 1,3ff.; 3,20f. u. a.). Die Doxologie im ersten Brief an Timotheus drückt die Überzeugung und Empfindung aller gläubigen Christen aus: „Gott aber, den ewigen König, der unvergänglich ist und den keine menschliche Vorstellungskraft jemals erfassen kann, diesen einzig wahren Gott wollen wir bis in alle Ewigkeit loben und ehren. Amen, das ist wahr und gewiss!" (1 Tim 1,17 Hfa).

➥ *Siehe auch „Wie Adventisten an den dreieinigen Gott glauben lernten" auf Seite 202 im Anhang.*

Wie die Trinitätslehre entstand und was sie (nicht) lehrt

Zu allen Zeiten haben gläubige Menschen versucht, die unterschiedlichen Aussagen der Bibel über den einen Gott, seinen Sohn Jesus Christus und den Heiligen Geist zu verstehen. Besonders im 3. bis 5. Jahrhundert kam es zu anhaltenden Lehrstreitigkeiten, aber auch zu grundlegenden Klärungen in dieser zentralen Frage des christlichen Glaubens.

Manche Bibelleser und -ausleger betonten die ewige Unterordnung Jesu unter seinen Vater (Subordinatianismus), während andere in Jesus eine Erscheinungsform des Vaters sahen (Modalismus). In diesem Sinn und in Anspielung an die von den Schauspielern vor das Gesicht gehaltenen Masken im Theater der damaligen Zeit bezeichnete Sabellius (3. Jh.) Jesus als das Gesicht (griech.: prósôpon; lat.: persona) Gottes auf dieser Erde. Der Vater habe im Erlösungsdrama zunächst die Rolle bzw. Gestalt des Sohnes und anschließend die des Geistes übernommen bzw. angenommen (Sabellianismus).

Dagegen lehrte Tertullian (3. Jh.), dass die drei göttlichen Gestalten (lat.: personae) gleichzeitig existieren, aber auch gleichen Wesens (lat.: substantia) sind. „Diese drei sind eins, nicht einer." Um die Einheit Gottes in der Unterschiedenheit der drei Personen deutlich zu machen, verwendete er erstmals den Begriff „Dreieinigkeit" (lat.: trinitas, von triunitas).

Der vom platonischen Dualismus geprägte Presbyter Arius (4. Jh.) sah in Jesus lediglich ein halbgöttliches Zwischenwesen (Arianismus). Daraufhin betonten die Konzilien von Nizäa (325) und Konstantinopel (381) die göttliche Wesensgleichheit von Vater, Sohn und Geist. Der dafür verwendete Ausdruck „eingeborener Sohn" (lat.: unigenitus) sollte gerade nicht die Geschöpflichkeit, sondern die Wesenseinheit Jesu mit Gott, dem Vater, zum Ausdruck bringen.

Augustinus (5. Jh.) zog dem missverständlichen Begriff „Person" – das Wort hat einen individualistischen Klang – das Wort „Relation" vor, um die ewige Beziehung des dreieinen Gottes nach innen (zu sich selbst) wie auch nach außen (zu uns Menschen) zum Ausdruck zu bringen.

Zusammengefasst: Die Trinitätslehre ist nicht das Ergebnis philosophischer Spekulationen oder der Versuch, Gott rational-logisch zu erfassen und zu ergründen. Im Gegenteil, sie will alle Versuche abwehren, die das göttliche Geheimnis für den menschlichen Verstand einsichtig und akzeptabel machen sollen. Darüber hinaus geht es ihr darum, die biblische Offenbarung vor Verfälschung zu schützen und das Handeln des dreieinen Gottes zu unserer Erlösung zu betonen. Gott – Vater, Sohn und Geist – hat stets und ständig das Heil der Menschen im Auge. Er setzt alles im Himmel (Vater) und auf Erden (Sohn) sowie in und um uns (Heiliger Geist) in Bewegung, um uns aus unserer Verlorenheit zu retten und für immer zurückzugewinnen.

 Weiterführendes, ausführliches Material zum Thema Dreieinigkeit im Internet: www.christsein-heute.info/hoffnung

„Vater unser im Himmel"
Wir haben einen einzigartigen Gott

In kräftiges Rot eingehüllt steht die Sonne tief am wolkenlosen Abendhimmel. Das weite Meer liegt spiegelglatt vor uns. Gespannt beobachten wir, wie der leuchtende Feuerball den fernen Horizont zu berühren scheint. Die Brechung des Lichts in der Atmosphäre lässt den erdnahen Stern oval aussehen. Jetzt taucht die untergehende Sonne in den Ozean ein. Nur Minuten später verschwindet der letzte rote Streifen am Horizont. Noch lange betrachten wir fasziniert das grandiose Farbenspiel am Abendhimmel, dessen verblassende Farben nach und nach einem tiefen, von zahllosen Lichtpunkten durchsetzten nächtlichen Dunkel weichen.

Auf dem Weg zum Quartier gehen wir schweigend nebeneinander her. Keiner möchte die andächtige Stille durch Reden unterbrechen. Was können Worte auch ausrichten, um das zu beschreiben, was uns so tief beeindruckt hat! Unsere sprachliche Ausdrucksfähigkeit versagt angesichts solch überwältigender Erlebnisse in der Natur ebenso wie bei der Erfahrung von inniger Liebe und Glück oder beim Erleben von tiefem Schmerz und Leid. Je stärker uns etwas innerlich bewegt, desto hilfloser fühlen wir uns, das Erlebte in angemessene Worte zu kleiden, die am Ende ja doch nur verhüllen, was sich uns so eindrucksvoll gezeigt hat.

Das Unfassbare beschreiben

Dies gilt umso mehr, wenn es um die Begegnung mit einer Wirklichkeit geht, die wir mit unseren Sinnen gar nicht wahrnehmen können. Was den Begrenzungen von Raum, Zeit und Materie nicht unterliegt, kann von uns im Grunde genommen weder korrekt verstanden noch adäquat beschrieben werden. Wie sollte ein Mensch auch anderen erklären, was er selber nicht recht begreifen kann? Wie aber ist es dann überhaupt möglich, von „Gott" zu reden, der sich doch all unserem menschlichen Verstehen und Erfassen entzieht?

Manche Denker und Philosophen sehen sich durch diese Tatsache dazu veranlasst, die Erkennbarkeit Gottes grundsätzlich infrage zu stellen (Agnostizismus) oder seine Existenz zu bezweifeln (Skeptizismus) bzw. zu leugnen (theoretischer Atheismus). Andere halten zwar an dem Gedanken fest, dass Gott Ursprung und Ursache alles Lebens ist, bestreiten aber zugleich, dass er sich persönlich um seine

Schöpfung kümmert oder in die Geschicke der Welt eingreift (Deismus). Der heutige säkulare Mensch jedenfalls rechnet nicht mehr mit einem überirdischen und übersinnlichen Gott, dessen Existenz in seinen Augen überflüssig und dessen Eingreifen ihm zumeist unerwünscht ist (praktischer Atheismus).

Allerdings lässt sich Gott weder aus der Sprache noch aus dem Denken der Menschen verdrängen. So hat das Scheitern der atheistischen Staatsideologie in manchen östlichen Ländern zu einer Renaissance von Religion und Glaube geführt. Auch die westliche Welt erlebt seit der Jahrtausendwende eine neue Form von Religiosität, die für übersinnliche Erfahrungen offen ist und Zugang sucht zu spirituellen und transzendenten Dimensionen.

Doch lässt sich überhaupt etwas Zuverlässiges sagen über das, was außerhalb unserer menschlichen Wahrnehmung und Beobachtung ist? Kann „Theologie" – die Rede von Gott – mehr sein als menschliche Spekulation über das Übersinnliche, religiöses Wunschdenken der Frommen oder Projektion unserer Sehnsüchte und Ängste an einen erdachten Himmel?

Je stärker uns etwas innerlich bewegt, desto hilfloser fühlen wir uns, das Erlebte in angemessene Worte zu kleiden.

Die Gottesbilder der Menschheit

Betrachtet man die Gottesvorstellungen verschiedener Religionen, so drängt sich in der Tat der Eindruck auf, Gott sei nach dem Bild des Menschen geschaffen worden, nicht umgekehrt. Diese Gottesbilder verraten uns mehr über die Gedankenwelt und Auffassungen vergangener Zeiten und Kulturen, als dass sie uns zuverlässig Auskunft geben könnten über den ganz Anderen, den ewigen Gott. Der griechisch-römische Götterhimmel beispielsweise wirkt wie ein Spiegelbild der antiken Gesellschaft, einschließlich ihrer Moralvorstellungen und Leidenschaften. Und während Mohammed den arabischen Wüstenstämmen einen die totale Unterwerfung fordernden, „Allerbarmer" verkündet, weiß der nach Selbsterlösung strebende Buddha über Gott nur wenig zu sagen. Für die Stammesreligionen der Naturvölker wiederum ist die Vorstellung von der totalen Beseeltheit der Natur bestimmend (Animismus).

Ähnlich ergeht es einem, wenn man den Gott der Philosophen näher betrachtet. In ihm spiegeln sich die Überlegungen und Vorstellungen der menschlichen Vernunft, die die hinter der sichtbaren (physischen) Welt befindliche unsichtbare (metaphysische) Wirklichkeit zu ergründen sucht. Letztendlich bleibt sie dabei jedoch im undurchdringlichen Dickicht ihrer eigenen Spekulationen hängen, anstatt den Schleier des Geheimnisses zu lüften, der das Irdische vom Außer- bzw. Überirdischen trennt. Ein abstraktes, philosophisches Gottesbild aber taugt zum Leben ebenso wenig wie zum Sterben.

Der allmächtige Schöpfer und Herr aller Dinge ist ein liebevoller und gütiger Vater, dem wir uns als seine Kinder jederzeit ohne Angst und voller Vertrauen nähern können.

Auch die christliche Rede von Gott ist gegenüber Verzerrungen, Spekulationen und lebensfernen Abstraktionen keineswegs immun. So hatte sich beispielsweise die Theologie jahrhundertelang mehr an Platon und Aristoteles orientiert als an Jesaja und Paulus bzw. der biblischen Sicht eines dynamisch handelnden Gottes. Und wenn Theologen Gott als „das unumfassbare Woraufhin der menschlichen Transzendenz, die existentiell und ursprünglich nicht nur theoretisch und bloß begrifflich vollzogen wird" definieren (Karl Rahner), dann wird selbst der geneigte Leser Mühe haben, diesen Satz zu verstehen.

Der Gott Jesu Christi

Eine ganz andere und faszinierende Art von Gott zu reden, findet sich in den biblischen Zeugnissen über Jesus von Nazareth. Auffällig ist dabei nicht nur sein Anspruch, der einzig zuverlässige Repräsentant Gottes zu sein (Joh 14,6-11). Es ist vor allem seine liebevolle, ja geradezu zärtliche Anrede Gottes als „Abba, mein Vater" (Mk 14,36), die eine völlig neue Art der Rede von Gott möglich machte. Für Jesus und seine Jünger war jedenfalls klar, dass der allmächtige Schöpfer und Herr aller Dinge ein liebevoller und gütiger Vater ist, dem wir uns als seine Kinder jederzeit ohne Angst und voller Vertrauen nähern dürfen.

In Jesus Christus hat Gott gewissermaßen sein wahres Gesicht und Wesen enthüllt. Als menschgewordener Gott (Joh 1,14) offenbarte Jesus, was schon Jona und andere Fromme vor und nach ihm wussten (aber nicht immer wahrhaben wollten), dass Gott nämlich gnädig und barmherzig ist: „Ich wusste es doch: Du bist voll

Liebe und Erbarmen, du hast Geduld, deine Güte kennt keine Grenzen." (Jona 4,2 GNB; vgl. 2 Mo 34,6f.) In grundlegender Übereinstimmung mit der Gottesoffenbarung im Alten Bund, doch in unübertroffener Klarheit und Anziehungskraft, macht das Neue Testament ein Dreifaches über diesen Gott deutlich.

Gott ist ein „Du"

Gott ist nicht nur die Energie, die alles durchströmt, oder der Geist, der alles Lebendige erfüllt. Im Gegensatz zur pantheistischen Vorstellung vom göttlichen Sein sieht die Bibel in Gott das personale Gegenüber des Menschen, das mit seinen Geschöpfen kommuniziert (1 Mo 3,8f.; 2 Mo 33,11), sich mit ihnen partnerschaftlich verbindet (Joh 14,12-14; Offb 5,10; 20,4-6) und in eine persönliche Lebensbeziehung zu ihnen eintritt (Joh 17,3; 1 Joh 1,1-3).

Für uns Menschen bedeutet das, dass wir nicht nur *an ihn* glauben, sondern dass wir *ihm* glauben, das heißt, ihm vorbehaltlos vertrauen dürfen und ihn deshalb jederzeit und direkt im Gebet ansprechen können. Dies ist wahrscheinlich auch die ursprüngliche, aus dem Indogermanischen stammende Bedeutung des Wortes Gott: „der Angerufene". Was immer wir über den großen Unbekannten sagen oder auch nur schweigend erahnen mögen – Gott ist das große „Du", mit dem ich eine persönliche und freundschaftliche Beziehung pflegen kann!

Gott ist heilig

Wie bedeutsam, ja geradezu heilsam diese Nähe Gottes für uns Menschen ist, wird nicht zuletzt an der Heiligkeit Gottes deutlich, die im Alten Testament häufig hervorgehoben und im Neuen Testament im Sinne der Hoheit (Offb 4), Unergründbarkeit (Röm 11,33-36) und Unnahbarkeit Gottes (1 Tim 6,16) verstanden und bestätigt wird. Das eigentlich Unfassbare und Wunderbare aber ist, dass sich dieser heilige Gott dem Menschen liebevoll und rettend zuwendet. Seine Heiligkeit zeigt sich gerade nicht – wie man vermuten könnte – in isolierter Erhabenheit und unüberwindlicher Distanz, sondern in echter Zuwendung und liebevoller Annäherung an seine sündigen und erlösungsbedürftigen Geschöpfe (Jes 6,1-7; 57,15).

Als „der Heilige Gottes" verkörperte Jesus in einzigartiger und eindrucksvoller Weise diese grundlegende göttliche Wesenseigenschaft (Mk 1,24; Lk 4,34; Joh 6,69). Für seine Nachfolger, die ebenfalls zur Heiligkeit gerufen sind (Eph 4,24; 1 Ths 3,13; Hbr 12,10), kann dies darum nicht heißen, sich in ein frommes Ghetto fernab der sündigen Welt und der real existierenden Gesellschaft zurückzuziehen. Vielmehr soll die Gemeinde Jesu der Welt die Vergebungsbereitschaft und beständige Liebe Gottes bezeugen und glaubhaft vorleben.

Gott ist gerecht

Ein weiterer grundlegender, aber ebenfalls häufig missverstandener Begriff, der das Wesen Gottes treffend beschreibt, ist das Wort „Gerechtigkeit". Damit meint die Bibel nicht – wie im abendländischen Rechtsverständnis – den verdienten Ausgleich und die neutrale Haltung strikter Unparteilichkeit, wie dies in den zwei Waagschalen sowie den verbundenen Augen der römischen Göttin Justitia zum Ausdruck kommt. Im Gegenteil: Der gerechte Gott ergreift stets eindeutig Partei! Er tritt entschieden für die Entrechteten und Unterdrückten, die Armen und Elenden sowie für alle ein, die seinen Namen anrufen (Jes 11,4; 41,10).

Gottes Gerechtigkeit steht deshalb auch nicht im Gegensatz zu seiner Liebe, Gnade und Barmherzigkeit. Vielmehr ist sie ein Ausdruck seiner Treue zu dem Bund, den er mit seinem Volk geschlossen hat. Dass die Gerechtigkeit, die uns im Evangelium angeboten wird, nicht die strafende Vergeltung, sondern die rettende Liebe Gottes meint (Röm 1,16f.), war die geradezu umwerfende Entdeckung Luthers, die ihn zum Reformator der Christenheit machte. Echte geistliche Erneuerung hat immer auch mit unserem Gottesbild zu tun. Sie nimmt uns die Angst vor dem vernichtenden Urteil des strafenden Weltenrichters und weckt stattdessen tiefe Dankbarkeit, Liebe und Zuneigung zu dem großen „Vater unser im Himmel" (Mt 6,9).

Ein väterlicher Gott

Handelt es sich bei dem hier skizzierten biblischen Gottesbild – wie bei den zahlreichen anderen religiösen, philosophischen und theologischen Gottesvorstellungen gleichermaßen – um ein Produkt menschlicher Weisheit und religiöser Sehnsucht oder bietet uns die Heilige Schrift tatsächlich eine zutreffende Beschreibung der jenseitigen göttlichen Wirklichkeit an?

Letztlich ist dies eine Frage des Glaubens, die nicht allein auf der Grundlage rationaler Argumente und konkreter Erfahrungen entschieden werden kann. „Wir glauben immer das, was wir wollen", wusste schon der griechische Denker Demosthenes. Deshalb werden wir uns stets für das Bild von Gott entscheiden, das unsern tiefsten Sehnsüchten (bzw. Ängsten) entspricht. Worauf es am Ende allerdings wirklich ankommt, sind nicht unsere subjektiven Vorstellungen und religiösen Spekulationen über Gott. Entscheidend ist vielmehr, ob bzw. dass der Ewige und Unfassbare sich in Jesus Christus persönlich vorgestellt und durch den Heiligen Geist sein wahres Wesen offenbart hat.

In einem Kinderlied, das sich mir in frühen Lebensjahren eingeprägt hat, heißt es einfach und lapidar: „Gott ist gut, wir sind seine Kinder." Ist damit nicht bereits alles (Wesentliche) über ihn – und über uns – gesagt? Gott ist wie ein liebevoller Vater und wie eine gute Mutter. Wer verstanden und erfahren hat, dass Gott väterlich (Ps 103,13; Jes 63,16; Mt 6,8.26; Röm 8,15; Eph 3,15) und mütterlich (Ps 27,10; 131,2f.; Jes 66,13; Mt 23,37; 1 Ths 2,7f.) für seine Geschöpfe sorgt und als der Ursprung, Erhalter und Herr allen Lebens stets das Beste für uns im Auge hat, der kann mit anderen Christen bezeugen:

Der Vater 3

Gott, der ewige Vater, ist Schöpfer, Ursprung, Erhalter und Herr alles Geschaffenen. Er ist gerecht und heilig, barmherzig und gnädig, langmütig und reich an beständiger Liebe und Treue. Die Eigenschaften und die Macht, wie der Sohn und der Heilige Geist sie bekunden, sind gleichermaßen Offenbarungen des Vaters.

(Glaubensüberzeugungen der Siebenten-Tags-Adventisten, Nr. 3)

Alles, was wir Menschen über Gott zuverlässig sagen können, wissen wir nur aufgrund seiner Selbstoffenbarung. Deshalb sollten wir über das, was uns verborgen geblieben ist, ehrfürchtig schweigen. Anstatt mit seinem unvollkommenen und begrenzten Wissen zu prahlen, ruft Paulus aus: „Wie groß ist doch Gott! Wie unendlich sein Reichtum, seine Weisheit, wie tief seine Gedanken. Wie unbegreiflich für uns seine Entscheidungen und seine Pläne! ... Ihm gehören Lob und Ehre in alle Ewigkeit. Amen." (Röm 11,33.36 Hfa)

▶ Siehe auch „Gottesvorstellungen in den Religionen der Welt" auf Seite 200f. im Anhang.

Buchempfehlung:
M. Lloyd Erickson, „Gottes Arme sind offen",
Advent-Verlag, Lüneburg, 176 Seiten, 9,00 €, Best.-Nr. 1843.

„Ich glaube an Jesus Christus!"
Die Wahrheit hat ein menschliches Gesicht

Das älteste Bekenntnis der Christenheit besteht lediglich aus einem Eigennamen und einem Ehrentitel: „Jesus (der) Christus." Damit brachten seine Jünger – und nach der Auferstehung die ersten Christen – ihren Glauben zum Ausdruck, dass Jesus, Sohn eines Zimmermanns aus der galiläischen Kleinstadt Nazareth, der von Gott gesandte Messias und lang ersehnte Befreier des Volkes Israel war und ist. Schon früh war damit die Erkenntnis verbunden, dass in ihm Jahwe, der Ewig-Vater (Jes 9,5), selbst zu uns Menschen gekommen war und er deshalb göttliche Verehrung verdient. „Mein Herr und mein Gott", bekannte Thomas am Auferstehungstag (Joh 20,28). Immanuel – „Gott (ist) mit uns" – lautet der Ehrenname, der ihm bei seiner Geburt gegeben wurde (Mt 1,23). Gott, der Schöpfer, wurde selbst ein Mensch und wohnte (wörtlich: „stiftshüttete") unter uns (Joh 1,14). Wer Jesus begegnet, schaut gewissermaßen in Gottes Angesicht (Joh 14,9).

Ein einzigartiger Anspruch

Keine andere Religion erhebt einen vergleichbaren Anspruch. Für fromme Juden wirkte die Aussage Jesu, Jahwes einzigartiger „Sohn" zu sein (Joh 3,16), wie eine Gotteslästerung. Auch Mohammed ist lediglich der (letzte) Prophet Allahs, der unnahbar fern von uns Menschen lebt und regiert. Der Buddhismus kennt keinen persönlichen Gott. Andere Religionen verehren entweder eine Vielzahl von Göttern (z. B. Hinduismus) oder eine göttlich beseelte Natur (Pantheismus, Animismus). In den griechischen Mythen verkleiden sich die Götter zwar manchmal als Menschen und erscheinen inkognito, doch eine wirkliche Identifizierung findet nicht statt. Ganz anders bei Jesus: Er ist so ganz und gar Mensch geworden, dass ihn eine Frau geboren hat (Mt 1,18-25) und die Zeichen seines Menschseins auch nach seiner Auferstehung erhalten geblieben sind (Joh 20,27). Wer seine Menschwerdung (Inkarnation) leugnet, hat – so Johannes – den Geist des „Antichristen" (1 Joh 4,2f.).

Kapitel 4

Eine faszinierende Persönlichkeit

Kein Zweifel, der Glaube der ersten Christen drehte sich ganz und gar um die Person Jesu und die Bedeutung seines Lebens und Sterbens. Das hatte mit der Faszination zu tun, die von dem Wanderprediger aus Nazareth ausging. Seine packende und anschauliche Art zu predigen (Mk 1,22), sein vorbildliches Leben (Joh 8,46), die Zeichen und Wunder, die er vollbrachte – all das führte dazu, dass das Volk zu ihm strömte. Doch der eigentliche Erfolg traf paradoxerweise erst ein, nachdem er gestorben war. Die Nachricht von seiner Kreuzigung und Auferstehung veranlasste Tausende, ihn als Herrn und Erlöser anzuerkennen (Apg 2,36-41) und seinem Beispiel eines Lebens nach dem Willen Gottes zu folgen.

Offenbar entsprach die Botschaft vom „Heil" dem tiefen Bedürfnis der Menschen nach Befreiung von Schuld und einer tragfähigen Hoffnung. Das Bild eines liebenden, gerechten und gnädigen Gottes, das durch menschliche – nicht zuletzt auch religiöse – Vorstellungen entstellt worden war, wurde durch ihn wieder zurechtgerückt. „Wer mich sieht, der sieht den Vater!" (Joh 14,9) Deshalb gilt: „Niemand kommt zum Vater denn durch mich." (Joh 14,6)

Ein unergründliches Geheimnis

Noch jahrhundertelang beschäftigte man sich mit dem Geheimnis seiner Person (1 Tim 3,16): War er nur ein Mensch mit göttlichem Auftrag und übernatürlichen Kräften, ein gottähnlich geschaffenes Wesen oder aber „wahrer Gott und wahrer Mensch"? Wenn er Gottes Sohn war und dem Vater untergeordnet, wie konnte er ihm dann in allem gleich sein? Welche Bedeutung hat sein Tod für uns – notwendiges Sühneopfer oder glaubwürdiger Liebesbeweis?

Auch die frühen Adventisten im 19. Jahrhundert besaßen noch kein klares Verständnis von seiner göttlichen Natur. Je mehr sie sich allerdings mit der Frage der Erlösung befassten, desto deutlicher wurde ihnen bewusst, dass nicht ein Geschöpf, sondern der Schöpfer selbst unser Erlöser ist. Mit anderen Worten: Unser Heil verdanken wir ganz und gar und allein dem ewigen Gott. Er selbst ging für uns in den Tod, er selbst tritt für uns ein und er kommt wieder, um seinen Plan zu vollenden. Deshalb bekennen Adventisten über Jesus Christus:

Der Sohn | 4

> Gott, der ewige Sohn, wurde Mensch in Jesus Christus. Durch ihn ist alles geschaffen, der Charakter Gottes offenbart, die Erlösung der Menschheit bewirkt und die Welt gerichtet. Ewig wahrer Gott, wurde er auch wahrer Mensch: Jesus Christus. Er wurde gezeugt durch den Heiligen Geist und geboren von der Jungfrau Maria. Er lebte als Mensch, wurde versucht als Mensch und war dennoch die vollkommene Verkörperung der Gerechtigkeit und Liebe Gottes. Seine Wunder bezeugten die Macht Gottes und bestätigten ihn als den von Gott verheißenen Erlöser. Er litt und starb aus freiem Willen für unsere Sünden an unserer Statt am Kreuz, wurde von den Toten auferweckt und fuhr gen Himmel, um für uns im himmlischen Heiligtum zu dienen. Er wird wiederkommen in Herrlichkeit zur endgültigen Errettung seines Volkes und zur Wiederherstellung aller Dinge. (Glaubensüberzeugungen der Siebenten-Tags-Adventisten, Nr. 4)

So vertraut Christen dieses Bekenntnis auch sein mag, so sehr sie ihm zustimmen mögen, so fremd und unverständlich ist es allerdings für Menschen, die keiner christlichen Gemeinde angehören. Für sie wirken diese Sätze wie abstrakte Theorien ohne praktischen Nutzwert für das tägliche Leben.

Selbst für Christen können solche lehrhaften Aussagen leicht zu einem rein theoretischen Überbau werden, zu einem wertlosen Scheck, der durch das Leben und Handeln nicht gedeckt ist. Deshalb sollten wir uns fragen: Was bedeutet mir der Glaube an Jesus Christus? Welche Relevanz hat er für meinen Alltag? Und – obwohl ich manches nicht begreifen kann – wie kann ich dennoch von Jesus ergriffen sein und begeistert von ihm reden?

Was der Glaube an Jesus mir bedeutet

Manche Dinge kann man erst dann richtig erkennen und verstehen, wenn man genügend Abstand zu ihnen hat. Andererseits erschließt sich vieles erst bei genauem Hinsehen, unter vielfacher Vergrößerung. Dasselbe gilt auch für den Glauben an Jesus Christus. Aus der Distanz betrachtet, stellt das Christentum eine Besonderheit unter den Religionen der Menschheit dar. Denn es geht dabei in letzter Konsequenz nicht um eine religiöse Philosophie oder Weltanschauung, nicht um transzendente Erlebnisse und spirituelle Erfahrungen, auch nicht um die Einhaltung von moralischen Vorschriften und Verhaltensregeln. Christlicher Glaube hat es in allererster Linie mit einer Person zu tun. Göttliche Wahrheit ist also nicht nur rational, emotional und funktional, sondern vor allem personal. Sie hat ein menschliches Gesicht!

Anders gesagt: Entscheidend ist mein persönliches Verhältnis zu Christus, meine Beziehung zu Gott, der mir in Jesus als Erlöser, Herr und Bruder begegnet! Je mehr ich mich mit ihm beschäftige, je näher ich ihm komme, desto bedeutungsvoller wird er mir, desto besser lerne ich auch, mich selbst, mein Leben und meine Welt zu verstehen. Der Philosoph Blaise Pascal konnte aus dieser Erfahrung heraus sagen: „Jesus Christus ist der Mittelpunkt der Dinge und der Grund zu allen Dingen, und wer Ihn nicht kennt, kennt nichts von der Welt und nichts von sich selbst." Ähnlich hatte schon Paulus Jahrhunderte zuvor von Christus als dem „Geheimnis Gottes" gesprochen, „in welchem verborgen liegen alle Schätze der Weisheit und der Erkenntnis" (Kol 2,2.3). Was sind das für Schätze, die es zu entdecken gilt?

Ein Freund an meiner Seite

„Das größte Bedürfnis der Kirche besteht heute darin wiederzuentdecken, dass christlicher Glaube eine lebendige Beziehung zu Jesus als einem persönlichen Freund und Retter ist", erklärte Arnold Wallenkampf. Lehraussagen und Lebensregeln können deshalb kein Ersatz für die Beziehung zu Jesus sein. Nirgendwo wird dies deutlicher als im Gebet – dem Gespräch mit (m)einem Freund – und dem Hören auf sein Wort. „Alle Morgen weckt er mir das Ohr, dass ich höre, wie Jünger hören." (Jes 50,4) Predigten, evangelistische Vorträge und Bibelgespräche sollten deshalb nicht zu lehrhaften Abhandlungen über dogmatische Richtigkeiten und ethische Anforderungen verkümmern, sondern authentische Zeugnisse lebendigen Glaubens an Christus sein.

Trotz gründlicher Bibelkenntnis fällt es auch Adventisten oft schwer, persönlich und zeugnishaft von Jesus zu reden: Licht der Welt, Wasser des Lebens, Brot vom Himmel, Retter und Beistand, König und Herr, usw. Im Lied kommt es uns leichter über die Lippen: „Christus, Mitte unsres Lebens ..." und: „Was ich nur kann verlangen, hab ich in ihm allein gefunden und empfangen; drum kann ich fröhlich sein."

Wendepunkt der Geschichte

In der Rückschau kann man zu Recht behaupten, dass Jesus den Verlauf der Geschichte entscheidend beeinflusst und verändert hat. Der Historiker Leopold von Ranke sagte deshalb: „Der einzige Wendepunkt der Welt- und Menschheitsgeschichte ist Christus." Dass unsere Zeitrechnung sich an seiner Geburt orientiert, ist sichtbarer Ausdruck dieser Einsicht.

Obwohl als Verbrecher gekreuzigt, hatte die Begegnung der Jünger mit dem Gekreuzigten und Auferstandenen eine solch nachhaltige Wirkung, dass unsere Welt bis heute davon tief geprägt ist. Ernst Wiechert brachte es auf den Punkt: „In der Schule werden sie dir sagen, dass es Kaiser und Könige sind, die die Welt bewegen. Aber du musst das nicht glauben. Sie werfen Steine ins Wasser, aber sie bewegen es nicht. Christus hat die Welt bewegt und viele nach ihm. Er hat Blinde geheilt und Tote auferweckt. Er hat die Herzen bewegt, und nur, wer die Herzen bewegt, bewegt die Welt."

Kaum etwas bewegt uns Menschen mehr als das Beispiel selbstloser Liebe, die für andere – Freund und Feind – in den Tod geht. Das Kreuz von Golgatha – der absolute Tiefpunkt seiner Karriere – wird somit zum eigentlichen Höhepunkt der Weltgeschichte!

Hoffnung für diese Welt

Ohne Zweifel – Jesus hat die Herzen vieler Menschen und sogar die Welt bewegt. Doch damit nicht genug. Sein Name steht für das Versprechen Gottes, die Welt zu erneuern und zu ihrer eigentlichen Bestimmung zu führen. Christus ist Zukunft – seine Wiederkunft ist die einzige Hoffnung für die Welt. „Ein Christusglaube ohne Parusie-Erwartung ist wie eine Treppe, die nirgendwohin führt, sondern im Leeren endet", schrieb Emil Brunner treffend. Welchen Sinn hätte der stellvertretende Opfertod Jesu, wenn die Sünde und ihre Folgen doch nicht überwunden, der Tod nicht besiegt, der Widersacher Gottes nicht zum Schweigen gebracht würde? Wie glaubwürdig wäre unser Bekenntnis zu Christus, dem „Herrn aller Herren" (Offb 19,16), wenn er sein Versprechen am Ende doch nicht einlösen würde (oder könnte)?

Doch wenn und weil Christus vom Tod auferstanden ist und heute für uns lebt und eintritt, dürfen wir darauf hoffen, ja fest damit rechnen, dass die Welt nicht im Chaos versinken, sondern eine Neuschöpfung erleben wird. „Ende gut, alles gut." Deshalb bezeugen wir, dass er „das A und das O, der Erste und der Letzte, der Anfang und das Ende" ist (Offb 22,13).

Ein Christ im biblischen Sinne zu sein heißt also, ein Adventist – ein hoffnungsvoll und aktiv Wartender – zu sein. Dieser Glaube verbindet uns mit allen Christen, die Gottes Verheißung ernst nehmen und bekennen: Jesus ist der Christus, der Gesandte Gottes!

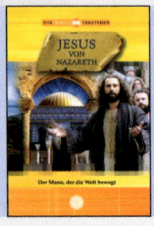

Buchempfehlung:
Ellen G. White, „Jesus von Nazareth", Saatkorn-Verlag, Lüneburg, 396 Seiten, fester Einband, durchgehend vierfarbig illustriert, 13,80 €, Best.-Nr. 1590.

Einige Hoheitstitel Jesu – und was sie (nicht) bedeuten

Menschensohn: „Menschensohn" – das war die von Jesus selbst am liebsten verwendete Bezeichnung seiner Person und Mission. Sie findet sich 80 Mal im Neuen Testament. Einerseits weist sie auf seine Selbsterniedrigung hin, die im Tod am Kreuz gipfelte (Mk 8,31), andererseits handelt es sich bei diesem Ausdruck um ein einzigartiges Hoheitsprädikat, das Jesus als himmlischen Herrscher, Richter und Weltvollender beschreibt (Dan 7,13; Mt 24,30; 26,64; Mk 8,38; 14,62).

Sohn Gottes: Der Ausdruck „Sohn Gottes" beschreibt nicht immer ein himmlisches Wesen mit göttlichen Eigenschaften, sondern häufig nur das besondere Verhältnis, das Gott zu einem von ihm erwählten Menschen oder Volk hat. So ist Adam ebenso Gottes Sohn (Lk 3,38) wie das Volk Israel (2 Mo 4,22) und dessen König (Ps 2). Auch Engel (Hiob 1,6; 2,1) und sogar Richter werden „Söhne des Höchsten" genannt (Ps 82,6). Nach der Auferstehung Jesu erkannten seine Jünger, dass er in besonderer Weise der Sohn Gottes ist, der göttliche Eigenschaften besitzt, eine einzigartige Mission erfüllte, und deshalb zu Recht als Gott anzubeten ist (Joh 1,1-18; 5,17-23; 10,30ff.; 20,28; Hbr 1).

Eingeborener Sohn: Neunmal verwendet das Neue Testament einen Ausdruck, der in der Lutherbibel an fünf Stellen mit „eingeborener Sohn" wiedergegeben und auf Jesus bezogen wird (Joh 1,14.18; 3,16.18; 1 Joh 4,9). An den anderen vier Stellen wird der Begriff richtigerweise mit „einzig" (Lk 7,12; 8,42; 9,38; Hbr 11,17) wiedergegeben. Die Übersetzung „eingeboren" geht zurück auf den Kirchenvater Hieronymus (ca. 385 n. Chr.), der in seiner lateinischen Übersetzung den griechischen Begriff monogenēs (einzig) mit unigenitus (eingeboren) statt mit unicus (einzig) wiedergab. Damit wollte er der orthodoxen kirchlichen Lehre Nachdruck verleihen, dass Jesus seit Ewigkeit der Sohn Gottes und göttlichen Wesens war. Paradoxerweise wurde und wird diese Übersetzung von manchen als Beleg für die Behauptung angeführt, dass Jesus nur ein gottähnliches, geschaffenes Wesen sei. Diese These ist textlich nicht haltbar, denn monogenēs bedeutet nie „eingeboren" (dafür kennt das Griechische ein anderes Wort), sondern stets „einzig" im Sinne von „einzigartig" oder „einziggeliebt" (vgl. 1 Mo 22,2.12.16; Ri 11,34).

Erstgeborener: Es geht bei diesem Begriff nicht um Alter, Herkunft und Geburt, sondern um Vorrangstellung und Würde. So erhielt beispielsweise Jakob den Status und die Rechte des Erstgeborenen, obwohl er jünger als Esau war (1 Mo 25,25ff.; Röm 9,10-13). Als Ehrentitel bezeichnet der Begriff den absoluten Vorrang, den Jesus als Gottes Sohn gegenüber seinen „Brüdern" innehat (Röm 8,29). Er ist der Erste und Rangälteste, (1) weil er der Schöpfer und kein Geschöpf ist (Kol 1,15-17), (2) weil wir unsere Auferweckung seiner Auferstehung verdanken (Kol 1,18; Offb 1,5) – obwohl andere vor ihm auferstanden sind (Mt 27,52f.; vgl. 1 Kor 15,20; Apg 26,23) – und (3) weil er die Anbetung aller Geschöpfe verdient (Hebr 1,6). In Hebr 12,23 werden sogar die Erlösten als „Erstgeborene" – d. h. von Gott mit Vorrechten und Würde ausgestattete Geschöpfe – bezeichnet (vgl. Offb 1,5f.; 5,9f.).

Gott ist uns fern – und doch ganz nah

Wie man seinen „Hauch" hautnah spüren kann

Vierzig Tage war er nun schon unterwegs, vierzig Tage und Nächte. Es war dieselbe Gegend, durch die das Volk Jahrhunderte zuvor gewandert war – in umgekehrter Richtung allerdings und vierzig Jahre lang. Jetzt war Elia am „Berg Gottes" angekommen, dem Horeb. Hier, im zerklüfteten Sinaigebirge, war der Gott Israels einst Mose im brennenden Dornbusch erschienen und hatte ihn berufen, sein Volk aus Ägypten zu befreien (2 Mo 3). Hier hatte ihm Gott seine Herrlichkeit offenbart – wenn auch nur hinter vorgehaltener Hand. Obwohl Mose dem ewigen und unfassbaren ICH BIN nur hinterhersehen durfte – „kein Mensch wird leben, der mich sieht" –, war er ihm doch näher gekommen als jeder andere Mensch. Gott sprach mit ihm von Angesicht zu Angesicht, so wie Freunde miteinander reden (2 Mo 33,11.18-23).

An diesem heiligen Ort stand jetzt der Prophet, der wie kein anderer für Jahwe gekämpft hatte. Das ganze Volk hatte schließlich bekannt: „Jahwe ist Gott!" Doch Königin Isebel hatte sich geschworen, Elia töten zu lassen. Da bekam er es mit der Angst zu tun und floh in die Wüste – bis zum Horeb. Hier sollte der Prophet nun Gottes Gegenwart unmittelbar erleben. „Der Herr sagte: ‚Komm aus der Höhle und tritt auf den Berg vor mich hin! Ich werde an dir vorübergehen!' Da kam ein Sturm, der an der Bergwand rüttelte, dass die Felsbrocken flogen. Aber der Herr war nicht im Sturm. Als der Sturm vorüber war, kam ein starkes Erdbeben. Aber der Herr war nicht im Erdbeben. Als das Beben vorüber war, kam ein loderndes Feuer. Aber der Herr war nicht im Feuer. Als das Feuer vorüber war, kam ein ganz leiser Hauch. Da verhüllte Elia sein Gesicht mit dem Mantel ..." (1 Kön 19,11-13 GNB)

Was Orkan, Erdbeben und Feuersturm nicht vermochten, das geschah beim „Ton eines leisen Wehens" (EB) – Gottes verborgene Gegenwart wurde zu einer unübersehbaren und unüberhörbaren Realität. Diese überwältigende Erfahrung der Nähe Gottes ließ Elia die Angst vor Isebel vergessen. Im Bewusstsein, dass Gott mit ihm war, kehrte der Prophet durch die Wüste nach Damaskus zurück und salbte dort im Auftrag Gottes Jehu zum König über Israel.

Kapitel | **5**

Wie man Wind oder Strom nicht sehen, aber sehr wohl fühlen kann, so kann man auch das Wehen des Geistes Gottes spüren.

Wo der Geist ist, da ist Gott

Jesus mag diese Erfahrung Elias vor Augen gehabt haben, als er zu Nikodemus sagte: „Der Wind weht, wo es ihm gefällt. Du hörst ihn nur rauschen, aber du weißt nicht, woher er kommt und wohin er geht. So geheimnisvoll ist es auch, wenn ein Mensch vom Geist geboren wird." (Joh 3,8 GNB) Neu „geboren werden aus Wasser und Geist" – das konnte selbst der bibelkundige Pharisäer nicht verstehen (V. 3-5). Und doch – so unbegreiflich der göttliche Geist für unseren menschlichen Geist auch sein mag, so unübersehbar sind die Spuren, die er hinterlässt. Wie man Wind oder Strom nicht sehen, aber sehr wohl fühlen kann, so kann man auch das Wehen des Geistes Gottes spüren. Es gibt keine göttliche Aktivität, bei der er nicht direkt und unmittelbar beteiligt wäre. Wo Gott wirkt, da wirkt der Geist. Und wo der Geist ist, da ist Gott. Von diesem „Heiligen Geist" bekennen Christen:

Der Heilige Geist | 5

Gott, der ewige Geist, wirkte zusammen mit dem Vater und dem Sohn bei der Schöpfung, bei der Menschwerdung und bei der Erlösung. Er inspirierte die Schreiber der Heiligen Schrift. Er erfüllte Christi Leben mit Kraft. Er zieht die Menschen zu Gott und überführt sie ihrer Sünde. Die sich ihm öffnen, erneuert er und formt sie nach dem Bild Gottes. Gesandt vom Vater und vom Sohn, damit er allezeit bei Gottes Kindern sei, gibt der Heilige Geist der Gemeinde geistliche Gaben, befähigt sie zum Zeugnis für Christus und leitet sie in Übereinstimmung mit der Heiligen Schrift in alle Wahrheit.

(Glaubensüberzeugungen der Siebenten-Tags-Adventisten, Nr. 5)

Schöpfung, Erlösung und Vollendung – was immer Gott zum Heil des Menschen tut, das tut er mit ganzem Einsatz und ungeteilter Hingabe. Die Rolle des unbeteiligten Zuschauers ist ihm fremd. Dass der Vater lediglich vom Himmel zuschaut, während sein Sohn am Kreuz wie ein Verbrecher umkommt, ist ein unerträglicher Gedanke. Gott opferte nicht einen anderen für uns, sondern sich selbst.

Der Heilige Geist ist wie eine Wasserquelle, die belebt und erfrischt

War es denn nicht der Vater, der sich in seinem Sohn für uns dahingab? (Joh 3,16; Röm 8,32; 2 Kor 5,19) Obwohl Vater, Sohn und Geist unterschiedliche Aufgaben und Rollen im Erlösungsgeschehen haben, ist der dreieine Gott doch stets ganz und ungeteilt bei der Sache.

So war auch Gottes Geist bereits bei der Schöpfung aktiv, als er über der Urflut schwebte und das Schöpfungswerk begleitete (1 Mo 1,2). Es war derselbe Geist, der über die Propheten kam (1 Sam 10,6-12) und ihnen Gottes Botschaften eingab (2 Ptr 1,21). Der Geist bewirkte die Menschwerdung Gottes (Mt 1,18-20; Lk 1,35), kam bei der Taufe auf Jesus und blieb zeitlebens bei ihm (Joh 1,33). Er führte Jesus in die Wüste (Lk 4,1), rüstete ihn zum Dienst aus (Lk 4,14.18; Apg 10,38) und stärkte seine Opferbereitschaft (Hbr 9,14). Derselbe Geist rief Jesus ins Leben zurück (1 Tim 3,16; 1 Ptr 3,18), erfüllte die Gemeinde mit „Kraft aus der Höhe" (Lk 24,49; Apg 1,8; 2,1ff.) und hat am Thron Gottes seinen Platz (Offb 4,5; 5,6). Um welchen Aspekt der Erlösung es auch immer geht – stets ist der Heilige Geist unmittelbar beteiligt. Wo immer Gott wirkt, ist der Heilige Geist mit von der Partie.

Was für die Heilsgeschichte insgesamt gilt, kann auch vom Leben der Gläubigen gesagt werden. In ergreifenden Worten betet David, nachdem er seine Schuld vor Gott bekannt hat: „Vertreibe mich nicht aus deiner Nähe, entzieh mir nicht deinen Heiligen Geist!" (Ps 51,13 GNB) Ohne den Geist kommen wir nicht zur Erkenntnis der Sünde und des Willens Gottes (Joh 16,7-15). Er führt zu Umkehr und Neuanfang (Joh 3,3-9; Tit 3,5), schenkt Wachstum und Frucht (Eph 3,14-19; Gal 5,22f.) und verwandelt uns in Gottes Bild (2 Kor 3,18). Der Heilige Geist befähigt die Gläubigen zum Zeugnis für Christus (Apg 4,31 u. a.) und rüstet sie mit geistlichen Gaben aus (1 Kor 12,1-11). Er wohnt in uns (1 Kor 3,16; 6,19), befähigt uns zum „Leben im Geist" (Gal 5,16ff.) und wird auch die Toten auferwecken (Röm 8,11). Auch hier gilt: Was immer Gott im Leben eines Menschen tut, geschieht durch den Heiligen Geist.

Göttliche Person – persönlicher Gott

Die Fülle der biblischen Aussagen über den Geist Gottes – der hebräische Begriff *ruach* wird 136 Mal auf Gott bezogen, auch das griechische *pneuma* wird häufig auf ihn angewandt – lässt sich so auf den Punkt bringen: Der Heilige Geist ist der unsichtbar und doch spürbar in der Welt wirkende Gott, er ist Gottes universale und zugleich personale Gegenwart (Ps 139,7). Wo immer Gott in diese Welt und in das Leben von Menschen eingreift, begegnet er uns als der Geist. Ob als himmlischer Vater oder als erhöhter Christus – wenn Gott zu uns kommt, dann kommt er in der Form des Geistes zu uns (Joh 4,24; 2 Kor 3,17f.). In diesem Sinne hatte Jesus das Kommen des „Parakleten" (Beistand) als sein eigenes Kommen zu den Jüngern angekündigt (Joh 14,16-19). Indem der Heilige Geist bei uns ist, ist Gott selbst bei uns.

Die Frage: „Ist der Heilige Geist eine Person oder eine Kraft?" erweist sich somit als eine falsche und irreführende Alternative. Versteht man den Geist nämlich nur als göttlichen Einfluss und geheimnisvolle Wirkkraft, dann geht das Bewusstsein dafür verloren, dass uns der ewige Gott persönlich begegnet und anspricht. Deshalb wundert es nicht, dass dem Heiligen Geist Verstand (Lk 12,12; 1 Kor 2,10f.), Gefühl (Eph 4,30), Wille (Apg 16,6f.; 1 Kor 12,11), Tat (Apg 20,28; 2 Ptr 1,21) und Rede (Apg 10,19; 11,12; 13,2) zugeschrieben werden – Fähigkeiten, die nur eine Person hat. Dass im Grundtext bei Johannes 16,13.14 das sächliche *pneuma* (griech.: *das Geist*) mit dem männlichen Fürwort „jener" verbunden ist („Wenn aber jener, der Geist der Wahrheit kommen wird ...") zeigt, dass Johannes dem Geist eine eigene Persönlichkeit zuerkannte.

Ist der Heilige Geist aber ein göttliches „Du" (und nicht nur ein unpersönliches „Es"), dann hat das weitreichende Folgen für unser Verhältnis zu ihm. Denn dann geht es nicht mehr darum, sich dieser göttlichen Wunderkraft zu bedienen und sie für uns nutzbar – oder gar gefügig – zu machen. Vielmehr ist das Denken auf den personalen Gott selbst ausgerichtet, der uns als Heiliger Geist begegnen und prägen will. Was Mose und Elia mit Gott erlebten, was Apostel und Propheten von ihm sahen und hörten, ist in gewissem Maße auch heute erfahrbar. Der unsichtbare, unerreichbare und unnahbare Gott will, „dass die Menschen ihn suchen, damit sie ihn vielleicht ertasten und finden könnten. Denn er ist ja jedem von uns ganz nahe." (Apg 17,27 GNB) Im Heiligen Geist – das hebräische Wort *ruach* bedeutet Wind, Hauch, Atem – kommt uns Gott so nahe, dass man so etwas wie seinen „Hauch" spüren kann.

Leben im Heiligen Geist

■ *Der Heilige Geist ermöglicht uns, Gottes Willen zu verstehen.* Als die uns zugewandte Seite Gottes öffnet er das Verständnis für Gottes Wort. Jeder Gläubige ist durch den Geist in der Lage, selbst herauszufinden, was Gott tut und was er von uns erwartet. „Ihr habt von Christus den Heiligen Geist empfangen. Solange dieser Geist in euch bleibt, habt ihr keinen anderen Lehrer nötig. Denn er belehrt euch über alles." (1 Joh 2,27 GNB; vgl. Joh 14,26; 16,13) Dabei ist die Erkenntnis des Willens Gottes keine rein private und subjektive Angelegenheit. Mithilfe der Heiligen Schrift macht der Heilige Geist der Gemeinde den Willen Gottes bekannt (Apg 13,1.2; Eph 6,17; Offb 22,17ff.). „Wer Ohren hat, soll hören, was der Geist den Gemeinden sagt!" (Offb 2,7 u. a. GNB) Wer auf ihn hört, wird geistliche Reife und Urteilsfähigkeit erlangen und immer tiefer in die einst verborgene, jetzt aber offenbarte Weisheit Gottes eindringen (1 Kor 2,6ff.).

■ *Der Heilige Geist ermöglicht uns, Gott persönlich zu erleben.* Ob im Gottesdienst oder im Alltag, beim Abendmahl oder beim Abendessen, beim Beten oder beim Arbeiten, in der stillen Zeit oder im Lärm des Straßenverkehrs – Gott ist uns durch seinen Geist immer nahe. Das Leben gläubiger Christen wird durch drei einzigartige Geschenke des dreieinigen Gottes bereichert: „die Gnade unseres Herrn Jesus Christus und die Liebe Gottes und die Gemeinschaft des Heiligen Geistes" (2 Kor 13,13). Persönliche Gotteserfahrung und geistliche Gemeindeerneuerung sind überall dort möglich, wo sich Menschen dem Geist Gottes öffnen. Was an Pfingsten geschah – die Erfüllung mit dem Heiligen Geist – will sich im Leben jedes Gläubigen wiederholen (Eph 5,18). „Spiritualität" ist kein Modewort für weltfremde und abgehobene Leute, sondern ein Erkennungszeichen geistgeleiteter Nachfolger Jesu.

■ *Der Heilige Geist ermöglicht uns, Gott in rechter Weise anzubeten* (Joh 4,23f.). Wahre Anbetung ist kein menschliches Tun, mit dem wir Gott gefallen oder ihn gnädig stimmen wollen. Vielmehr handelt es sich um die würdige Verehrung Gottes, die nur durch das Mitwirken des Heiligen Geistes möglich ist. „Wissen wir doch nicht einmal, wie wir beten sollen, damit Gott uns erhören kann. Deshalb hilft uns der Heilige Geist und betet für uns auf eine Weise, wie wir es mit unseren Worten nie könnten ... Er vertritt uns im Gebet, wie es dem Willen Gottes entspricht." (Röm 8,26f. Hfa) Durch ihn lernen wir, wie Kinder Gott vorbehaltlos zu vertrauen und ihn – wie es erstmals Jesus in unerhörter Kühnheit tat (Mk 14,36) – als unseren „Papa" oder „Vati" anzureden (Röm 8,15f.; Gal 4,6). Wo solche Liebe lebt, kommt uns der ferne Gott unsagbar nah. Wie Jesus „dem Herzen des Vaters ganz nahe" ist (Joh 1,18 NL), so dürfen auch wir als Gottes Kinder hautnah mit ihm verbunden sein.

➡ *Siehe auch „Der Heilige Geist – Stellvertreter des Sohnes Gottes auf Erden" auf Seite 203 im Anhang.*

Zehn biblische Bilder für den Heiligen Geist

Wasser / Quelle
Der Heilige Geist ist wie eine Wasserquelle, die belebt und erfrischt. Wer durch den Geist „neu geboren" ist, wird für andere Menschen zu einer sprudelnden Quelle, die Leben schenkt. (Mk 1,8; Joh 1,33; 3,5f.; 7,37-39; Tit 3,5; vgl. Jes 58,11)

Wind / Sturm
Der Heilige Geist ist wie ein sanfter Wind, den man nicht sieht, aber wohl spürt. Manchmal kann es auch etwas stürmisch werden, wenn er Menschen mit Kraft und Vollmacht erfüllt. (Joh 3,8; Apg 2,1-4; vgl. 1 Kön 19,11-13)

Feuer / Fackeln
Der Heilige Geist ist wie ein loderndes Feuer, das alles Sündige zerstört, alles Brauchbare reinigt und alles Dunkle erhellt. Wer von ihm angezündet ist, brennt für Gott. (Mt 3,11; Lk 3,16f.; 12,49f.; Apg 2,1-4; Offb 4,5)

Öl / Olivenbaum
Der Heilige Geist ist wie Öl, das Lampen am Brennen hält. Menschen, die mit ihm verbunden sind, haben geistliche (Leucht-)Kraft. Durch sie kann Gott wirken, ja Erstaunliches bewirken. (Sach 4; vgl. Mt 5,14-16; Eph 5,8f.; Phil 2,14f.)

Salbe / Salböl
Der Heilige Geist ist wie kostbare Salbe – mit Aromastoffen angereichertes Olivenöl –, die für kosmetische, ärztliche und kultische Zwecke verwendet wurde. Könige, Priester und Propheten wurden mit Salböl zum Dienst geweiht, ebenso das Heiligtum und seine Geräte. Wie Jesus sind auch seine Nachfolger gesandt und „gesalbt" mit dem Heiligen Geist – Gott ist mit ihnen. (Lk 4,18; Apg 4,27; 10,37f.; 2 Kor 1,21f.; 1 Joh 2,20.27)

Unterpfand / Siegel
Der Heilige Geist ist der Garant dafür, dass jeder, der auf Jesus vertraut, gerettet wird. Wer mit dem Geist versiegelt ist, ist Gottes Eigentum und steht unter seinem besonderen Schutz. (2 Kor 1,21f.; 5,5; Eph 1,13f.; 4,30; vgl. Offb 7 und 14,1-5)

Tinte
Der Heilige Geist ist vergleichbar mit der Tinte, mit der ein Brief geschrieben wird. Christen sind wie ein offener Brief, der von allen Menschen gelesen wird. Ein geistgeleitetes Leben ist ein Empfehlungsschreiben für die Wahrheit und Kraft des Evangeliums von Jesus Christus. (2 Kor 3,1-3)

Augen
Der Heilige Geist ist vergleichbar mit Augen, die alles sehen. Seiner Aufmerksamkeit entgeht nichts, er kennt uns in- und auswendig. Er umgibt uns – schützend, leitend und korrigierend. (Offb 5,6; Sach 3,9; 4,10b; vgl. Ps 139,1-16)

Taube
Der Heilige Geist erschien bei Jesu Taufe in Gestalt einer Taube – ein Symbol für Reinheit und Sanftmut sowie ein Zeichen der schöpferischen und bewahrenden Gegenwart Gottes. (Mt 3,16; Mk 1,10; Lk 3,21f.; Joh 1,32; vgl. Mt 10,16; 11,29; 1 Mo 1,2; 8,8-12)

Beistand / Anwalt
Der Heilige Geist ist der gottgesandte und göttliche Helfer, Fürsprecher und Beistand der Gläubigen. Er vertritt Jesus als Gottes Lehrer, Zeuge, Sprecher und Anwalt in der Welt. (Joh 14,16-26; 15,26; 16,5-15)

„... und siehe, es war sehr gut!"
Keine Schöpfung ohne Schöpfer

Was die einen von uns mit geschwellter Brust zur Kenntnis nahmen, geriet für die anderen zur peinlichen Vorstellung: die Bekanntgabe der Noten nach einer Klassenarbeit. Anstatt die Leistungsschwachen anzuspornen, waren sie dem Mitleid und Spott der Klassenkameraden ausgesetzt. Später wurden zwar keine Noten mehr verlesen, dennoch konnten wir die Ersten von den Letzten unterscheiden. Je früher jemand seine Arbeit ausgehändigt bekam, desto besser war die Note ausgefallen. Der Erste war meist der Klassenprimus, den alle beneideten – und manchmal auch ihren Frust spüren ließen. Je besser er (oder sie) war, desto schlechter standen die anderen da. Deshalb waren überdurchschnittliche Leistungen meist verpönt; Fleißige galten als „Streber".

In unserer Welt sind Unvollkommenheit und Mittelmaß an der Tagesordnung. Für uns ist das ganz normal. „Nobody is perfect", sagen wir entschuldigend. Noch vernichtender klingt der Satz: „Er hat es gut gemeint" (aber nicht gut gemacht). Auf der anderen Seite gibt es die echten Könner, die unsere aufrichtige Bewunderung verdienen: die überragende Solistin, der geniale Nobelpreisträger, die ungeschlagene Mannschaft. Höher – schneller – weiter. „Das Bessere ist des Guten Feind." Dabei gehen wir davon aus, dass das Bessere, Vollkommene vor uns liegt, während wir das Primitive und Unterentwickelte hinter uns gelassen haben.

Anfang gut – alles gut?

Ganz anders die Bibel. Sie überrascht uns schon auf den ersten Seiten mit der lapidaren Feststellung, dass „am Anfang" – als Gott Himmel und Erde schuf – alles „sehr gut" war (1 Mo 1,31). Bestnote: 1,0! Damit unterscheidet sich das biblische Verständnis der Schöpfung prinzipiell vom evolutionistischen Modell des 19. Jahrhunderts, in dem der philosophisch geprägte Entwicklungsgedanke sich auf allen Gebieten der Wissenschaft (Biologie, Geschichte, Religion usw.) durchsetzte und bis heute quasi Immunität genießt. Wer ihn ernsthaft in Frage stellt, gilt als hoffnungslos rückständig und wissenschaftsfeindlich – eben als unterentwickelt. Doch darüber machten sich die Schreiber der Bibel keine Gedanken. Sie gingen nicht nur wie selbstverständ-

Kapitel 6

Eins plus! „Sehr gut!"
Diese Note bekam die Schöpfung,
als Gott seiner Hände Werk
beurteilte.

lich davon aus, dass die Welt aus der Hand Gottes hervorgegangen war (wie soll man auch von einer „Schöpfung" ohne „Schöpfer" reden?) – und zwar vollkommen! Sie erkannten in der Schöpfung auch einen göttlichen Plan, der dem Leben der Menschen auf dieser Erde Sinn und Bedeutung verleiht. Wer das Leben verstehen, die Welt als sinnvoll begreifen will, muss nach den Anfängen fragen, nach der Idee, die hinter allem steht.

Das Zeugnis der Bibel von den ersten Tagen der Welt ist keine Märchenerzählung aus grauer Vorzeit, sondern das Manifest ihrer göttlichen Bestimmung. Was uns da über Gott und sein schöpferisches Wirken gesagt wird, hat das christliche Gottes- und Menschenbild nachhaltig geprägt. Die biblische Schöpfungslehre hat ganz konkrete Auswirkungen auf das Zusammenleben der Menschen, das Verständnis von Arbeit und Beruf bzw. Freizeit und Erholung, die Ausübung der Religion und den Umgang mit der Natur. Die Geschichte vom Anfang der Welt kann und will unser Leben hier und heute zum Guten verändern. Anfang gut, alles gut!

Intelligentes Design

Die naturwissenschaftlichen Erkenntnisse der letzten Jahrzehnte, allen voran in der Mikrobiologie und Genetik, lassen es immer unwahrscheinlicher, ja nahezu unmöglich erscheinen, dass Mutation und Selektion, Zufall und Zeit genügen, um die Entstehung der hochkomplexen Lebensformen zu erklären. Viele Wissenschaftler anerkennen deshalb heute – aus wissenschaftlichen, nicht aus religiösen Gründen – die Existenz einer höheren Intelligenz, von der die Baupläne des Lebens herrühren. Nicht jeder verbindet damit den Glauben an einen persönlichen Gott; dennoch liegt es nahe, diese kosmische Intelligenz als mit einem Verstand – also mit Willens- und Entscheidungskraft – ausgestattet zu denken.

Was Wissenschaftler aufgrund ihrer Beobachtungen und Forschungen ahnen, haben Juden und Christen seit Jahrtausenden übereinstimmend bezeugt: „Gott ist der Schöpfer aller Dinge." War dieser Glaube von der Antike bis zur Neuzeit das Allgemeingut aller Völker, so haben Aufklärung und Säkularisierung, kritische Wissenschaft und ideologischer Atheismus dazu geführt, dass der Glaube an den Schöpfer keine selbstevidente Wahrheit mehr darstellt, sondern näher erklärt und begründet werden muss. Konnte Paulus noch ohne Umschweife von der Schöpfung auf den Schöpfer schließen (Röm 1,18-20), so ist dafür heute ein längerer Argumentationsweg – wie z. B. die These vom „intelligenten Design" – erforderlich.

„Am Anfang schuf Gott ..."

Dazu ist es nicht nötig, Theorien zu verteidigen, die nicht einmal die Bibel selbst vertritt. So beruft sich die Lehre von der „creatio ex nihilo" (Schöpfung aus dem Nichts) auf die Aussage, „dass alles, was man sieht, aus nichts geworden ist" (Hbr 11,3). Der griechische Grundtext spricht jedoch davon, dass das Sichtbare (die materielle Welt) aus dem nicht Sichtbaren (d. h. aus Gottes „Wort") hervorgegangen ist. Der Ausdruck „Himmel und Erde" muss nicht mit dem modernen Begriff „Universum" gleichgesetzt werden. Auch wird man dem Schreiber der Schöpfungsgeschichte zugestehen, dass er kein naturwissenschaftliches Lehrbuch vorlegen, sondern Gottes Schöpferkraft bezeugen will. Seine Beschreibung ist poetisch und phänomenologisch – auch wir reden vom Sonnenauf- und -untergang. Dennoch haben seine Aussagen einen tiefen Wahrheitsgehalt, nicht zuletzt auf dem Hintergrund zeitgenössischer Schöpfungsmythen, denen sich die Bibel entschieden entgegenstellt.

Die Schöpfung — 6

Gott ist der Schöpfer aller Dinge. Er hat in der Heiligen Schrift den zuverlässigen Bericht seines schöpferischen Wirkens offenbart. In sechs Tagen schuf der Herr „Himmel und Erde" und alle Lebewesen auf der Erde und ruhte am siebenten Tag dieser ersten Woche. So setzte er den Sabbat ein als eine beständige Erinnerung an sein vollendetes schöpferisches Werk. Der erste Mann und die erste Frau wurden als Krönung der Schöpfung „zum Bilde Gottes" geschaffen. Ihnen wurde die Herrschaft über die Erde übertragen und die Verantwortung, sie zu bewahren. Die Schöpfung war nach ihrer Vollendung „sehr gut" und verkündete die Herrlichkeit Gottes.

(Glaubensüberzeugungen der Siebenten-Tags-Adventisten, Nr. 6)

Letztlich bleibt es eine Frage des Glaubens, ob man einen Schöpfer anerkennen und dem biblischen Zeugnis Vertrauen schenken will. Dies gilt auch für die „sechs Tage", von denen das erste Kapitel der Bibel redet. Diese „Tage" mit ihrem Nacht-Tag-Rhythmus als lange Zeiträume zu deuten, ist ein unzulänglicher Versuch, Naturwissenschaft und Schöpfungsglauben zu versöhnen. Dabei übersieht man die kunstvoll durchdachte Struktur des ersten Kapitels der Bibel, das die ersten drei Schöpfungstage den folgenden drei gegenübergestellt. So entspricht die Erschaffung des Lichts (1. Tag) der Einsetzung der Lichter/Gestirne (4. Tag); die Feste trennt die Lebensräume Luft und Wasser (2. Tag), die den Vögeln und Fischen gegeben sind (5. Tag); während die Erde (3. Tag) als Wohnort für Landtiere und Menschen dient (6. Tag).

Die Krone der Schöpfung

Es fällt auf, dass die Erschaffung des Menschen bereits am sechsten Tag geschieht, fast gleichzeitig mit den anderen Lebewesen, die die Erdoberfläche bewohnen. Der eigentliche Höhepunkt und krönende Abschluss des Schöpfungswerkes dagegen erfolgt erst am siebten Tag. Damit soll der Sabbat zwar nicht über den Menschen gestellt werden – schließlich ist er „um des Menschen willen gemacht und nicht der Mensch um des Sabbats willen" (Mk 2,27). Dennoch ist es der Sabbat, der gesegnete und geheiligte Tag der Ruhe, mit dem die Schöpfung erst zu ihrem Höhepunkt und damit zum Abschluss und zur Vollendung kommt.

Damit wird unter anderem zum Ausdruck gebracht, dass es nicht die tägliche Arbeit ist, die den Wert des Menschen und die Qualität unseres Lebens bestimmt, sondern die sabbatliche Ruhe, in die uns der Schöpfer einlädt. (Adam und Eva feiern Sabbat, bevor sie mit der Arbeit beginnen.) Hier geht es um mehr als die richtige Zählweise der Wochentage. Was letztlich zählt, ist das Eintreten in die persönliche Gemeinschaft mit dem Schöpfer, die dem Leben besondere Würde und Glanz verleiht. Somit wird der tiefere Sinn des menschlichen Daseins in der Begegnung mit Gott gesehen und erlebt. „Der Sabbat ist kein Intermezzo, sondern Höhepunkt des Lebens" und „das Ziel der Schöpfung" schrieb einmal der jüdische Philosoph Abraham Heschel. Auch Dietrich Bonhoeffer bezeichnete den Sabbat als den „Sinn und das Ziel der Woche und ihrer Mühe".

Wo der Sabbat in diesem Bewusstsein gefeiert wird, dort ist und bleibt auch der Glaube an Gott lebendig. Die Anbetung des Schöpfers und die Freude an seiner Schöpfung sind wesentliche Inhalte seiner „Ruhe". Als Gedenktag der Schöpfung macht der Sabbat deutlich, dass die leiblich-materielle Welt von Gott gewollt und für sehr gut befunden worden ist. Zugleich wird klar, dass uns die Erde nicht gehört, sondern zu treuen Händen anvertraut ist. Damit erinnert uns der Sabbat an unsere wahre Herkunft und eigentliche Bestimmung.

In diesem Sinne wird häufig der Mensch als „Krone" oder „Krönung der Schöpfung" bezeichnet. Dem liegt der Gedanke von Psalm 8,6 zugrunde: „Du hast ihn wenig niedriger gemacht als Gott, mit Ehre und Herrlichkeit hast du ihn gekrönt." Der Mensch wird hier aber nicht als krönender Abschluss der Schöpfung verstanden (dieses Vorrecht gilt – wie bereits gesagt – dem Sabbat), sondern als gekröntes Haupt, als der König der Erde. Vers 7 erklärt das so: „Du hast ihn zum Herrn gemacht über deiner

Hände Werk, alles hast du unter seine Füße getan." Ein unüberhörbares Echo der Schöpfungsgeschichte, nach der wir gerade zu diesem Zweck geschaffen wurden, nämlich um über die Erde zu herrschen. „Der erste Mann und die erste Frau wurden zum Bild Gottes geschaffen. Ihnen wurde die Herrschaft über die Erde übertragen und die Verantwortung, sie zu bewahren." (Glaubensüberzeugungen der Siebenten-Tags-Adventisten, Nr. 6)

„Das sieht Gott ähnlich!"

Die biblische Sicht vom Menschen als dem Herrscher der Erde, dem irdischen Repräsentanten Gottes und Verwalter seines Eigentums kommt in dem Begriff „Bild Gottes" zum Ausdruck, der zu vielerlei Erklärungsversuchen geführt hat. „Und Gott schuf den Menschen zu seinem Bild, zum Bilde Gottes schuf er ihn; und schuf sie als Mann und Frau." (1 Mo 1,27) Oft hat man daraus die äußere Ähnlichkeit des Menschen zu Gott abgeleitet; doch sollten wir mit solchen „theomorphen" Vorstellungen sehr zurückhaltend sein. Denn „niemand hat Gott je gesehen" (Joh 1,18), und der Dekalog verbietet ausdrücklich jedes „Bildnis" oder „Gleichnis" von Gott, das der geschaffenen Welt entnommen ist, zu der auch wir gehören (2 Mo 20,4).

Eine andere verbreitete Deutung sieht die Ähnlichkeit zwischen Mensch und Gott in bestimmten Fähigkeiten (wie Verstand, Wille, Gewissen) oder Charaktereigenschaften (wie Gerechtigkeit, Wahrhaftigkeit), die zu unserem Menschsein gehören bzw. gehören sollten. Doch auch davon redet die Schöpfungsgeschichte nicht; solchen Erklärungen haftet deshalb etwas Willkürliches an. Wie so oft steht die Antwort im Text selbst – und zwar im unmittelbaren Zusammenhang (V. 26-28). Dort wird nämlich ausdrücklich gesagt, worin die Gottähnlichkeit des Menschen (1 Mo 1,26 EB) tatsächlich besteht: Nicht im Aussehen oder in sittlichen Tugenden, sondern in der Funktion und Aufgabe, zu der Gott uns berufen und für die er uns entsprechend ausgestattet hat.

Wo Menschen dieser göttlichen Bestimmung entsprechend leben, ihrem Herrschafts- und Fürsorgeauftrag gemäß handeln, ihre schöpferischen Fähigkeiten verantwortlich einsetzen, partnerschaftliche Beziehungen untereinander und ein vertrauensvolles Verhältnis zu Gott pflegen – da kann man mit Fug und Recht sagen: „Das sieht Gott ähnlich! So ist und handelt der Schöpfer und Herr der Welt auch." Solchen Menschen wird Christus bei der letzten, öffentlichen Zeugnisvergabe einmal sagen: „Sehr gut, du bist ein tüchtiger und treuer Diener. Du hast dich in kleinen Dingen als zuverlässig erwiesen, darum werde ich dir auch Größeres anvertrauen. Komm zum Freudenfest deines Herrn!" (Mt 25,21 GNB) Ende gut, alles gut.

„Zum Bild Gottes geschaffen" (1 Mose 1,26-28)

Der Mensch nimmt eine einzigartige Stellung in der Schöpfung ein; sie ist zugleich Vorrecht und Fähigkeit sowie Aufgabe und Auftrag. Darin zeigt sich unsere Ähnlichkeit zu Gott:

1. Wir haben einen Herrschafts- und Fürsorgeauftrag (Bevollmächtigung):
   - Wir tragen Verantwortung für die Welt (Mitwelt, Umwelt).
   - Wir sind die Verwalter (Treuhänder, Pfleger) der Erde.
   - Wir sollen die Schöpfung bewahren, Umwelt und Leben schützen (1 Mo 2,15).

2. Wir besitzen schöpferische Fähigkeiten (Kreativität):
   - Wir können Leben weitergeben (Fortpflanzung, 1 Mo 1,28).
   - Wir sollen uns entfalten, unser Potenzial entwickeln.
   - Wir schaffen geistige und materielle Güter (Wissenschaft, Technik, Handwerk).
   - Wir haben einen Kulturauftrag („Kultur" vom lat. „colere", hegen, pflegen).
   - Wir besitzen künstlerische Fähigkeiten (Musik, Literatur, bildende Kunst).

3. Wir können förderliche Beziehungen zu anderen pflegen (soziale Dimension):
   - Wir sind zur Gemeinschaft, Partnerschaft und Zusammenarbeit gerufen.
   - Wir sollen füreinander da sein, einander helfen und uns ergänzen (Ehe und Familie, Freundschaften, Arbeitswelt, Freizeit).
   - Wir gehen als Männer und Frauen partnerschaftlich miteinander um (1 Mo 2,18 EB).
   - Wir fördern Einheit, Gleichheit und Geschwisterlichkeit unter den Menschen.

4. Wir können eine persönliche Beziehung zu Gott pflegen (geistliche Dimension):
   - Wir brauchen und pflegen Gemeinschaft mit Gott (Glaube, Hoffnung, Liebe).
   - Wir sind mündige – d. h. freie und verantwortliche – Wesen (Pred 11,9; Mi 6,8).

Dazu sind wir mit intellektueller Kapazität (Ratio), seelischer Empfindungsfähigkeit (Emotio), sittlichem Unterscheidungsvermögen (Gewissen), eigener Willenskraft (Entscheidungsfreiheit) und Körperlichkeit ausgestattet, um charakterlich und sittlich reife Persönlichkeiten zu werden. Durch die Sünde sind diese Fähigkeiten zwar getrübt, aber nicht verlorengegangen.

Buchempfehlung:
Peter H. Kruszyna, „Das Wunder: die Schöpfung",
Advent-Verlag Lüneburg, 222 Seiten, 10,00 €, Best.-Nr. 1290.

„Was ist der Mensch ...?"
Gottes Bild – entstellt und wiederhergestellt

Er gilt als einer der anrührendsten, schockierendsten und zugleich schönsten Filme: David Lynch's „Der Elefantenmensch". Der Film schildert die Leidensgeschichte von Joseph Merrick, der diese Bezeichnung den Verwachsungen verdankte, die seinen Körper von Kindheit an schrecklich entstellt hatten. Im Jahr 1884 entdeckte ihn der Chirurg und Anatomie-Dozent Frederick Treves auf einem Londoner Rummelplatz und nahm ihn – teils aus Neugier, teils aus Mitleid – in sein Krankenhaus auf. „Das Auffälligste an ihm war sein riesiger, missgebildeter Kopf. Über den Brauen wuchs eine gewaltige, knochige Masse wie ein Schwamm heraus, während auf der Rückseite seines Schädels eine Tasche aus schwammiger, pilzartiger Haut hing. Vom Oberkiefer wuchs eine weitere Knochenmasse hervor. Wie ein rosa Stumpf stand sie aus dem Mund heraus, so dass die Oberlippe von innen nach außen verkehrt war und der Mund wie eine völlig formlose Apparatur herumhing."

Dr. Treves' Bericht lässt ahnen, welche Qualen und Demütigungen das so verunstaltete Geschöpf wegen seiner Abnormalität ertragen muss. Er wird wie ein Tier gehalten und auf Jahrmärkten einer gaffenden Menschenmenge zur Schau gestellt. In der Öffentlichkeit verbirgt Merrick Kopf und Gesicht unter einer großen Mütze, von der ein Tuch herabhängt; ein Schlitz erlaubt ihm zu sehen. Den Körper bedeckt ein langer schwarzer Mantel, der ihn ebenfalls vor den belustigt-schockierten Blicken seiner Mitmenschen schützt. Schließlich ist der Kopf nur Teil seiner extremen Missbildungen. Gewebewucherungen und Hautlappen – blumenkohlartig verfurcht und verkrustet – überziehen den ganzen Körper, der rechte Arm ist unförmig verwachsen, Beine und Füße gleichen krummen Baumstümpfen. Aufgrund eines Hüftleidens kann sich Merrick nur humpelnd fortbewegen. Zu allem Übel geht von den Ekel erregenden Geschwülsten auch noch ein unerträglicher Gestank aus ...

Zu seiner Überraschung entdeckt der Arzt, dass sich hinter dem grotesken Schauobjekt kein schwachsinniges, apathisches Wesen verbirgt, sondern ein intelligentes, feinfühliges und freundliches Geschöpf – kein Furcht erregendes Monster also, vielmehr ein liebenswerter Gentleman! Diese Nachricht macht den „Elefantenmenschen" bald berühmt, selbst Königin Victoria bekundet ihre Anteilnahme. Eines Abends – man schreibt das Jahr 1890 – führt man ihm zu Ehren sogar ein Theaterspiel auf. Nach der Rückkehr in seine Dachkammer räumt der 28-Jährige die Kissen beiseite, die ihn beim Schlafen in aufrechter Position halten. Er legt sich flach auf sein Bett, so dass das Gewicht des Schädels ihn langsam ersticken lässt ...

„Was ist der Mensch ...?"
Selten hat mich eine Geschichte so nachdenklich und betroffen gemacht wie diese. Wer war dieser Joseph Merrick? Ein Angst erregendes Ungeheuer, ein hässlicher, übel riechender Klumpen Fleisch – oder ein freundliches und würdevolles Wesen, ein Mensch mit Charakter? Medizinisch gesehen litt er am Proteus-Syndrom, einer äußerst seltenen genetischen Störung, die die Gewebezellen befällt. Außerdem fanden sich Hinweise auf die Erbkrankheit Neurofibromatose, die sogenannte „Recklinghausen-Krankheit". Die Geschichte des „Elefantenmenschen" ist ein bewegendes Beispiel menschlichen Leidens sowie der Sehnsucht nach Geborgenheit in einer brutalen Welt. Joseph hatte keinen größeren Wunsch, als geliebt zu werden, wie er war.

Der Film „Der Elefantenmensch" schildert die Leidensgeschichte des völlig missgebildeten Joseph Merrick.

Nicht anders ist es bei uns. Können wir Joseph Merrick auch in uns selbst finden? Wer sind wir Menschen eigentlich? Kultivierte Tiere, einsame und entstellte Geschöpfe – oder mehr?

Die Antwort der Bibel ist höchst erstaunlich – ernüchternd und ermutigend zugleich. Auf der einen Seite scheut sie sich nicht, die Deformationen beim Namen zu nennen, die uns so nachhaltig entstellt haben. Auf der anderen Seite jedoch zeichnet sie ein völlig anderes Bild von uns, voller Schönheit und Würde. Diese Sicht lässt sich wie in der siebten Glaubensüberzeugung der Adventisten (S. 52) beschreiben.

Nirgendwo werden Bestimmung und Würde des Menschen einprägsamer umschrieben als in der biblischen Redeweise vom „Bild" Gottes (1 Mo 1,26.27). Dass Mann und Frau gemeinsam nach dem Bild Gottes – also Gott ähnlich – geschaffen sind, verwehrt uns eine allzu menschliche, naive Vorstellung von Gott. Es geht weniger um das Aussehen der Person als um die Merkmale der Persönlichkeit. Selbstständig und kreativ zu denken, intensiv mitzufühlen, etwas mit ganzer Kraft zu wollen und es zielstrebig in die Tat umzusetzen, mit anderen in Beziehung zu treten, Verantwortung zu übernehmen – alles das sind Merkmale eines freien und reifen

Menschen. Ja, es sind geradezu göttliche Eigenschaften. „Du hast ihn wenig niedriger gemacht als Gott", dichtete David, „du hast ihm Macht und Würde verliehen; es fehlt nicht viel und er wäre wie du." (Ps 8,6 LB-GNB)

Der Mensch	7

Mann und Frau wurden nach dem Bild Gottes geschaffen mit dem Vermögen und der Freiheit, als Persönlichkeit zu denken und zu handeln. Der Mensch ist eine unteilbare Einheit aus Leib, Seele und Geist und – obwohl als freies Wesen geschaffen – abhängig von Gott in seinem Leben und in allem, was er zum Leben braucht. Als Adam und Eva, unsere ersten Eltern, Gott ungehorsam wurden, verleugneten sie ihre Abhängigkeit von ihm und verloren dadurch ihre hohe Stellung vor Gott. Das Bild Gottes in ihnen wurde entstellt, und sie wurden der Macht des Todes unterworfen. Seitdem unterliegen alle Menschen der Sünde und ihren Folgen. Sie werden mit Schwachheit und Neigung zum Bösen geboren. Durch Christus aber versöhnte Gott die Welt mit sich selbst, und durch den Heiligen Geist wird in sterblichen Menschen, die zur Umkehr bereit sind, das Bild ihres Schöpfers wiederhergestellt. Zur Ehre Gottes geschaffen, sind sie gerufen, ihn und einander zu lieben sowie für ihre Umwelt verantwortlich zu handeln.

(Glaubensüberzeugungen der Siebenten-Tags-Adventisten, Nr. 7)

Tabuwort „Sünde"

Doch wie sieht die Wirklichkeit aus? Was ist aus dem „Bild Gottes" geworden? Was ist mit den geschundenen Körpern der Rechtlosen und Ausgebeuteten, den von brutalen Soldaten und marodierenden Banden Gefolterten und Ermordeten, den Gefangenen, die nackt und gefesselt zum Spielball ihrer Bewacher werden? Was ist mit den 850 Millionen Hungernden, von denen täglich 100.000 an den Folgen von Unterernährung sterben; den Kranken, deren Körper von unheilbaren Krankheiten zerfressen werden; den zahllosen missbrauchten Kindern und misshandelten Frauen und all denen, die keine Aussicht und Hoffnung auf ein menschenwürdiges Dasein haben? Wie viel ist ihr Leben wirklich wert? Wo bleibt ihre unveräußerliche Menschenwürde, ihre „hohe Stellung vor Gott"?

Kein Zweifel – wir sind weit vom biblischen Idealbild des Menschen entfernt. Doch wie konnte es dazu kommen? Welcher Virus hat das Bild Gottes so nachhaltig entstellt, welche Krankheit uns so furchtbar zugerichtet? Auch wenn es für viele fremd klingt, die Bibel nennt die Ursache offen beim Namen: die „Sünde". Sünde ist moralisches Versagen, schuldhaftes Versäumnis, unentschuldbares Vergehen. Doch sie ist mehr als das. Sie ist der Zustand, in dem wir uns alle von Anfang an befinden – das heißt: Trennung von Gott, der das Leben ist, und Bindung an das Böse, das uns zum Tod führt. Man mag diesen ernüchternden Befund leugnen, ihn nur für andere

Nachdem er uns in Christus mit sich versöhnt hat, ist Gott nun dabei, sein göttliches „Bild" in uns wiederherzustellen.

gelten lassen wollen. Doch selbst die Massenmörder der Geschichte besaßen durchaus menschliche Eigenschaften, wie auch umgekehrt „normale" Menschen zu Verbrechern werden können. Die Sünde verzerrt das Bild Gottes in die Fratze des Teufels. Unser menschliches Antlitz ist zum doppelgesichtigen Januskopf geworden.

Heruntergekommen

Die schier unglaubliche Botschaft der Bibel lautet: Gott selbst ist in Jesus Christus in die Welt der Sünde hinabgestiegen und hat sich mit uns und unserem Schicksal voll identifiziert. Jesus bezog die Vision vom leidenden Gottesknecht auf sich (Lk 24,25-27), von dem Jesaja prophezeit hatte: „Viele haben sich entsetzt von ihm abgewandt, so entstellt war er. Er hatte keine Ähnlichkeit mehr mit einem Menschen ... Er war weder schön noch stattlich, wir fanden nichts Anziehendes an ihm. Alle verachteten und mieden ihn; denn er war von Schmerzen und Krankheit gezeichnet. Voller Abscheu wandten wir uns von ihm ab ... Wir meinten, Gott habe ihn gestraft und geschlagen; doch wegen unserer Schuld wurde er gequält und wegen unseres Ungehorsams geschlagen. Die Strafe für unsere Schuld traf ihn und wir sind gerettet. Er wurde verwundet und wir sind heil geworden." (Jes 52,14; 53,2-5 GNB)

Paulus erklärt diese erstaunliche Wahrheit so: Gott „sandte seinen Sohn in der Gestalt des sündigen Fleisches und um der Sünde willen und verdammte die Sünde im Fleisch" (Röm 8,3). „Er gab alle seine Vorrechte auf und wurde einem Sklaven gleich. Er wurde ein Mensch in dieser Welt und teilte das Leben der Menschen. Im Gehorsam gegen Gott erniedrigte er sich so tief, dass er sogar den Tod auf sich nahm, ja, den Verbrechertod am Kreuz." (Phil 2,7.8 GNB) Statt mit dem Finger auf andere – „Sünder!" – zu zeigen und sie ihrem verdienten Schicksal zu überlassen, wurde Jesus einer von uns und nahm freiwillig auf sich, was wir zu ertragen haben. Nur in einem war er ganz anders als wir: Er machte sich niemals schuldig – er blieb ohne Sünde (Hbr 4,15). Die Menschwerdung Gottes in Christus – Theologen reden von der „Inkarnation" – gipfelte in seinem Martyrium am Kreuz, dem die übliche Folter in

Form der Geißelung vorausging und das vom Hohn und Spott der Zuschauer begleitet war. So ist ihm auch das Schicksal des Elefantenmenschen gut vertraut – ohne Mütze, Tuch und Mantel.

Aufgehoben

Gottes Anteilnahme an unserer menschlichen Situation erschöpft sich allerdings nicht im persönlichen Mitleiden und der daraus resultierenden uneingeschränkten Solidarität und Empathie (Hbr 2,17; 4,15). Sein Blick reicht viel weiter als nur zu einem menschenwürdigen Leben und Sterben. Gott will, dass wir unsere eigentliche und ursprüngliche Würde als seine Söhne und Töchter wiedergewinnen, die uns durch die Sünde verlorengegangen ist. Er ist ja deshalb ganz zu uns heruntergekommen, um uns wieder ganz zu sich emporzuheben. Er hat die Sünde überwunden, um sie eines Tages für immer zu beseitigen. Nicht weniger als die „Wiederherstellung aller Dinge" (Apg 3,21 EÜ) ist sein eigentliches Ziel. Darum hat er uns in Christus mit sich versöhnt und ist nun dabei, sein göttliches Bild in uns wiederherzustellen.

Alle, die diesen Ruf zur Versöhnung annehmen, dürfen wissen, dass sie in Christus „eine neue Kreatur" geworden sind (2 Kor 5,17-21) und dazu bestimmt sind, nach seinem (Vor-)Bild gestaltet, also ihm ähnlich zu werden (Röm 8,29; Eph 4,24; 2 Ptr 1,3.4; 1 Joh 3,2). Denn nur Jesus verkörperte das „Ebenbild" – das wahre Wesen und den wirklichen Charakter – Gottes vollkommen (2 Kor 3,18; 4,4; Kol 1,15; 3,10; Hbr 1,3). Seine Gerechtigkeit und Barmherzigkeit widerzuspiegeln, seine Liebe zu erwidern und anderen Menschen – ja, allen Geschöpfen – zu erweisen, ist unsere eigentliche Berufung als Menschen. „Denn ein Lobpreis seiner Herrlichkeit sollen wir sein", Gott durch unser ganzes Leben ehren (Eph 1,12 GNB).

Dies gilt auch für Menschen wie Joseph Merrick. Was die meisten derer, die ihn begafften, verlachten oder bewunderten, nicht wussten: Er, der in seinem Leben nie wirkliche Liebe und Zuwendung erfahren hatte, kannte das Evangelium von der unfassbar großen Liebe Gottes zu allen Menschen! Die Bibel und das anglikanische Gebetbuch waren ihm bestens vertraut. Er hatte sie mehrfach durchgelesen, Teile davon auswendig gelernt und rezitiert und sie zur Richtschnur seines Lebens gemacht. „Ich habe zu mir selbst gefunden", erklärte er seinem Arzt kurz vor dem Tod, „weil ich weiß, dass ich geliebt werde". Kann einem Menschen jemals etwas Besseres widerfahren? Wer so lebt – und stirbt –, ist bestens aufgehoben.

Das ganzheitliche Menschenbild der Bibel

„Der Mensch ist eine unteilbare Einheit aus Leib, Seele und Geist" – so heißt es in den adventistischen Glaubensüberzeugungen. Was sagt die Bibel zur Ganzheit des Menschen?

Wir sind mehrdimensionale Wesen. Körper, Seele und Geist bilden den ganzen, unteilbaren Menschen, der mit seiner Umwelt sowie mit Gott in Beziehung steht. Wenn alle fünf Ebenen in sich gefestigt und mit den anderen harmonisch verbunden sind, ist quasi der Idealzustand erreicht. Das hebräische Wort „schalom" bezeichnet das „Ganz-sein" harmonischer Existenz. Je nach der Dimension, auf die es angewendet wird, kann es mit Gesundheit, Wohlbefinden, Zufriedenheit, Frieden oder Heil wiedergegeben werden. Störungen auf einer dieser Ebenen dagegen (durch Krankheit, Unwohlsein, Unzufriedenheit, Unfrieden oder Unheil) wirken sich oft negativ auf die anderen Dimensionen unseres Menschseins aus. So sind beispielsweise psychosomatische Störungen ein Hinweis auf die enge Verknüpfung aller fünf Seinsebenen.

Die Seele ist kein eigenständiger Teil des Menschen, keine immaterielle, geistige Substanz, die unabhängig vom Körper existieren kann. Das hebräische Wort „nefesch" bezeichnet Lebewesen – Menschen wie Tiere. Sie haben *keine Seele*, sondern *sind beseelte Wesen*. So heißt es in 1 Mo 2,7 (EB): „Da bildete Gott, der Herr, den Menschen [hebr. „adam"] aus Staub [hebr. „adama"] vom Erdboden und hauchte in seine Nase Atem des Lebens. So wurde der Mensch eine lebende Seele." Häufig wird der Begriff deshalb einfach mit „Leben" (1 Mo 35,18; 2 Mo 21,23; Jos 9,24; 1 Kön 17,21.22; 19,3; Ps 34,23; Jes 53,12; Jer 4,10; Hes 32,10; Jona 1,14), „Menschen" (Hes 22,25), „Leute" (1 Mo 12,5; 14,21) oder auch „Getier" (1 Mo 1,20.21.24) übersetzt. „Seelen" können essen und trinken (Ps 107,9), sterben oder getötet werden (Hes 13,19; Offb 16,3). Beim Tod geht der „Lebensodem" zu Gott zurück, der ihn geschaffen hat (Jes 57,16); die „Seele" – d. h. der ganze Mensch bzw. das Lebewesen – ist tot (3 Mo 19,28; 21,11; 22,4; 4 Mo 6,6; 19,13).

Darüber hinaus wird der Begriff „Seele" – ähnlich dem Ausdruck „Herz" – in der Bibel auch für das „Innenleben" des Menschen – sein Denken (Ratio), Fühlen (Emotio) und Wollen (Volitio) – verwendet. Alle diese inneren Regungen enden mit dem Tod (Hiob 14,10-12; Ps 6,6; 115,17; Pred 9,5-10). Körper, Seele und Geist bilden somit eine untrennbare Einheit (1 Ths 5,23); der Mensch ist „leibhafte Seele", „beseelter Leib" (Karl Barth). Der griechisch-philosophische Leib-Seele Dualismus, der zur Leibvergottung bzw. Leibverachtung geführt hat, ist der Bibel fremd.

Buchempfehlung:
Nancy und Ron Rockey / Kay Kuzma, „Wie Gefühle heilen können", Advent-Verlag, Lüneburg, 212 Seiten, 11,00 , Best.-Nr. 1880.

Christus ist Sieger!
Der Konflikt dauert an, doch er ist längst entschieden

Konflikte sind aus unserem Leben nicht wegzudenken. Von der Geburt bis zum Tod scheint das Dasein in vieler Hinsicht ein Kampf zu sein. Für unzählige Menschen ist es ein Überlebenskampf ums tägliche Brot und knappe Wasser. Andere scheuen nicht vor Gewalt zurück, um politische und ökonomische Interessen durchzusetzen. Häufig gehören Auseinandersetzungen zum normalen Familienleben. Ehrgeiz gilt als Voraussetzung für beruflichen Erfolg; auf dem freien Markt herrscht ein harter Verdrängungswettbewerb. Wer überleben will, muss kämpfen. Wer nicht kämpft, hat schon verloren – so scheint es.

Auch unsere Sprache zeigt, wie allgegenwärtig und facettenreich dieser tägliche Kampf ist: Krieg gegen den Terror, der Kampf gegen feindliche Übernahme, die Schlacht am kalten Büfett, Familienstreit, Rosenkrieg usw. Überall wird ums Überleben gekämpft: im Wahlkampf, im Arbeitskampf, im Abstiegskampf. Sein oder Nichtsein, das ist – nicht erst seit Shakespeare – die Frage. „The winner takes it all", sang bereits vor Jahren die Pop-Gruppe ABBA und drückte damit eine ernüchternde Erkenntnis aus: Der Gewinner bekommt alles, die Verlierer gehen meist leer aus.

Als ob wir nicht schon genug Auseinandersetzungen zu bewältigen hätten, machen wir uns freiwillig zu Beobachtern und inneren Teilnehmern von Konflikten, bei denen Kampf kein notwendiges Übel ist, sondern der Unterhaltung dient und die Langeweile vertreiben soll. Auf diese Weise kommt Spannung in den tristen Alltag, Farbe ins monotone Leben. Die Welt des Sports lebt vom unerbittlichen Wettkampf der Champions. Das Ringen um Sekundenbruchteile oder Tore hält alle in Atem – Akteure wie Zuschauer. Filme, Videos und Computerspiele fesseln mit konfliktträchtigen Handlungen und erzeugen so ein Höchstmaß an Spannung.

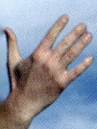

Kapitel 8

Damit bestätigen sie eindrucksvoll das biblische Motiv vom universalen Kampf zwischen Gut und Böse, Licht und Finsternis. Ob Comic, Western oder Science Fiction – überall kämpfen die Helden gegen die Bösewichter, die Kräfte des Guten gegen die finsteren Mächte des Bösen. Dabei übt gerade das Böse eine seltsame Faszination aus; wir starren wie gebannt auf die todbringenden Schlangen. Die Helden und Handlungen sind jeweils andere, doch das Grundmuster ist stets dasselbe: Asterix, James Bond, 12 Uhr mittags, Star Wars ... Handelt es sich dabei nur um Phantasieprodukte oder um das Echo einer metaphysischen Wirklichkeit, die uns alle angeht?

Das Leben des Christen als „Kampf"

Auch Nachfolger Jesu leben in dieser Welt und sind ihren Bedingungen und Spielregeln unterworfen. Auch Christen brauchen Arbeit und Brot, verfolgen eigene Interessen und Ziele, sind Auslöser und Opfer von Streitigkeiten und Konflikten. Auch sie wollen Gewinner, nicht Verlierer sein, und jubeln ihrer Mannschaft zu. Dabei folgen sie dem weisen Rat: „Vergeltet niemand Böses mit Bösem. Seid auf Gutes bedacht gegenüber jedermann. Ist's möglich, soviel an euch liegt, so habt mit allen Menschen Frieden." (Röm 12,17.18) Wie schwer das im Alltag zu leben ist, weiß auch Schillers Wilhelm Tell: „Es kann der Frömmste nicht in Frieden bleiben, wenn es dem bösen Nachbarn nicht gefällt." Doch selbst mit einem guten Nachbarn und unter „Brüdern" kann es leicht zu Auseinandersetzungen kommen. „Wieso gibt es denn bei euch so viel Streit, Krieg und Kampf?", fragte schon Jakobus (Jak 4,1 Hfa).

Auch Jesus blieben Konflikte und Auseinandersetzungen nicht erspart. Im Gegenteil, die Jahre seines öffentlichen Wirkens waren von Anfang an geprägt von Auseinandersetzungen, verbalen Disputen und heftigen Kontroversen. Nicht dass er sie gewollt oder gar gesucht hätte, aber er wich ihnen auch nicht aus, sondern nahm die Herausforderung an. Sein mutiges Auftreten und sein überzeugendes Vorbild brachten ihm nicht nur Lob und Sympathie ein, sondern weckten auch den Neid und die Missgunst seiner Gegner, die zu erbitterten Feinden wurden und ihm nach dem Leben trachteten. Seinen Jüngern kündigte er an: „Wie sie mich verfolgt haben, werden sie auch euch verfolgen." (Joh 15,20 GNB)

Dass das Neue Testament das Leben der Christen häufig mit einem Kampf vergleicht, verwundert also nicht. Bei diesem „Kampf des Glaubens" (1 Tim 6,12; 1,18f.) geht es jedoch vor allem darum, im Glauben an Christus treu zu bleiben (1 Kor 9,24ff.; 2 Tim 4,7; Jud 3), das Evangelium frei und offen zu bekennen und dabei auch

Widerstand oder Verfolgung standhaft zu ertragen (Röm 15,30f.; Phil 1,27ff.; 1 Ths 2,2; 2 Tim 2,1ff.; Hbr 10,32ff.) sowie der Sünde und dem Bösen zu widerstehen (Eph 6,10 ff.). Vor allem die Leidenserfahrungen der ersten Christen im römischen Reich prägten die neutestamentliche Sicht und Darstellung vom endzeitlichen Glaubenskampf (Offb 12,17; 13,7; 17,14).

Das Wesen des großen Konflikts

Dieser Konflikt trägt meist andere Züge, als die apokalyptischen Bilder der Bibel auf den ersten Blick nahezulegen scheinen. Im Unterschied zum Volk Israel stellte die Gemeinde Jesu ja keine geographische und politische Größe mehr dar, die sich gegenüber feindlichen Mächten militärisch zur Wehr setzen konnte.

So stellte sich Albrecht Dürer (1471-1528) den Kampf zwischen Michael und dem Drachen vor, der in Offenbarung 12 beschrieben wird.

Deshalb erfüllen sich die biblischen Prophezeiungen auch nicht mehr im Nahen und Mittleren Osten (Israel und Palästina, Zweistromland von Euphrat und Tigris), sondern in der geistigen Auseinandersetzung um Wahrheit und Irrtum, in die alle Nachfolger Jesu hineingezogen sind.

Das Neue Testament bezieht die alttestamentlichen Prophezeiungen konsequent auf Christus und die Gemeinde. Eine christozentrische Auslegung befasst sich daher nicht mit politischen oder militärischen Entwicklungen, sondern mit der entscheidenden Frage nach unserer Treue bzw. Untreue gegenüber Gott und seinem Wort. So hat die endzeitliche Auseinandersetzung zwischen dem „Nordkönig" und dem „Südkönig" (Dan 11) mit Amerikas Kreuzzug gegen den radikalen Islam ebenso wenig zu tun wie die „Schlacht von Harmagedon" (Offb 16,12-16) mit dem ersten, zweiten oder dritten Weltkrieg oder den Ölreserven im Mittleren Osten. Statt strategischer Planspiele und globaler Machtpolitik hat die biblische Prophetie stets das Schicksal des Volkes Gottes vor Augen.

Für Siebenten-Tags-Adventisten ist die Redeweise vom „großen Kampf" zu einem feststehenden Ausdruck geworden, der sich auch in den Glaubensüberzeugungen wiederfindet. Bezeichnenderweise schildert der englische Begriff für Kampf „controversy" keine militärische Schlacht mit Toten und Verwundeten, keinen Krieg mit Waffengewalt, sondern eine tief greifende Meinungsverschiedenheit zwischen zwei Parteien, eine Auseinandersetzung zwischen widersprüchlichen Auffassungen. Es geht also um eine geistige Kontroverse, eine argumentativ geführte Debatte, einen öffentlichen Disput über eine zentrale weltanschauliche und religiöse Streitfrage: Ist Gott wirklich ein Gott der Liebe und unser volles Vertrauen wert oder nicht?

Der große Kampf | 8

Die ganze Menschheit ist hineingezogen in eine große Auseinandersetzung zwischen Christus und Satan, bei der es um das Wesen Gottes, sein Gesetz und seine Herrschaft über das Universum geht. Dieser Streit hatte seinen Ursprung im Himmel, als ein geschaffenes Wesen, ausgestattet mit Entscheidungsfreiheit, durch Selbsterhöhung zum Satan, zum Widersacher Gottes wurde. Auch einen Teil der Engel verführte er zum Aufruhr. Als Satan Adam und Eva zur Sünde verleitete, brachte er den Geist des Aufruhrs auch auf unsere Erde. Die Sünde hat das Bild Gottes im Menschen entstellt und die geschaffene Welt in Unordnung gebracht. Sie wurde schließlich durch eine weltweite Flut verwüstet. Unsere Erde ist vor der gesamten Schöpfung zum Austragungsort eines universalen Konfliktes geworden, in dem sich der Gott der Liebe schließlich als rechtmäßiger Sieger erweisen wird. Christus sendet den Heiligen Geist und seine Engel, um seinem Volk in diesem Kampf beizustehen, es zu führen, zu schützen und auf dem Weg des Heils zu bewahren." (Glaubensüberzeugungen der Siebenten-Tags-Adventisten, Nr. 8)

Das eigentliche Schlachtfeld, auf dem dieser Kampf ausgetragen wird, ist unser Herz. Die Versuchungen zur Sünde kommen nämlich nicht von außen, sondern in erster Linie von innen. „Jeder Mensch wird durch seine eigenen Begierden dazu verleitet, Böses zu tun." (Jak 1,14 NL) Anders gesagt: „Es ist die eigene Begehrlichkeit, die den Menschen ködert und einfängt" (GNB). Dieser „Kampf der Leidenschaften" ist auch die Ursache für den Streit unter „Brüdern" (Jak 4,1 EÜ). Paulus beschreibt seinen verzweifelten Kampf gegen „die Sünde, die in mir wohnt" (Röm 7,17.20) so: „Das Gute, das ich will, das tue ich nicht; sondern das Böse, das ich nicht will, das tue ich." (Röm 7,19) Wer die Herrschaft über unser „Herz" – also über die Gedanken, Gefühle, Absichten, Phantasien und den Willen – besitzt, ist der wahre Herr unseres Lebens. Haben wir Menschen aber dann überhaupt eine reelle Chance, in dieser Auseinandersetzung zu gewinnen?

Die Entscheidung ist gefallen

Die Antwort auf diese Frage findet sich im Evangelium. Es ist die gute Nachricht vom Sieg, den Jesus Christus für uns und an unserer Stelle errungen hat. Lukas erzählt, wie die Jünger begeistert berichteten, dass die Predigt vom Reich Gottes auch die Macht der bösen Geister überwand. „Ich weiß", antwortete Jesus, „denn ich sah den Satan wie einen Blitz vom Himmel fallen." (LK 10,18 Hfa) Später erklärte er ihnen die Bedeutung seines Kreuzestodes: „Jetzt wird Gericht gehalten über diese Welt. Jetzt wird der Herrscher dieser Welt gestürzt" (Joh 12,31 GNB), wörtlich „hinausgeworfen". Die Offenbarung schildert die Verbannung Satans aus dem Himmel im visionären Bild vom Kampf zwischen Michael (Christus) und dem Drachen (Offb 12,7-9). Zwar setzt der Teufel seitdem alles daran, die Gläubigen zu verfolgen und zu verführen (Offb 12,12.13.18), doch seine Macht ist gebrochen, sein Schicksal besiegelt.

Die Gläubigen haben Anteil an Christi Sieg auf Golgatha, dem entscheidenden Moment der gesamten Heilsgeschichte. „Der Sieg über die Welt [Sünde] ist schon errungen – unser Glaube ist dieser Sieg!", ruft Johannes aus (1 Joh 5,4 GNB). Und die Offenbarung jubelt: „Jetzt ist es geschehen: Unser Gott hat gesiegt! ... Jetzt liegt die Macht in den Händen des Königs, den er gesalbt und eingesetzt hat! Der Ankläger un-serer Brüder und Schwestern ist gestürzt; er ... ist nun aus dem Himmel hinausgeworfen. Unsere Brüder und Schwestern haben ihn besiegt durch das Blut des Lammes und durch ihr standhaftes Bekenntnis." (Offb 12,10.11 GNB)

Der Kampf ist also entschieden, aber noch keineswegs zu Ende. Im Bewusstsein seiner Niederlage versucht Satan, alles mit sich in den Abgrund zu reißen (Offb 12,12). Die ganze Welt – jeder Einzelne – ist zum Kampfplatz geworden. „Wir sind ein Schauspiel", sagt Paulus: „Wie in einer Arena kämpfen wir vor aller Welt Augen. Menschen und Engel beobachten gespannt, wie dieser Kampf ausgehen wird." (1 Kor 4,9 Hfa) Und wie kämpfen Christen? Paulus beschreibt es so: „Wir kämpfen nicht mit menschlichen Mitteln. Wir setzen die mächtigen Waffen Gottes und keine weltlichen Waffen ein, um menschliche Gedankengebäude zu zerstören. Mit diesen Waffen zerschlagen wir all die hochtrabenden Argumente, die die Menschen davon abhalten, Gott zu erkennen. Mit diesen Waffen bezwingen wir ihre widerstrebenden Gedanken und lehren sie, Christus zu gehorchen." (2 Kor 10,3-5 NL)

Dieser tägliche und zugleich universale Konflikt, in den wir alle hineingezogen werden, übersteigt an Bedeutung alles, was uns sonst im Leben fordern mag. Auch in diesem Kampf geht es um Leben und Tod, um unser (ewiges) Sein oder Nichtsein. Und auch hier gilt: „The winner takes it all" – Gewinner bekommen alles, die Verlierer gehen leer aus. „Wer überwindet, der wird es alles ererben." (Offb 21,7) Der Ausgang des Konflikts ist also gewiss, der angebotene Beistand mehr als ausreichend. Mit der „Waffenrüstung Gottes" lassen sich alle Angriffe des Teufels und seiner Helfershelfer in der unsichtbaren Wirklichkeit erfolgreich abwehren (Eph 6,10ff.). „Mitten in alldem triumphieren wir als Sieger mit Hilfe dessen, der uns so sehr geliebt hat." (Röm 8,37 GNB) Wer sollte sich da noch fürchten?

Ende gut, alles gut

Im Jahr 1947 schrieb der aus dem Baltikum stammende Arzt Guido Groeger ein Gedicht, in dem er auf die Existenzbedrohung und Überlebensangst der bekennenden Christen in den Jahren vor und während des zweiten Weltkriegs Bezug nahm. Angesichts der schrecklichen Untaten eines antichristlichen Regimes stellte sich eine bedrängende Frage. Wenn Christus sagt: „Mir ist gegeben alle Gewalt im Himmel und auf Erden" (Mt 28,18) – stimmt dieser Satz überhaupt? Im Sturz des selbstherrlichen Führers sowie im Glauben an Gottes Verheißung fand Groeger die befreiende Antwort, die alle Strophen seines Gedichts wie ein Refrain durchzieht: „Christus wird siegen, was immer geschieht!" Er ist und bleibt der König aller Könige, der souveräne Herr der Weltgeschichte, der sie bald siegreich zum Abschluss bringen wird. Dies war die Überzeugung der ersten Christen – und sie gilt auch heute noch.

In ihrem fünfbändigen Werk über den „großen Kampf" beschrieb die Autorin Ellen White Ursprung, Wesen und Verlauf der kosmischen Auseinandersetzung zwischen Licht und Finsternis, Gut und Böse, Gott und Satan. Der Fall Satans im Himmel, die Geschichte des Volkes Gottes im Alten Bund, der entscheidende Sieg Christi auf Golgatha, das Auf und Ab der Kirchengeschichte sowie die letzte Bewährungsprobe der Gemeinde Jesu am Ende der Zeit – alles entfaltet sich wie in einem überdimensionalen Panoramabild vor den Augen des Lesers. Doch wie viele Missklänge und Dissonanzen den Weg der Menschheit durch die Zeit auch begleitet haben mögen – alles zielt auf den harmonischen Schlussakkord hin, mit dem das große Drama der Weltgeschichte schließlich zu einem versöhnlichen Abschluss kommt.

„Der große Kampf ist beendet. Sünde und Sünder sind nicht mehr. Das Weltall ist wieder frei von Auflehnung und Hass. Eintracht und Freude bestimmen das Zusammenleben. Von Gott, der alles erschaffen hat, gehen Leben, Licht und Freude aus. Vom kleinsten Atom bis zum größten Weltenkörper bezeugt die Schöpfung in ungetrübter Schönheit und Harmonie: Gott ist Liebe!" („Der große Kampf", neue Ausgabe, S. 406)

➤ Siehe auch „Biblische Typologie des Bösen" und „,Das Böse' oder ,der Böse'?" auf Seite 204 im Anhang.

Buchempfehlung:
Ellen G. White, „Der große Kampf", Advent-Verlag, Lüneburg, 430 Seiten (neue Ausgabe), 2,20 €, Best.-Nr. 1580

„Es ist vollbracht!"
Wie Gottes Liebe triumphiert

In seinen Annalen berichtet der römische Geschichtsschreiber Tacitus von dem Brand in Rom im Jahr 64 n. Chr., den Kaiser Nero vermutlich selbst gelegt hatte. Um den Verdacht von sich abzulenken, beschuldigte er die Christen des Verbrechens. Tacitus erklärt seinen zeitgenössischen Lesern: „Dieser Name stammt von Christus, der unter [Kaiser] Tiberius vom Prokurator Pontius Pilatus hingerichtet worden war." (Annalen, Buch 15, Abs. 44)

In diesem Satz aus dem Jahr 117 n. Chr. findet sich praktisch alles, was nach heutigem Wissensstand außerhalb christlicher Quellen über Jesus schriftlich überliefert worden ist. Lediglich der jüdische Geschichtsschreiber Flavius Josephus hat in seinen „Jüdischen Altertümern" den Lehrer und Wundertäter Jesus ebenfalls kurz erwähnt und berichtet, dass „ihn Pilatus auf Betreiben der Vornehmsten unseres Volkes zum Kreuzestod verurteilte" (Buch 18, Kap. 3,3 [93 n. Chr.]).

Will man mehr über Jesus, sein Leben und Wirken sowie die näheren Umstände seines Todes erfahren, ist man deshalb auf die vier Berichte angewiesen, die uns als „Evangelien" bekannt sind. Hinzu kommen noch einige vereinzelte Hinweise in der Apostelgeschichte des Lukas sowie in den Briefen des Neuen Testaments. Da sie alle von Anhängern Jesu verfasst wurden, kam schon früh der Verdacht auf, ihre Berichte seien geschönt oder gefärbt. Doch es spricht sehr viel für die historische Zuverlässigkeit dieser Berichte.

Tatsache ist, dass wir nur aufgrund der Heiligen Schrift überhaupt sinnvoll über Jesus nachdenken, reden oder schreiben können. Alles andere wäre reine Spekulation und würde vermutlich niemand interessieren. Über den Jesus der Bibel jedoch lohnt es sich allemal zu reden, denn hier kommen Augenzeugen zu Wort, die über das Geschehene aus eigenem Erleben (Joh 21,24; 1 Joh 1,1ff.) oder aufgrund sorgfältiger Recherchen (Lk 1,1ff.) berichten.

Mehr noch, diese Zeugen versuchen gleichzeitig ihren Lesern zu erklären, was da eigentlich geschehen ist und was es für sie zu bedeuten hat. Erst dadurch nämlich erhalten historische Tatsachen ihre tiefere Bedeutung. Geschichtsschreibung ist mehr als das Aufzählen von Daten und Fakten. (Das hatte mir früher den Geschichtsunterricht in der Schule verleidet.) Erst durch die Deutung erhalten historische Ereignisse einen Sinn und Wichtigkeit für uns.

Warum musste Jesus sterben?

Die erste Antwort auf diese Frage klingt fast banal: Jesus musste sterben, weil er ganz Mensch war und wie alle anderen Menschen früher oder später eines natürlichen Todes gestorben wäre. Als Wanderprediger und Wundertäter hätte er zwar sicher Spuren hinterlassen, sich in die Reihe jüdischer Propheten einreihen, als Bußprediger und Reformer in die Geschichte des Volkes Israel eingehen können. Doch irgendwann hätte der natürliche Alterungsprozess dazu geführt, dass seine irdische Lebenszeit abgelaufen wäre und er das Schicksal aller Menschen geteilt hätte. Doch damit bliebe unsere Frage unbeantwortet und die erstaunliche Wirkung seines Lebens – oder genauer: seines Todes – unerklärt.

Eine zweite, tiefergreifende Antwort ergibt sich aus den Berichten der Evangelien über die Hintergründe, die zu seiner Verurteilung und Kreuzigung führten. Man muss kein Jurist sein, um beim Lesen dieser Berichte zu spüren, dass Jesus einem Justizmord und einer Intrige zum Opfer fiel, deren Hintermänner vor Heuchelei, Verleumdung und selbst Meineid nicht zurückschreckten. Dabei kamen zwei Umstände zusammen: die Angst der jüdischen Obersten um ihren Einfluss und die Furcht der Römer vor einer jüdischen Revolte. Jesus musste sterben, weil er durch sein öffentliches Wirken die religiösen Führer des Volkes gegen sich aufbrachte und Pilatus sich ihnen gegenüber nicht durchsetzen konnte und zuletzt auch nicht wollte.

Das im Film „Die Passion Christi" Dargestellte ist schockierend, aber nicht einmalig.

Was mit Jesus geschah, angefangen vom Verrat des Judas, über das Verhör und die Folter bis hin zur Kreuzigung – der Film *Die Passion Christi* vermittelt eine Vorstellung davon –, ist schockierend, aber nicht einmalig. Wie viele Unschuldige sind im Laufe der Geschichte solchen Gewalttaten zum Opfer gefallen, sei es aus religiösen oder politischen Erwägungen heraus? Doch keiner von ihnen hat die Menschheit so bewegt wie er. Keine Kirche, kein Gottesdienst, keine Predigt, kein Abendmahl, keine Taufe, bei der nicht der Tod Jesu eine zentrale Rolle spielt. Das Kreuz ist quasi allgegenwärtig und aus dem christlichen Glauben nicht wegzudenken. Was hat sein Tod also wirklich zu bedeuten?

Den Evangelien zufolge hatte Jesus selbst wiederholt auf seinen eigenen, gewaltsamen Tod hingewiesen und ihn dabei als ein „Muss" bezeichnet (Mt 16,21 par; Joh 3,14). „Der Menschensohn muss viel leiden ... und getötet werden." (Mk 8,31; vgl. Lk 9,22; 17,25; 24,7) Jesus sah darin die Erfüllung alter biblischer Prophezeiungen (Lk 18,31; 22,37; 24,25ff.,44ff.) und betrachtete sein ganzes Leben als die Verwirklichung eines göttlichen Planes (Lk 2,49; 4,43; 13,33; 19,5.10; Joh 9,4; 10,16).

Als Jesus am Kreuz hing, rief er aus: „Es ist vollbracht!" (Joh 19,30) Aufgabe erledigt, Auftrag ausgeführt. Doch welche „Mission" hatte er vollendet?

Was bedeutet Jesu Tod für uns?

Diese Frage hat christliche Denker zu allen Zeiten beschäftigt, ja umgetrieben. Zahllose Bücher wurden darüber geschrieben, ganze Regale mit Werken gefüllt, die versuchen, den wahren Sinn des Todes Jesu zu erklären und seine tiefe Bedeutung zu erfassen. Sie alle versuchen, die Aussagen des Neuen Testament zu deuten, die uns Einblick geben in das Selbstverständnis Jesu und die darauf beruhende Sicht der Apostel. Die biblischen Aussagen dazu lassen sich etwa so zusammenfassen:

Leben, Tod und Auferstehung Christi — 9

Das Leben Christi im vollkommen Gehorsam gegenüber dem Willen Gottes, sein Leiden, sein Tod und Auferstehung sind das einzige Mittel, die Sünde des Menschen zu sühnen. Wer diese von Gott bewirkte Versöhnung im Glauben annimmt, hat das ewige Leben. Die ganze Schöpfung kann so die unendliche und heilige Liebe des Schöpfers besser verstehen. Diese vollkommene Versöhnung erweist die Gerechtigkeit des Gesetzes Gottes und offenbart Gottes Güte. Dadurch wird unsere Sünde verurteilt und zugleich ein Weg zu ihrer Vergebung geöffnet. Christi stellvertretender Tod hat sühnende, versöhnende und umwandelnde Wirkung. Christi Auferstehung verkündet Gottes Triumph über die Mächte des Bösen und sichert allen, die sich versöhnen lassen, endgültigen Sieg über Sünde und Tod am Ende der Weltzeit zu. In seiner Auferstehung wird offenbar, dass Christus der Herr ist. Vor ihm werden einst alle im Himmel und auf Erden ihre Knie beugen.

(Glaubensüberzeugungen der Siebenten-Tags-Adventisten, Nr. 9)

Wie auch immer man die biblische Lehre von der Erlösung durch Christus beschreiben mag, man kommt dabei an bestimmten Begriffen wie Sühne, Versöhnung, Gerechtigkeit, Sünde und Vergebung nicht vorbei. Sie gehören zum grundlegenden Wortschatz der Bibel und berühren das Zentrum des christlichen Glaubens. Sie bedürfen aber auch der Erklärung, weil sie in unserer Alltagssprache entweder selten vorkommen oder teilweise eine andere Bedeutung besitzen, die leicht zu Missverständnissen führen kann.

Unsere Schuld ist gesühnt

In Anlehnung an den Opferdienst des alten Bundes verstanden die ersten Christen den Tod Jesu am Kreuz als das Sühnemittel Gottes, durch das Gott selbst unsere Schuld getilgt hat (Röm 3,25). Das Blutopfer auf Golgatha war notwendig, „um vor Gott Sühne zu leisten für die Sünden des Volkes [Israel]" (Hbr 2,17 GNB), „ja sogar für die Schuld der ganzen Welt" (1 Joh 2,2 GNB).

Jesu eigentliche Mission bestand also darin, „sein Leben als Lösegeld für alle Menschen hinzugeben" (Mk 10,45; 1 Tim 2,5f.; 1 Ptr 1,18f.). Sein vollkommener Gehorsam und stellvertretendes Opfer befreien uns von unserer Schuld; wir erhalten Vergebung und ein neues Leben (Eph 1,7; 5,2; 1 Ptr 2,21ff.; Hbr 9-10). Schon der Prophet Jesaja hatte angekündigt, dass der „Knecht Gottes" sein Leben als Opfer für unsere Schuld dahingeben sollte. „Er ist um unsrer Missetat willen verwundet und um unsrer Sünde willen zerschlagen. Die Strafe liegt auf ihm, auf dass wir Frieden hätten, und durch seine Wunden sind wir geheilt." (Jes 53,5; Dan 9,24)

Das heißt aber nicht, dass Jesus einen zornigen Gott besänftigen und zu wohlwollendem Verhalten gegenüber uns Menschen bewegen wollte. Schließlich war es ja der Vater selbst, der seinen Sohn in die Welt gesandt hatte, „damit er durch seinen Tod Sühne leiste für unsere Schuld" (1 Joh 4,9f.). Gott musste also nicht erst für uns eingenommen werden, er war es schon längst. Niemand musste ihn gnädig stimmen, er stand bereits auf unserer Seite. Gott liebt uns nicht, weil Jesus für uns starb; sondern Jesus starb, weil Gott uns liebt. Gottes Liebe ist somit die Ursache und Quelle, nicht die Folge oder Auswirkung der Versöhnung.

Was war es also, das Sühne und Wiedergutmachung – und somit Jesu Tod – notwendig machte? Ist es Gottes tiefe Abscheu gegenüber allem Unrecht, die er als der Vollkommene und Heilige empfindet? Ist es die Missachtung seines gerechten und heiligen Gesetzes (Röm 7,12) – dem Spiegelbild seines Wesens –, die geahndet werden muss? Fühlen wir etwas von der Empörung, ja dem gerechten Zorn, den Gott angesichts von millionenfacher Sünde und himmelschreiender Ungerechtigkeit empfindet? (Joh 3,36; Röm 1,18ff.; 1 Ths 1,10; Offb 6,16f.)

Jesus Christus hat gesiegt

Als Jesus am Kreuz starb, triumphierten seine Gegner. Gekreuzigte galten als von Gott verflucht (Gal 3,13). Damit war Jesus in den Augen der Öffentlichkeit ein für allemal erledigt. Niemand würde es fortan wagen, ihn als Messias auszugeben. Hatte er nicht selbst kurz vor seinem Tod eingestanden, von Gott verlassen zu sein? Ohne Frage der bitterste Moment in seinem Leben und vermutlich der Auslöser für seinen schnellen Tod (Mk 15,34-37.44). Jesus starb an einem gebrochenen Herzen in Folge der Last der Sünden aller Menschen (Ps 69,20-22; Jes 53,5; 1 Joh 2,2), denn Sünde trennt von Gott (Jes 59,2).

Doch was seine Feinde veranlasste, sich zufrieden die Hände zu reiben, entpuppte sich in Wirklichkeit als vernichtender Schlag ins eigene Kontor. Dass Jesus nicht als Verlierer, sondern als der eigentliche Sieger vom Schauplatz des grausamen Geschehens gegangen war, zeigte sich nur wenig später, als er die Fesseln des Grabes sprengte und sich seinen Jüngern als lebendiger und verherrlichter Christus offenbarte. Christus ist Sieger!

So wenig seine Auferstehung bewiesen werden kann, so beeindruckend sind doch die Berichte der vielen Zeugen, die ihn selbst gesehen haben (Mt 28; Mk 16; Lk 24; Joh 20f.; 1 Kor 15,1ff.). Auch das leere Grab lässt sich kaum anders erklären, als dass hier in der Tat etwas Außergewöhnliches geschehen ist (Mt 27,62 bis 28,15). Selbst die Zweifler unter seinen Jüngern wurden schließlich überzeugt (Mt 28,17; Mk 16,11ff.; Lk 24,11.41; Joh 20,24ff.).

Die Auferstehung Jesu ist das Zeichen, dass sein Opfer nicht umsonst war, sondern seinen Zweck erfüllt hatte (Röm 4,25; 5,10; 1 Kor 15,17). Durch sie wurde der als Verbrecher verurteilte Jesus von Gott selbst rehabilitiert (Apg 2,22ff.). Sie ist darüber hinaus aber auch die Grundlage für die christliche Hoffnung auf die Auferstehung von den Toten (1 Kor 15,12ff.). Wenn die Macht des Todes gebrochen ist, ist sie für immer und für alle gebrochen. Insofern ist die Auferstehung Jesu zwar „ein Ereignis der Vergangenheit, aber nicht ein vergangenes Geschehen" (B. Klappert). Deshalb steht sie zu Recht im Zentrum der christlichen Botschaft.

Johannes, einer der Augenzeugen, deutete das Geschehen so: „Der Sohn Gottes aber ist auf die Erde gekommen, um die Werke des Teufels zu zerstören." (1 Joh 3,8) Ein anderer kommentiert: Christus wurde Mensch, „um durch seinen Tod den zu vernichten, der über den Tod verfügt, nämlich den Teufel. So hat er die Menschen befreit" (Hbr 2,14f.). Christus ist Sieger! Was die Gläubigen jetzt schon wissen, werden eines Tages alle Menschen bekennen (Phil 2,5ff.).

Die Liebe Gottes triumphiert

Paradoxerweise war die Stunde der größten Niederlage auch der Augenblick seines größten Triumphs. Bereits vor seinem Tod war sich Jesus bewusst, dass seine „Erhöhung" am Kreuz die „Verherrlichung" des Vaters und des Sohnes bedeuten würde (Joh 3,14f.; 17,1ff.). So wurde sichtbar, dass der Sieg über Sünde, Tod und Teufel nicht mit den üblichen Mitteln der Macht oder militärischer Gewalt errungen wurde, auch nicht mit verbaler Erpressung, moralischem Druck, zweifelhaften Tricks oder politischen Intrigen. All diese Mittel sind völlig untauglich für Gottes Absicht, die Menschen als Freunde und Vertraute zurückzugewinnen.

Stattdessen wählte Gott den Weg des Machtverzichtes und der Schwachheit (1 Kor 1,25; 2 Kor 12,9f.; 13,4; Hbr 5,2) sowie des unaufdringlichen persönlichen Vorbildes (1 Ptr 2,21ff.), um seine Botschaft zu vermitteln. Das Kreuz Christi ist die größte Offenbarung seiner Liebe. Hier zeigte Gott sein wahres Gesicht – das der selbstlosen, sich hingebenden Liebe (Joh 1,14ff.;14,9). „Dadurch ist Gottes Liebe unter uns offenbar geworden, dass er seinen einzigen Sohn in die Welt sandte. Durch ihn wollte er uns das neue Leben schenken. Das Einzigartige an dieser Liebe ist: Nicht wir haben Gott geliebt, sondern er hat uns geliebt. Er hat seinen Sohn gesandt, damit er durch seinen Tod Sühne leiste für unsere Schuld." (1 Joh 4,9f.)

Die Sühne für die Schuld der Menschen brachte auch die Versöhnung des Menschen mit Gott. Gott war zwar stets auf unserer Seite, doch wir hatten uns von ihm abgewandt, ihm feindlich den Rücken zugekehrt, ihn rebellisch-trotzig abgelehnt. In Christus jedoch hat uns Gott wieder mit sich ins Reine gebracht, Frieden wiederhergestellt, Vertrauen gewonnen. Wir sind mit Gott versöhnt! Wer das Evangelium hört und begreift, bleibt nicht unberührt; er lässt sich mit Gott versöhnen und gibt die Versöhnungsbotschaft weiter (Röm 5,10f.; 2 Kor 5,18ff.).

„Was bleibt zu alledem noch zu sagen? Gott selbst ist für uns, wer will sich dann gegen uns stellen? Er hat seinen eigenen Sohn nicht verschont, sondern hat ihn für uns alle in den Tod gegeben ... Wer kann die Menschen anklagen, die Gott erwählt hat? Gott selbst spricht sie frei. Wer kann sie verurteilen? ... Mitten in alldem triumphieren wir als Sieger mit Hilfe dessen, der uns so sehr geliebt hat ... Nichts in der ganzen Welt kann uns jemals trennen von der Liebe Gottes, die uns verbürgt ist in Jesus Christus, unserem Herrn." (Röm 8,31ff. GNB)

Wer könnte oder wollte sich dieser unfassbaren göttlichen Liebe entziehen?

➡ *Siehe auch „Das Kreuz – theologisch gedeutet" auf Seite 205 im Anhang.*

„Ich weiß, dass ich gerettet bin!"
Wer Gott begegnet, bleibt nicht unberührt

„Sei nicht so neugierig!" Wer von uns hat als Kind nicht solche warnenden Worte gehört, mit denen Eltern und Erzieher unseren Wissensdurst in die Schranken zu weisen versuchten? Dabei ist Neugier – der Drang nach mehr Wissen und Erkenntnis – eigentlich eine ganz natürliche, ja sogar wichtige Eigenschaft, ohne die wir unser Leben lang dumm blieben. Um erfolgreich zu sein, müssen wir lernen und wieder lernen. Deshalb schicken wir unsere Kinder in die Schule. Später erlernen sie einen Beruf oder studieren an einer Hochschule, um anschließend durch berufliche Fort- und Weiterbildung mit der Wissensexplosion einigermaßen Schritt halten zu können. Lebenslanges Lernen ist heute ein Muss.

Dabei stehen uns prinzipiell zwei Wege offen, auf denen wir Wissen und Erkenntnis erlangen können. Der eine führt über den Verstand, die „Ratio" (lat. für Vernunft, Überlegung, Theorie) – der Weg des Denkens. Der andere macht sich Beobachtung, Erfahrung und Experimente zunutze – der Weg der „Empirie" (griech. für Erfahrung, Übung, Fertigkeit). Vernunft und Erfahrung, Nachdenken und Erproben, Theorie und Praxis – so verschieden sie auch sein mögen, so eng gehören sie doch zusammen. Dies gilt für den Alltag ebenso wie für die Wissenschaft, die methodisch exakte Suche nach Erkenntnis. Auch hier gelten Vernunft und Erfahrung, rationale Begründung und empirische Forschung als bewährte Wege der Beweisführung und Wahrheitsfindung.

Den Glauben denken – das Heil erfahren

Welche Art von Wissen vermittelt uns aber der Glaube? Lässt sich Gottes Existenz und sein Handeln in der Welt, von denen die Bibel so selbstverständlich redet, nur theoretisch denken oder auch praktisch erleben? Kann man Gott persönlich begegnen, das „Heil" an sich selbst erfahren? Kann man wissen, ob man gerettet ist? Oder bleibt alles Reden von Gott und der Erlösung letztlich nur ein reizvolles Gedankenspiel, tröstliches Wunschdenken, fromme Fiktion?

Christliche Theologie reimt sich für viele auf graue Theorie. Glaube erscheint als vage Vermutung („Ich glaube, der Schirm liegt im Auto"), unsichere Hoffnung („Ich glaube, sie mag mich") oder lebensferne Spekulation ohne praktischen Nutzwert. (Mittelalterliche Theologen sinnierten über die Zahl der Engel, die auf einer Nadelspitze Platz finden können.) Friedrich Engels drückte aus, was viele – auch Christen – denken: „Eine Unze Praxis ist besser als eine Tonne Theorie." Das Scheitern des von ihm begründeten wissenschaftlichen Sozialismus bestätigt nur die Richtigkeit seiner These.

Auf der anderen Seite gilt: Eine gute Theorie ist die praktischste Sache der Welt – vorausgesetzt, wir richten uns danach. Man sollte eine Gebrauchsanleitung lesen, bevor der Schaden entstanden ist. Auch in der Fahrschule geht der theoretische Unterricht der Fahrpraxis voraus. Beides zusammen macht den sicheren Autofahrer. Nicht anders ist es in der Welt des Glaubens: „Wer von euch bereit ist, Gottes Willen zu tun", sagte Jesus seinen kritisch fragenden Zuhörern, „der wird erkennen, ob diese Worte von Gott kommen oder ob es meine eigenen Gedanken sind." (Joh 7,17 Hfa) Mit anderen Worten: Probiert es doch einfach aus, dann werdet ihr selbst merken, ob es stimmt! Testet mich und überprüft meine Aussagen auf ihren konkreten Wahrheitsgehalt!

Einige Kapitel weiter heißt es bei Johannes: „Das allein ist ewiges Leben: Dich, den einen wahren Gott, zu erkennen und an Jesus Christus zu glauben, den du gesandt hast." (17,3 Hfa) Nach biblischem Verständnis sind Glaube und Erkenntnis aber nicht nur eine Angelegenheit des Kopfes, sondern des ganzen Menschen. Sie schließen Denken, Fühlen, Wollen und auch das Tun ein. Als Adam seine Frau „erkannte", wurde sie schwanger (1 Mo 4,1). Hier haben wir es nicht mit einer intellektuellen Begegnung zu tun, sondern mit einem ehelichen Liebesakt. Gott zu erkennen bedeutet demnach, eine „intime" Begegnung mit ihm zu haben, ihn quasi „hautnah" zu erleben, ihn persönlich zu erfahren. Wer Gott begegnet, bleibt nicht unberührt.

Das Wunder der Erlösung

Auch wenn der Glaube an Gott angesichts der überwältigenden Wunder der Schöpfung mehr als vernünftig erscheint und nur wenige Menschen seine Existenz hartnäckig leugnen, die Erkenntnis über das Wunder der Erlösung verdanken wir nicht unserem eigenen Bemühen. Sie wird uns als Geschenk von oben zuteil in einem Moment der Erleuchtung, in dem unsere Augen geöffnet werden und wir plötzlich erkennen, dass das Evangelium – die Botschaft vom Heil in Jesus Christus – uns ganz persönlich gilt, unser Leben und Handeln unmittelbar betrifft. Wie sagte doch Jesus zu Petrus: „Diese Erkenntnis hat dir mein Vater im Himmel gegeben; von sich aus kommt niemand zu dieser Einsicht." (Mt 16,17 Hfa)

Das Reden von der Erlösung ist also nicht die logische Folge vernunftgemäßer Überlegungen oder das praktische Resultat empirischer Untersuchungen. Gott kann man weder rational beweisen (alle diesbezüglichen Versuche sind gescheitert!) noch empirisch nachweisen (weder im Labor noch unter dem Mikroskop oder im Weltraum ist Gott sichtbar). Die Erkenntnis über das „Heil" der Welt wurde nicht von griechischen Philosophen oder abendländischen Denkern gewonnen, auch nicht von neuzeitlichen Entdeckern und Naturforschern. Stattdessen waren es Propheten und Apostel – also Menschen, die Gott selbst begegnet waren, die sein Wort gehört und sein Handeln erlebt hatten und dies ihren Zeitgenossen – und damit der Nachwelt – bezeugten. Versucht man, das Zeugnis der Bibel über das Wunder der Erlösung – die Kernbotschaft des Neuen Testaments – in wenigen Sätzen zusammenzufassen, dann könnte dies beispielsweise so lauten:

Die Erfahrung der Erlösung | 10

Gott hat in seiner unendlichen Liebe und Barmherzigkeit Christus, „der von keiner Sünde wusste, für uns zur Sünde gemacht", damit wir durch ihn vor Gott gerecht werden. Durch den Heiligen Geist verspüren wir unsere Not, erkennen unsere Sündhaftigkeit, bereuen unsere Verfehlungen und glauben an Jesus als Herrn und Erretter, der sich stellvertretend für uns hingab und unser Vorbild ist. Dieser Glaube, der zum Heil führt, entsteht durch die Kraft des Wortes Gottes und ist das Geschenk seiner Gnade. Durch Christus sind wir gerechtfertigt, von Gott als Söhne und Töchter angenommen und von der Herrschaft der Sünde befreit. Durch den Geist sind wir wiedergeboren und geheiligt. Der Geist erneuert unser Denken, schreibt Gottes Gesetz der Liebe in unser Herz und gibt uns die Kraft zu einem heiligen Leben. Wer in Christus bleibt, wird Teilhaber der göttlichen Natur und hat die Gewissheit des Heils jetzt und im Gericht.

(Glaubensüberzeugungen der Siebenten-Tags-Adventisten, Nr. 10)

Diese Sätze greifen Formulierungen und Sprachbilder auf, die Lesern der Heiligen Schrift vertraut sind. Für kirchenferne Zeitgenossen und junge Menschen, die in der biblischen Ausdrucksweise ungeübt sind, stellen sie eine nicht geringe Herausforderung dar. Was heißt denn „zur Sünde gemacht", „gerechtfertigt", „wiedergeboren", „geheiligt", „Teilhaber der göttlichen Natur"? Was ist damit gemeint und woran merke ich, ob dies in meinem Leben Realität geworden ist?

Die Erfahrung der Erlösung

Das Besondere, ja Einzigartige an der biblischen Rede von der Erlösung ist die Art und Weise, wie sie unsere Erfahrung in Beziehung setzt zu dem, was Jesus Christus erlebt hat. Was vor rund 2000 Jahren in Palästina geschah – sein Leben und Sterben, seine Auferstehung und Himmelfahrt –, hat unmittelbar mit uns und unserem Leben zu tun, und zwar in mehrfacher Hinsicht. Zum einen geschah es für uns, also zu unserem Wohl (Heil). Zum andern geschieht Erlösung aber auch mit und an uns, und zwar so, dass wir persönlich und direkt in die Erfahrung von Jesus Christus einbezogen werden.

... *für uns*

Die Bibel wird nicht müde zu betonen, dass Gott stets „für uns" ist (Röm 8,31). Er wurde Mensch für uns. Jesus lebte, litt und starb für uns, und er ist auch für uns auferstanden und aufgefahren, um beim Vater für uns einzutreten (Mt 20,28; Mk 10,45; 1 Tim 2,6; Hbr 2,17f.; 4,15f; 9,11f.). Dabei hat er sich so sehr mit uns Menschen identifiziert, dass er – obwohl vollkommen und sündlos – unsere Schuld getragen und gesühnt hat (2 Kor 5,21). Er gab sein Leben stellvertretend für uns (Jes 53, 5.6.10). In dieser Hingabe äußerte sich Gottes unfassbare Liebe und Barmherzigkeit.

Doch „Erlösung" ist kein Geschehen, das wir mit 2000-jährigem Abstand auf der Tribüne der Weltgeschichte verfolgen und dabei letztlich doch nur Zuschauer bleiben. Zwar weisen Christen staunend und voll Bewunderung auf Jesus als ihren Retter, der den Kampf mit Sünde, Tod und Teufel ausgefochten und einen klaren Sieg errungen hat. Aber wir sind nicht begeisterte Fans des „Superman" Jesus, vielmehr werden wir in seinen Kampf und in seinen Sieg einbezogen – und zwar sowohl theoretisch als auch ganz praktisch.

... *mit uns*

Wir kennen das aus dem Sport: „Deutschland" hat gewonnen, obwohl gerade einmal ein Dutzend Profis auf dem Rasen um den Ball gekämpft haben. „Wir haben gesiegt!", erklären wir voller Stolz, dabei haben wir doch nur vor dem Fernseher gesessen oder bestenfalls auf der Tribüne unsere Mannschaft angefeuert. Doch jeder weiß, was gemeint ist: Was die Männer auf dem Rasen getan haben, haben sie nicht nur für uns getan. Wir selbst haben mit ihnen gekämpft, gelitten und endlich das Tor getroffen. Deshalb sind wir auch die Sieger!

Auch die Bibel kennt dieses Prinzip der „einschließenden Stellvertretung". Sie redet vom Erlösungswerk Jesu so, als seien wir persönlich dabei gewesen. Der Apostel Paulus erklärt es so: Alle, die an Jesus Christus, den Retter, glauben, sind „mit ihm gekreuzigt" (Röm 6,6) und „mit ihm begraben durch die Taufe in den Tod" (Röm 6,4), sie sind auch „mit Christus lebendig gemacht", ja sogar „mit eingesetzt im Himmel" (Eph 2,5f.). Im Glauben tauchen wir ein in die Erfahrung Jesu und machen sie uns zu eigen. So können wir mit- bzw. nacherleben, was er stellvertretend für uns getan hat. Eigentlich geschah es ja ohne uns, doch irgendwie auch mit uns.

Auf den ersten Blick mag dies recht theoretisch klingen. Doch auch hier gilt: „Eine gute Theorie ist die praktischste Sache der Welt." Es macht einen großen Unterschied, ob Glaube das bloße Fürwahrhalten von Aussagen über Gott meint oder direkt mit mir und meinem Leben zu tun hat. Und es ist eben nicht egal, ob die Geschichte von Jesus nur ein Bericht aus längst vergangenen Zeiten und himmlischen Regionen oder aber meine eigene Lebensgeschichte ist. So einmalig und unwiederholbar das Erlösungsgeschehen in Jesus Christus auch ist, so persönlich und unmittelbar geht es uns Menschen an. Die Bibel lehrt: „Jesus hat uns Menschen erlöst." Aber es klingt überzeugender, wenn jemand von sich sagen kann: „Ich bin erlöst!"

... an uns

Glaubwürdig ist ein solches Bekenntnis allerdings nur dann, wenn es durch unsere Erfahrung bestätigt wird. Wie sagte doch Friedrich Engels: „Eine Unze Praxis ist besser als eine Tonne Theorie." Hier liegt der Schlüssel zum Verstehen der engen, wechselseitigen Beziehung zwischen Glaube und Erfahrung. Menschen, die begriffen haben, dass sie durch die Annahme von Jesus als Herrn und Erlöser in ein neues Verhältnis zu Gott gebracht worden sind („gerechtfertigt, von Gott als Söhne und Töchter angenommen") und ihnen ein neues Leben geschenkt wurde („von der Herrschaft der Sünde befreit ... wiedergeboren und geheiligt"), denken und leben anders als vorher. Ihre „Glaubenserfahrung" verändert ihr Denken und Handeln und der Heilige Geist bringt es in Übereinstimmung mit dem Willen Gottes (Hes 36,27).

Im Blick auf das Kreuz Jesu und die Liebe Gottes erkennen wir unsere Schuld und bereuen die Sünde, die sein Opfer nötig machte. Überwältigt von Gottes entschiedenem „für uns", entsteht der Wunsch, von nun an konsequent „für ihn" zu leben. Wir sehen in Jesus nicht nur unseren Erlöser, sondern auch den Herrn, der uns zum Vorbild wird und auf dessen Weisungen wir achten. „Der Geist erneuert unser Denken und Sinnen, schreibt Gottes Gesetz der Liebe in unser Herz und gibt uns die Kraft zu einem heiligen Leben." Das bleibt dann keine graue Theorie, sondern wird unsere tägliche Erfahrung!

Wie realistisch ist dieses Bild von den „neuen Menschen" (Eph 4,17-24), die an der göttlichen Natur Anteil bekommen (2 Ptr 1,4)? Ein arabisches Sprichwort bringt die Skepsis zum Ausdruck, die manchen bei solchen Worten beschleicht. „Wenn du hörst, ein Berg sei versetzt worden, so glaube es. Wenn du aber hörst, ein Mensch habe seinen Charakter geändert, so glaube es nicht." Doch trotz aller Unvollkommenheit und Begrenztheit, die uns lebenslang anhaftet – das neue Leben mit Gott ist keine Fiktion, sondern erfahrbare und vielfach erlebte Wirklichkeit. Es gibt auch heute noch „Gerechte", die die lebensverändernde und -erneuernde Wirkung des Evangeliums an sich selbst erlebt und durch den Glauben ein neues Leben begonnen haben. Man erkennt sie nicht zuletzt daran, dass sie nicht sich und ihre eigene Leistung in den Mittelpunkt stellen, sondern freudig und begeistert von dem reden, was Gott ihnen bedeutet und was sie mit ihm erlebt haben. Und auch daran, dass sie sich nach den Geboten Gottes und den Worten von Jesus richten (Mt 7,21-27; Offb 14,12).

Die Gewissheit der Erlösung

Es fällt uns meist nicht schwer, anderen zu erzählen, was wir erlebt haben, vor allem, wenn es uns tief bewegt hat. Freude, Angst, Trauer, Begeisterung und Sehnsucht lassen uns nicht schweigen. Wir können solche Gefühle selten für uns behalten, haben eher das Bedürfnis, sie anderen mitzuteilen. Kein Wunder, dass Menschen, die Gott erlebt haben, ebenfalls gern von ihm und ihren Erfahrungen reden. „Von deiner Wahrheit und von deinem Heil rede ich", schrieb David in einem seiner Lieder (Ps 40,11). Paulus ging es ähnlich: „Ich glaube, darum rede ich." (2 Kor 4,13) Auch Petrus und Johannes predigten trotz Verbot und Strafandrohung öffentlich von Jesus Christus. „Wir können's ja nicht lassen, von dem zu reden, was wir gesehen und gehört haben." (Apg 4,20) Wer vom Geist Gottes erfüllt und bewegt ist, kann nicht schweigen.

Die gute Nachricht gilt allen, deshalb soll sie auch alle erreichen. Vor allem, wenn es um Heil oder Untergang, Leben oder Tod geht. Es gibt „keine Verdammnis für die, die in Christus Jesus sind." (Röm 8,1) Deshalb hoffen gläubige Christen nicht nur auf die Gnade Gottes und das künftige Heil, sie wissen, dass sie bereits von Gott angenommen und seine geliebten Kinder sind (Röm 8,16; 1 Joh 5,11-13). Menschen, die wirklich an Gott glauben – die mit ihm verbunden leben und seinem Wort vertrauen –, haben „die Gewissheit des Heils jetzt und im Gericht". Nichts kann sie von Gottes Liebe trennen, die sie in Jesus Christus erfahren haben (8,38f.). Es gibt keine tiefere Erkenntnis und keine wichtigere Erfahrung. Die „Wissenschaft von der Erlösung" (Ellen G. White) garantiert uns lebenslanges Lernen – bis in alle Ewigkeit.

Buchempfehlung:
Ellen G. White, „Der bessere Weg", Advent-Verlag, Lüneburg,
128 Seiten, 3,00 €, Best.-Nr. 0949.

Alles, was lebt, wächst
Wie der Glaube uns verändert

Die Markierungen an der Messlatte im Türrahmen dokumentierten den unaufhaltsamen Fortschritt. Anders als bei Hochwassermarken in Ufernähe sollten sie jedoch nicht an frühere Rekordpegelstände erinnern, sondern das stete Wachstum der Kinder demonstrieren. Und die waren ganz bei der Sache. So aufrecht und stramm standen sie sonst nie da; doch wenn gemessen wurde, wuchsen sie buchstäblich über sich selbst hinaus. Die Fersen kaum auf dem Boden, Körper und Hals bis zum Äußersten gestreckt, den Kopf erhoben – so warteten sie mit Spannung auf das Ergebnis. Jeder Zentimeter zählte und lieferte den Beweis: Ich wachse weiter – und werde bald so groß sein wie du!

Als Erwachsene lächeln wir über solchen kindlichen Ehrgeiz, schließlich haben wir unser Wachstumsziel längst erreicht, vielleicht sogar überschritten oder verpasst. Jedenfalls können wir heute nichts mehr daran ändern. Wir sind so groß oder klein, wie wir eben sind. In der Wirtschaft allerdings spielt das Wachstum generell eine wichtige Rolle. Wachstum schafft neue Arbeitsplätze und ist somit ein wirksames Instrument bei der Bekämpfung der Arbeitslosigkeit. Wirtschaftswachstum zu fördern ist Anliegen jeder Regierung und gilt als Gradmesser ihres (Miss-)Erfolgs. Stillstand ist Rückgang, heißt es im Volksmund.

Auch im geistlichen Leben spielt das Wachstum eine entscheidende Rolle. Ist jemand durch das Wirken des Geistes neu geboren, beginnt ein Prozess des Wachsens, bis das Kind „zur vollen Mannesreife" gelangt (Eph 4,13 EÜ). So jedenfalls stellt es sich der Apostel Paulus vor: „So wachsen wir in allem zu Christus empor, der unser Haupt ist." Dies gilt nicht nur für den Einzelnen, sondern auch für die ganze Gemeinde. „So wächst der ganze Leib und baut sich durch die Liebe auf." (Eph 4,15.16) Die „Messlatte", an der wir uns dabei ausrichten, ist Jesus Christus selbst. Er ist das vollkommene Maß, das uns unser Wachstumspotenzial aufzeigt. Auch wenn wir seine „Statur" nie erreichen werden, bestimmt er dennoch Richtung und Ziel unseres Strebens. Als Kinder Gottes sollen und wollen wir „in jeder Hinsicht Christus ähnlicher werden" (Eph 4,15 NL). Was aber heißt das und wie sieht das praktisch aus?

Kapitel | 11

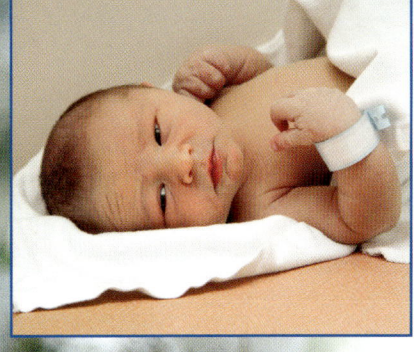

Unser Wachstum beginnt nicht erst mit der Geburt, sondern im Augenblick der Zeugung. Von diesem Moment an gibt es keinen Stillstand mehr.

Wachsen in Christus | 11

Durch seinen Tod am Kreuz triumphierte Jesus über die Macht des Bösen. Er, der während seines irdischen Dienstes die dämonischen Geister unterwarf, hat ihre Macht gebrochen und ihren endgültigen Untergang besiegelt. Jesu Sieg verleiht auch uns den Sieg über die bösen Mächte, die uns immer noch beherrschen wollen. Jetzt können wir mit Jesus in Frieden, Freude und der Zusicherung seiner Liebe leben. Der Heilige Geist wohnt in uns und gibt uns Kraft. In beständiger Beziehung zu Jesus als unserem Retter und Herrn sind wir befreit von der Last vergangener Taten, den dunklen Seiten unseres früheren Lebens, der Angst vor bösen Mächten, von Unwissenheit und Sinnlosigkeit. In dieser neuen Freiheit mit Jesus sind wir berufen, zu wachsen und ihm ähnlicher zu werden. Dies geschieht in der Gemeinschaft mit Gott im Gebet und seinem Wort, in der täglichen Andacht, im Nachdenken über seine göttliche Führung, im Singen von Lobliedern, in der Versammlung im Gottesdienst und durch die Mitwirkung am Missionsauftrag der Gemeinde. Während wir unseren Mitmenschen in Liebe dienen und die Erlösung durch Christus bezeugen, verwandelt seine beständige Gegenwart im Geist jeden Augenblick und jede Aufgabe in eine bereichernde Erfahrung mit Gott.

(Glaubensüberzeugungen der Siebenten-Tags-Adventisten, Nr. 11)

Vom Minus zum Plus

Unser Wachstum beginnt nicht erst mit der Geburt, sondern im Augenblick der Zeugung. Von diesem Moment an gibt es keinen Stillstand mehr. Winzige Zellen teilen und vermehren sich, Glieder werden geformt, Organe beginnen ihre lebenswichtige Funktion aufzunehmen. Eines Tages erblickt das Kind das Licht der Welt – nicht nur für die Mutter ein anstrengender und schmerzhafter Vorgang. Und trotz aller medizinischen Fortschritte bleibt die Geburt stets risikoreich. Der Übergang aus dem geschützten Dunkel des Mutterleibes ins grelle Tageslicht markiert einen entscheidenden Moment im Leben eines jeden Menschen.

Nicht weniger dramatisch und Staunen erregend ist die Veränderung, die sich vollzieht, wenn jemand aus dem Dunkel seines alten Lebens in das Licht der Liebe Gottes tritt. Jetzt heißt es allerdings nicht, einen geschützten, warmen Raum zu verlassen, um sich der rauen und kalten Wirklichkeit zu stellen. Stattdessen vollzieht sich ein radikaler Wechsel von der Nacht zum Tag, vom Minus zum Plus, vom Tod zum Leben.

Gott will, dass wir frei sind – frei von äußeren und inneren Ketten: frei von Schuld, die quälend auf dem Gewissen lastet; frei von Süchten, die die Gesundheit zerstören; frei von Abhängigkeiten, die uns dem Willen anderer gefügig machen; frei von der Last der Erinnerung an erlittenes Unrecht, die uns in die Opferrolle (und Täterrolle!) zwingen will; frei von der Furcht vor finsteren Mächten, die uns bedrohen. Die Liste der Tyrannen ist lang, die Folgen ihrer Untaten verheerend.

Paulus wusste um die Existenz dieser äußeren und inneren Mächte, denen kein Mensch aus eigener Kraft erfolgreich Widerstand leisten kann. Deshalb mahnte er: „Werdet stark durch die Verbindung mit dem Herrn! Lasst euch stärken von seiner Kraft! Legt die Waffen an, die Gott euch gibt, dann können euch die Schliche des Teufels nichts anhaben. Denn wir kämpfen nicht gegen Menschen. Wir kämpfen gegen unsichtbare Mächte und Gewalten, gegen die bösen Geister, die diese finstere Welt beherrschen." (Eph 6,10-12 GNB) Hierbei handelt es sich nicht nur um Sprachbilder, sondern um erlebbare und erlebte Wirklichkeit.

Jesus wusste sich von Gott gesandt, „den Gefangenen zu verkünden, dass sie frei sein sollen, und den Blinden, dass sie sehen werden. Den Misshandelten soll ich die Freiheit bringen" (Lk 4,18 GNB). Im Leben und Sterben, im Tod am Kreuz und in der Auferstehung offenbarte der Sohn Gottes seine Herrschaft. Weil er über alle Mächte und Gewalten triumphierte (Kol 2,15), können auch wir es (Röm 8,37-39). Trinker werden trocken, Gotteslästerer fromm, Ehebrecher treu, Süchtige werfen Nadel oder Kippe weg, Mutlose und Geängstigte finden Hoffnung, von okkulten Mächten und dämonischen Geistern Gebundene werden frei, ehemalige Mörder verwandeln sich in Missionare der Liebe.

Die Macht des Bösen ist gebrochen, Frieden und Freude ziehen ins Leben ein. Wiedergeburt aus Gott. Das Leben hat noch einmal begonnen! „Denn er hat uns aus der Gewalt der dunklen Mächte gerettet und uns unter die Herrschaft seines geliebten Sohnes gestellt. Durch den Sohn und in dessen Machtbereich ist uns die Erlösung zuteil geworden: Unsere Schuld ist uns vergeben." (Kol 1,13.14 GNB)

Leben heißt wachsen

Jetzt fängt das Leben erst richtig an. Wer den Tod hinter sich gelassen hat, will nie mehr ins alte Sein zurück, das von Unwissenheit und Sinnleere durchsetzt war. Nun heißt es, einen neuen Lebensstil finden, eingefahrene Denkmuster ersetzen, lebensfördernde Gewohnheiten einüben, in Christus wachsen, geistlich erwachsen werden. Das „Leben im Geist" überwindet selbstsüchtige Wünsche und sündige Neigungen

(Gal 5,16-26). Gott will uns zur vollen Reife führen und uns zu mündigen Christen machen (Eph 4,13.14). Jesus ist nicht nur unser Heiland, sondern auch unser Herr. Deshalb fragen wir bewusst nach seinem Willen für unser Leben, lassen uns von ihm sagen, was (nicht) gut für uns ist. Dabei verändern sich Denken und Fühlen, das Wollen und sogar der Geschmack. Was uns früher einmal in den Bann zog, kann uns heute nicht mehr reizen; was einst langweilig war, fesselt nun die Aufmerksamkeit.

Solange die Rebe am Weinstock hängt, bringt sie Frucht; getrennt davon vertrocknet sie.

Damit wir geistlich wachsen können, müssen jedoch bestimmte Voraussetzungen erfüllt sein. Eine Pflanze beispielsweise benötigt Licht, Wasser und nährstoffhaltigen Boden. Nicht ohne Grund verglich Jesus die Herrschaft Gottes in unserem Leben mit dem Wachsen des Saatgutes, das ein Landwirt ausstreut. Im Laufe der Zeit wächst die Saat „ohne sein Zutun" heran; der Boden lässt die Pflanzen „ganz von selbst" wachsen und Frucht bringen (Mk 4,27.28 Hfa, GNB). Die Saat wächst – wie der Grundtext wörtlich sagt – „automatisch". Wenn ein Lebewesen den richtigen Bedingungen ausgesetzt ist, ist Wachstum die natürliche Folge. Solange sie am Weinstock hängt, bringt eine Rebe Frucht; getrennt davon vertrocknet sie (Joh 15,1-8). Auch in der Nachfolge Jesu kommt alles darauf an, dass wir mit ihm verbunden sind, damit sein Heiliger Geist in uns wohnen und uns Gottes Lebenskraft zufließen kann.

Geistliches Wachstum – in der Bibel auch „Heiligung" genannt (2 Kor 7,1; 1 Ths 4,1-8; Hbr 12,14) – ist ein lebenslanger Prozess. Er erfordert Geduld und Ausdauer; Geduld mit uns selbst, weil das Vergangene immer wieder aufbrechen und uns in alte Bahnen zwingen will, und Ausdauer beim schrittweisen Erlernen neuer Wege. Dabei nützt es wenig, wenn wir auf die eigenen Fehler und Schwächen schauen; das entmutigt uns nur. Vielmehr sollen wir „aufsehen zu Jesus, dem Anfänger und Vollender des Glaubens" (Hbr 12,1.2). Nicht das ängstliche und gebannte Starren auf die tödlichen „Schlangen(bisse)" rettet uns, sondern der vertrauensvolle Blick auf den am Kreuz erhöhten Christus, der die Sünden- und Todesmacht besiegt (4 Mo 21,4ff.; Joh 3,14.15) und uns „die Kraft seiner Auferstehung" gegeben hat (Phil 3,10).

Bei diesem „Aufsehen zu Jesus" werden wir selbst nach und nach „in sein eigenes Bild verwandelt", sodass wir ihm immer ähnlicher werden und immer stärker seine Herrlichkeit widerspiegeln" (2 Kor 3,18 EÜ). „Wachsen in Christus" ist keine bloße

Option, sondern Gottes ausdrücklicher Wille. Er hat es versprochen und er wird es auch tun. Deshalb kann Paulus sagen: „Ich bin ganz sicher: Gott wird das gute Werk, das er bei euch angefangen hat, auch vollenden bis zu dem Tag, an dem Jesus Christus kommt." (Phil 1,6 GNB)

Lebenszeichen

Beim Besuch eines Aquariums entdeckte ich Tafeln, die die faszinierende Unterwasserwelt durch interessante Erläuterungen verständlich machten. Unter anderem wurde dort gefragt, wie man Lebewesen von toter Materie unterscheiden kann.

Beim Lesen wurde mir bewusst, dass die Antworten auch für mein geistliches Leben gelten. Hier sind fünf Kennzeichen des Lebens, mit deren Hilfe jeder sich selbst prüfen kann: „Bin ich geistlich tot oder lebendig?"

1. Wachstum
Alles, was lebt, wächst. Zwar verlangsamt sich das Tempo mit zunehmendem Alter, doch erst der Tod bringt völligen Stillstand.

Die anderen vier Kennzeichen des Lebens begleiten und fördern den Wachstumsprozess, bei dem wir zu uns selbst, zu anderen und zu Gott finden.

2. Stoffwechsel
Regelmäßige Nahrungsaufnahme und das Ausscheiden von Abfallstoffen ist Voraussetzung für das Wohlergehen eines Lebewesens. Stoffwechselstörungen belasten den Organismus.

• Lese ich regelmäßig in der Bibel, um Gottes Willen – was er für mich tun will und was er von mir erwartet – zu verstehen? Jesus sagt: „Vom Brot allein kann niemand leben. Leben kann nur, wer Gottes Wort aufnimmt und befolgt!" (Mt 4,4 Hfa)

• Spreche ich täglich mit meinem Gott und höre in der Stille der Andacht auf das, was er mir sagen will? „Das Gebet ist das Atmen der Seele." (Ellen G. White)

• Trage ich Lasten (Verbitterung, Angst, Schuldgefühle) mit mir herum, die entsorgt werden müssten? An welchen Seelsorger kann ich mich wenden, der mir hilft, sie loszulassen?

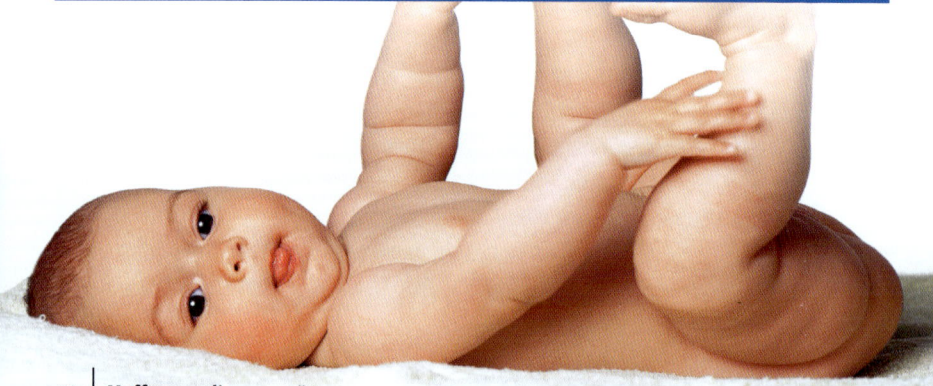

3. Fortpflanzung

Lebewesen vermehren sich – auf unterschiedlichste Weise. Leben, das sich nicht fortpflanzt, stirbt aus. Ein steriler, keimfreier Glaube bleibt ohne Frucht; lebendiger Glaube aber steckt an.

• Rede ich gern über meinen Glauben? Bekenne ich mich offen zu Jesus? Erzähle ich vor anderen, was Gott mir bedeutet? „Durch den Glauben in deinem Herzen wirst du vor Gott gerecht, und durch das Bekenntnis deines Mundes wirst du gerettet." (Röm 10,10 NL)

4. Reizempfindlichkeit

Lebewesen reagieren auf Reize und Stimulation. Schmerz ist ein Zeichen von Lebendigkeit. Gefühllosigkeit und Teilnahmslosigkeit dagegen sind Vorzeichen des Todes. Nur was sich stören lässt, lebt. „Lasst uns aufeinander Acht haben, um uns zur Liebe und zu guten Werken anzureizen." (Hbr 10,24 EÜ)

• Habe ich mir ein „dickes Fell" zugelegt und mich von den Nöten anderer abgeschottet?

• Ist mir das Wohl der Gemeinde ein echtes Anliegen oder bin ich gleichgültig geworden?

• Habe ich eine „Antenne" für Gottes Stimme oder bin ich geistlich träge und abgestumpft?

• Kenne ich Zeiten „heilsamer Unruhe", die der Heilige Geist in mir und der Gemeinde bewirkt?

5. Veränderung

Leben ist dynamisch. Deshalb ist alles Lebendige ständig Veränderungen unterworfen. „Leben heißt, sich ändern. Vollkommen sein heißt, sich oft geändert haben." (John Henry Newman)

• Bin ich offen für neue Erkenntnisse, die meinem bisherigen Denken widersprechen?

• Wann habe ich zum letzten Mal mein Verhalten aufgrund biblischer Einsichten revidiert?

• Ist meine Liebe zur Wahrheit stärker als meine Furcht vor ihr? (2 Ths 2,10)

MEIN ENTSCHLUSS

1. Ich will mein Lebensziel erreichen, indem ich Schritt für Schritt wachse und reife!
2. Ich will mein Inneres täglich mit aufbauenden Gedanken versorgen und Lasten abgeben!
3. Ich will meinen Glauben erhalten und vertiefen, indem ich ihn anderen weitergebe!
4. Ich will mich zum konsequenten Leben mit Gott anspornen lassen!
5. Ich will mich verändern lassen, um mein Ziel nicht aus den Augen zu verlieren!

Buchempfehlung:

Jon Paulien, „Echtes Christsein – Wie unser Glaube authentisch werden kann", Advent-Verlag, Lüneburg, 184 Seiten, 9,50 €, Best.-Nr. 1877.

Ich gehöre zur Familie Gottes

Die Gemeinde – Ideal und Wirklichkeit

Ich war erst fünf oder sechs Jahre alt, vielleicht auch schon etwas älter. Woran ich mich aber genau erinnern kann, war der Einzug der Kinder in meiner Gemeinde. „Hier Schwert des Herrn und Gideons!" (Ri 7,20) sangen wir, während wir den langen Gang des Saales nach vorne marschierten. Das selbst gebastelte Pappschwert in meiner Hand ließ keinen Zweifel aufkommen, auf wessen Seite ich stand. „Oh, when the saints go marching in ... !"

Ich habe diesen Moment nicht vergessen; er gehört zu den vereinzelten Erinnerungen an meine frühe Kindheit. Lag es daran, dass ich mich als schüchterner Junge plötzlich groß und stark fühlte, ähnlich wie unsere Kinder heute am Computer zu siegreichen Helden auflaufen und damit gegenteilige Alltagserlebnisse kompensieren? War es die dramatische Geschichte von Gideon selbst, der mit nur 300 Mann das weit überlegene Heer der Midianiter in die Flucht schlug? Oder war es die spielerisch gewonnene Erfahrung, dass der Gott Israels stark und mächtig ist, die mich damals innerlich so bewegte?

Wie auch immer – seitdem ich mich erinnern kann, gehört die Gemeinde untrennbar zu meinem Leben und ich zu ihr. Mit 15 Jahren ließ ich mich taufen; ab da gehörte ich „offiziell" und aus eigenem Entschluss (wenn auch nicht auf eigene Anregung) zu den 1,5 Mio. Adventisten, die es inzwischen gab. Aus der „kleinen Herde" war eine internationale Gemeinde geworden. „Kirche" waren wir zwar (noch) nicht und wollten es auch nicht sein, dafür aber eine „Gemeinschaft", zu der man zählte und in der man sich zu Hause fühlte. Was für andere der Sportverein oder die Clique bedeutete, das fanden wir in unserer Gemeinde.

Kapitel 12

Die „wahre" Gemeinde

Inzwischen sind Jahrzehnte vergangen, seit ich mich der Adventgemeinde anschloss. Ich gehöre noch immer – und aus Überzeugung – dazu. Allerdings sind meine kindlichen Vorstellungen und der jugendliche Idealismus längst einer differenzierten Betrachtungsweise gewichen. „Wo viel Licht ist, da ist auch viel Schatten." Diese Erfahrung macht wohl jeder, der sich auf die Gemeinde einlässt.

Mag auch der Traum von der „heilen Welt" trotz gegenteiliger Erfahrungen lange überleben – irgendwann wird er von der nüchternen Realität eingeholt, manchmal sogar weggespült. Zurück bleiben Ernüchterung, Frust, Enttäuschung, Bitterkeit und Verletzungen. Die „erste Liebe" ist längst verflogen, das Verhältnis deutlich abgekühlt; nicht selten kommt es sogar zur dauerhaften Trennung. Ob stiller Exodus, selbst erklärter Austritt oder Entzug der Mitgliedschaft – meist ist es das ernüchternde Ende eines schönen Traumes.

Wenn das idealisierte Bild von Gemeinde einer kritischen Betrachtung weicht, dann erst sehen wir die *wahre* Gemeinde – oder doch nicht? Wie ist die Gemeinde denn wirklich? So wie sie uns in der Taufvorbereitung beschrieben und in schönen Predigten ausgemalt wurde? Oder eher so, wie sie sich dem nüchternen Betrachter darstellt: allzu menschlich und unvollkommen, kleinkariert, träge, oberflächlich, lieblos, zerstritten, langweilig, weltfremd ...?!

Im Klassikradio erzählt Friedrich Ebenstein seinen Hörern regelmäßig „Die wahre Geschichte". Ich höre dann meist gespannt zu und erfahre interessante Hintergründe historischer Ereignisse oder unbekannte Details aus dem Leben wichtiger Personen. „Und nun kennen Sie die *wahre* Geschichte", heißt es dann stets zum Schluss.

Nehmen wir einmal an, Gott selbst wollte uns „die *wahre* Geschichte" über seine Gemeinde erzählen. Wie würde sie lauten? Wir können beispielsweise versuchen, die Aussagen der Bibel über „Gottes Volk" in kurzen Sätzen zusammenzufassen, etwa so:

Kindergottesdienst und Pfadfinderarbeit – beides prägt die Einstellung der Kinder zur Gemeinde nachhaltig.

Die Gemeinde | 12

Die Gemeinde ist die Gemeinschaft von Gläubigen, die Jesus Christus als ihren Herrn und Erlöser bekennen. Wie das Volk Gottes zur Zeit des Alten Testaments ist auch die Gemeinde Jesu aus der Welt herausgerufen. Sie vereint sich zur Anbetung, zur Gemeinschaft, zur Unterweisung im Wort, zur Feier des Abendmahls, zum Dienst an den Mitmenschen und zur Verkündigung des Evangeliums in aller Welt. Die Gemeinde erhält ihre Vollmacht von Christus, dem Fleisch gewordenen Wort, und aus der Heiligen Schrift, dem geschriebenen Wort. Die Gemeinde ist die Familie Gottes. Ihre Glieder, von ihm als Kinder angenommen, leben auf der Grundlage des Neuen Bundes. Die Gemeinde ist eine Gemeinschaft des Glaubens. Sie ist der Leib Christi, dessen Haupt er ist. Sie ist die Braut, für die Christus starb, damit er sie heilige und reinige. Bei seiner Wiederkunft in Herrlichkeit wird er sie in vollendeter Schönheit vor sich stellen. Es sind die Treuen aller Zeiten, erworben durch sein Blut, ohne Flecken und Falten, heilig und unsträflich.

(Glaubensüberzeugungen der Siebenten-Tags-Adventisten, Nr. 12)

Die „versammelte" Gemeinde

Hier ist wenig von wirklichkeitsfremdem Idealismus zu spüren, stattdessen eher eine nüchterne und sachliche Beschreibung. „Gemeinde" ist überall dort, wo gläubige Christen zusammenkommen, um miteinander Gott zu begegnen, ihn anzubeten und auf ihn zu hören, einander liebevoll zu dienen sowie anderen Menschen Gutes zu tun. Das war schon im alten Volk Israel so, und es ist auch das bleibende Erkennungszeichen einer christlichen Gemeinde.

Im Alten wie im Neuen Testament bezeichnet das Wort „Gemeinde" genau genommen die „Versammlung" der Gläubigen – ob in einem Haus, einer Stadt oder einer Region. Somit ist die „Kirche" Jesu Christi kein Gebäude und auch keine Institution, sondern schlicht das Treffen von Christen „zur Anbetung, zur Gemeinschaft, zur Unterweisung im Wort, zur Feier des Abendmahls, zum Dienst an den Mitmenschen und zur Verkündigung des Evangeliums".

Das ist die biblische Kurzformel von Gemeinde: Gläubige, „die Jesus Christus als ihren Herrn und Erlöser bekennen", treffen sich. Dazu bedarf es keiner Kathedrale und keines Priesters oder Pfarrers. „Denn wo zwei oder drei in meinem Namen zusammenkommen, da bin ich selbst in ihrer Mitte", erklärte Jesus (Mt 18,20 GNB). Der biblische Gebrauch des Wortes *ekklesia* (griech. für Gemeinde) hat weniger die Vergangenheit und Herkunft der Gläubigen im Auge („aus der Welt herausgerufen") als vielmehr ihre Zusammenkunft und ihr Miteinander („Gemeinschaft"). Das wird auch deutlich an den verschiedenen Bildern und Vergleichen, die im Neuen Testament für die Gemeinde verwendet werden (siehe S. 85).

Diese „Gemeinschaft des Glaubens" umfasst aber nicht nur die physisch an einem Ort versammelten Christen. Was sie verbindet, ist nämlich nicht an einen bestimmten Ort, eine festgelegte Zeit, die eigene Sprache, Kultur oder Kirchenzugehörigkeit gebunden, sondern an den Glauben an Jesus und das persönliche Bekenntnis zu ihm. Deshalb wissen sich Christen als „Gemeinschaft der Gläubigen" über alle Grenzen hinweg „in Christus" eins und miteinander verbunden. Im Hebräerbrief wird der Horizont sogar auf das ganze Universum ausgeweitet – auf himmlische wie irdische Wesen, Lebende und Verstorbene – kurz, auf alle, die in Jesus Christus Heil und Leben gefunden haben (Hbr 12,22f.).

Die „leibhaftige" Gemeinde

Die Gemeinde ist zwar universal (Offb 5,8ff.), die Zahl ihrer Mitglieder unzählbar (Offb 7,9ff.), aber dennoch ist sie nicht unsichtbar und existiert – außer in Zeiten der Verfolgung – nicht im Verborgenen. „Ihr seid das Licht für die Welt. Eine Stadt, die auf einem Berg liegt, kann nicht verborgen bleiben", erklärte Jesus seinen Jüngern (Mt 5,14 GNB). Paulus verwendete gern das Bild vom menschlichen Leib mit Kopf und Gliedern (1 Kor 12,12ff.; Eph 4,11-16). Als „Leib Christi" in der Welt ist die Gemeinde ein sichtbares Zeichen seiner beständigen Gegenwart und liebevollen Zuwendung zu den Menschen. Durch sie streckt er seine Hände zu ihnen aus, segnet und tröstet, ermahnt und ermutigt, hilft und heilt. Ohne sie fehlte der Verkündigung des Evangeliums die konkrete Bestätigung dafür, dass das Reich Gottes hier und jetzt, wenn auch nur bruchstückhaft, Wirklichkeit geworden ist.

Doch die Gemeinde ist nicht nur Gottes sichtbares Zeichen für die Welt, die er erreichen und retten will. Sie selber ist das Objekt seiner Liebe. Das Bild von der innig geliebten und wunderschön geschmückten Braut drückt dies jenseits aller erklärenden Worte aus. Wie ein liebender Bräutigam sorgt sich Christus um seine Gemeinde (Eph 5,25ff.; Offb 19,7; 21,2.9). Er pflegt und schützt sie wie seinen Augapfel (5 Mo 32,10; Sach 2,12).

Ebenso will auch der Vergleich mit einer Familie die fürsorgliche Nähe Gottes zu seinen Kindern zum Ausdruck bringen. Wie ein Vater kümmert er sich liebevoll um die Seinen (Jer 31,9; Eph 3,15), wie ein großer „Bruder" setzt sich Jesus selbstlos für seine Geschwister ein (Mt 25,40; Röm 8,29; Hbr 2,11.17), wie Kinder gehören wir zur Familie Gottes (1 Joh 3,1). Diese und andere biblische Bilder und Vergleiche veranschaulichen eine Wirklichkeit, die sich dem vordergründigen Betrachter entzieht und auch dem kritisch distanzierten Beobachter verborgen bleibt. Wer die wahre Gemeinde sehen will, muss sie mit den Augen der Liebe betrachten, sonst erkennt er sie nicht. „Man sieht nur mit dem Herzen gut. Das Wesentliche ist für die Augen unsichtbar." (Antoine de Saint-Exupéry)

Die „vollkommene" Gemeinde

Nur so lässt sich auch eines der faszinierendsten Bilder der Heiligen Schrift verstehen – die Vision vom neuen Jerusalem, das „wie eine geschmückte Braut" vom Himmel kommt (Offb 21,2). Es ist die siegreiche, vollendete Gemeinde, die hier im Bild einer großen Stadt dargestellt wird (21,9ff.). Reines Gold und kostbare Edelsteine versinnbilden „die Herrlichkeit Gottes" (21,11.23), die sich in ihr widerspiegelt. Sie ist von „makelloser Schönheit ... ohne Flecken und Falten oder einen anderen Fehler, heilig und vollkommen" (Eph 5,27 GNB).

Johannes fehlten die Worte, um zu beschreiben, was er sah. Uns fehlt oft das Auge, um zu erkennen, was wir sehen. Unser nüchterner Realismus und kritisch-distanzierter Blick lässt uns die irdische, unvollkommene, ja sündige Seite der Gemeinde in klaren Konturen sehen. Sie ist so attraktiv bzw. abstoßend wie der geschundene Leib des Gekreuzigten. Doch er hat sie „erworben durch sein Blut", hat sein Leben für sie gegeben, sie zu seiner Braut gemacht. Das verändert alles, schafft eine neue Wirklichkeit und verleiht den Worten Jesu Gewicht: „Nicht einmal die Macht des Todes wird sie vernichten können." (Mt 16,18 GNB)

Hat die Gemeinde Zukunft? Menschlich gesprochen fällt eine positive Antwort schwer. Es fehlt ihr einfach an so viel: Glaubwürdigkeit, Echtheit, Überzeugungskraft, Mut, Begeisterung, Entschlossenheit, Liebe, Einheit, Erfolg. Die Mängelliste ist lang, die Negativerfahrungen sind bedrückend. Und dennoch: Wer sie mit göttlichen Augen betrachtet, entdeckt an der Gemeinde eine verborgene Schönheit, die einen in den Bann zieht und nicht mehr loslässt.

Da ist das leuchtende Juwel des Glaubens, die kostbare Perle der Hoffnung, der funkelnde Edelstein der Liebe, der goldene Ring der Standhaftigkeit, der Armreif der Barmherzigkeit. Können wir sie sehen, „die Braut Christi", wenn wir anderen Gläubigen begegnen? Erkennen wir den „Leib Christi", wenn wir Gottesdienst feiern? Ist uns bewusst, dass wir zu „Gottes Familie" gehören und die anderen unsere Schwestern und Brüder sind? Ja, wer die Gemeinde Jesu richtig kennenlernen will, muss nahe herangehen und genau hinsehen!

„... Und nun kennen Sie die *wahre* Geschichte."

➥ *Siehe auch „Biblische Begriffe für die Gemeinde" und „Credo Ecclesiam ..." auf Seite 206 im Anhang.*

Die Gemeinde ist vergleichbar mit...

Persönliche Symbole
... einem Körper: 1 Kor 12,27; Eph 1,22f.; 4,11-16; Kol 1,18; 2,19
... einer Braut: 2 Kor 11,2; Eph 5,22-32; Offb 19,7; 21,9; 22,17

Gemeinschaftssymbole
... einem Volk: Gal 6,16; 1 Ptr 2,9
... einer Familie: Eph 2,19; 3,15; Gal 6,10
... einer Herde: Joh 10,11-16; Apg 20,28
... einer Armee: Eph 6,12.13
... einer Priesterschaft: 1 Ptr 2,9

Architektonische Symbole
... einer Stadt: Hbr 12,22; Offb 21,2-10 (himml. Jerusalem)
... einem Tempel: 1 Kor 3,9-17; 6,19f.; Eph 2,19-22; 1 Ptr 2,4-8
... einem Pfeiler: 1 Tim 3,15 (Pfeiler und Fundament)
... einem Schiff: 1 Ptr 3,20f. (Arche)

Alltags- und Natursymbole
... einem Brief: 2 Kor 3,2.3
... einem Baum: Röm 11,11ff.. (Ölbaum)
... einem Berg: Hbr 12,22 (Zion)
... Salz und Licht: Mt 5,13-16
... Weinreben: Joh 15,1ff..
... Brotteig: 1 Kor 5,6-8

Buchempfehlung:
„Die Gemeinde und ihr Auftrag", Studien zur adventistischen Ekklesiologie, Bd. 2, Saatkorn-Verlag, Lüneburg, 300 Seiten, 22,80 €, Best.-Nr. 0859.

„Der Herr kennt die Seinen"
„Die Übrigen" und die anderen

Gegen Ende unseres Theologiestudiums auf dem Seminar Marienhöhe in Darmstadt sollten wir unser „Gesellenstück" abliefern. Deshalb luden wir zu einer öffentlichen Vortragsreihe in Frankfurt ein. „Dein Leben kann noch einmal beginnen", prangte es an Litfaßsäulen, Schaufenstern und Autotüren. Zu einem bewussten Leben gehören klare Entscheidungen. Dazu wollten wir einladen – vor allem am letzten Abend. Als dem Jüngsten in der Klasse fiel mir diese Aufgabe zu. Nicht, weil die anderen es so von mir erwartet hätten – mich selber reizte die Herausforderung, über die Lebensentscheidung für Jesus zu predigen. So kam es, dass ich als Letzter in der Reihe meinen ersten evangelistischen Vortrag hielt.

Bei der Suche nach einem passenden Text wurde ich schnell fündig: das Gottesurteil auf dem Karmel! Drei Jahre lang hatte sich Elia vor Ahab versteckt, der ihn überall suchen ließ. Doch jetzt forderte der Prophet den König zur offenen Konfrontation heraus. Auf dem Karmelgebirge sollte die Entscheidung fallen. Wer ist der wahre Gott? Der kanaanäische Wetter- und Fruchtbarkeitsgott Baal oder Jahwe, der Gott Israels? Eine Frage, die – unter anderen und neuen Namen – auch heute noch nach einer Antwort verlangt.

Die Kräfte in dieser Auseinandersetzung waren äußerst ungleich verteilt. Hier der König mit seiner bewaffneten Leibwache, flankiert von 850 seiner Propheten, dort der Gottesmann Elia, ganz allein auf weiter Flur. „Ich bin allein übrig geblieben" (1 Kön 18,22), klagt er vor dem wankelmütigen, schweigenden Volk, das sich erst zum Schluss auf die Seite des Gewinners schlagen würde.

Der Rest ist Geschichte und schnell erzählt. Ein Blitzschlag, buchstäblich aus heiterem Himmel, entzündet und verbrennt den mit Wasser völlig durchtränkten Opfer-

Kapitel 13

altar und macht auf diese Weise unübersehbar deutlich, wer der Herr im Hause Israels ist. Erst jetzt ist das Volk bereit, sich auf seine Seite zu stellen: „Jahwe ist Gott, Jahwe ist Gott!", rufen sie aus (V. 39). Für die Baalspropheten bedeutet dies das Todesurteil – Elia hat auf der ganzen Linie gesiegt. Gott hat sich als Herr über die Naturgewalten erwiesen. Bald darauf prasselt der Regen vom Himmel herab.

Im Wissen über den glücklichen Ausgang der Auseinandersetzung zwischen den falschen Göttern und dem lebendigen Gott – sollte uns da die Entscheidung für unseren Schöpfer und Herrn noch schwerfallen?

„Ich bin allein übrig geblieben"

Was mich an der Geschichte besonders fasziniert, ist der Umstand, dass in dieser „Einer gegen alle"-Situation der aussichtslos erscheinende Kampf Elias gegen eine erdrückende Übermacht von durchschlagendem Erfolg gekrönt ist. Meist geht es im Leben ja anders zu. Wer die Macht besitzt, setzt sich durch – egal wie. Widerstand ist zwecklos. Viele Menschen machen Erfahrungen von Ohnmacht und Unterlegenheit und hoffen insgeheim auf die große Wende: einmal im Leben ganz obenauf sein, einmal von allen geliebt (oder auch gefürchtet) werden, einmal als glänzender Sieger dastehen!

Einmal als glänzender Sieger dastehen – davon träumen viele Menschen. Sieger fühlen sich jedoch häufig sehr einsam – wie Elia nach dem Sieg auf dem Karmel.

Kein Wunder, dass Bücher, Comics, Filme, Videos und Computerspiele das Motiv des einsamen, aber siegreichen Helden in unzähligen Varianten behandeln. Allmachtsphantasien zum Zwecke seelischen Druckausgleichs?

Auch die Bibel berichtet verschiedentlich von Menschen, die ganz auf sich gestellt waren oder als unterlegene Minderheit standhaft blieben und dafür am Ende reich belohnt wurden. Noah, Josef, Gideon, Elia, Daniel und seine Freunde, Petrus und Johannes, Paulus und andere. Die wunderbare Befreiung der Israliten aus Ägypten und ihre glückliche Rückkehr aus der babylonischen Gefangenschaft gehören ebenso dazu wie die Erfahrung der ersten Christen, die im römischen Reich Verfolgung und Tod erlitten.

Im 19. Jahrhundert befanden sich die frühen Adventisten in einer vergleichbaren Lage. Je entschiedener sie die bevorstehende Wiederkunft Jesu verkündeten, desto

Adventisten verstehen sich nicht als die einzig wahre Kirche. Schon früh erklärten sie, „dass Gott seine Leute überall dort hat, wo Menschen dem Licht, das sie haben, gehorchen".

mehr gerieten sie ins gesellschaftliche Abseits. Schließlich kam es zum Bruch mit den Kirchen, die in ihnen religiöse Fanatiker sahen. William Millers Anhänger dagegen verstanden sich als „die Übrigen" von Gottes Volk, die dem endzeitlichen Babylon – den (ab)gefallenen Kirchen – widerstanden.

Als sich nach der großen Enttäuschung von 1844 eine kleine Gruppe Sabbat haltender Adventisten bildete, bezeichnete sie sich als „kleine Herde" und „versprengter Überrest" der Adventbewegung. Erst nach und nach wurde ihnen bewusst, dass das „ewige Evangelium" – die gute Nachricht vom Gericht Gottes und vom Heil in Christus – noch einmal in die ganze Welt getragen werde sollte, um Menschen aus „allen Nationen und Stämmen und Sprachen und Völkern" und dem endzeitlichen Babylon in Gottes letzte Gemeinde zu rufen (Offb 14,6-8; 18,4). In diesem Sinne heißt es in den adventistischen Glaubensüberzeugungen:

Die Übrigen und ihr Auftrag | 13

Die weltweite Gemeinde setzt sich zusammen aus allen, die wahrhaft an Christus glauben. Doch in der letzten Zeit, einer Zeit weit verbreiteten Abfalls, ist eine Schar der Übrigen herausgerufen, um an den Geboten Gottes festzuhalten und den Glauben an Jesus zu bewahren. Diese Übrigen weisen darauf hin, dass die Stunde des Gerichts gekommen ist. Sie predigen, dass es Erlösung allein durch Christus gibt, und verkündigen das Herannahen seiner Wiederkunft. Die drei Engel in Offenbarung 14 sind Sinnbild dieser Verkündigung. Sie geht einher mit dem Gerichtsgeschehen im Himmel und führt auf Erden zu einer Bewegung der Buße und Erneuerung. Jeder Gläubige ist aufgefordert, sich an diesem weltweiten Zeugnis persönlich zu beteiligen.

(Glaubensüberzeugungen der Siebenten-Tags-Adventisten, Nr. 13)

Wer sind „die Übrigen"?

Im letzten Buch der Bibel werden mehrere Grundthemen der Heiligen Schrift aufgegriffen und miteinander verwoben, z. B. das Heiligtum und die Anbetung, Babylon und Jerusalem, das Auftreten des Antichristen und die Wiederkunft Jesu. Auch das bekannte Leitthema vom Überrest, der dank der göttlichen Gnade dem Untergang entgeht (1. Mose, Amos), von den Treuen, die dem sittlich-geistlichen Verfall im Volk Gottes widerstehen (Königebücher) und vom heiligen Rest der letzten Zeit (Jesaja) findet sich hier wieder. In prophetischer Schau werden sie als „die Übrigen" bezeichnet, die nach Gottes Geboten leben und sich zu Christus bekennen (Offb 12,17; 14,12). Lässt sich Näheres darüber sagen, um wen es sich handelt?

Wie immer erklärt auch hier der Zusammenhang das Gesagte bzw. Gemeinte. Nachdem es dem Drachen (Satan) nicht gelungen war, den Sohn der Frau (den Messias-Christus, der aus Gottes Volk kam) zu vernichten (er wurde „entrückt zu Gott und seinem Thron"), richtete er seine Wut gegen ihre übrigen Nachkommen (wörtl.: „die Übrigen ihres Samens"), also die anderen Kinder der Frau (Offb 12,4.5.17). Paulus bezeichnet das himmlische Jerusalem als „unsere Mutter", die Gläubigen als deren Kinder (Gal 4,26.28). Johannes hört ihre symbolische Zahl (12 mal 12.000) und sieht eine unübersehbare Menschenmenge „aus allen Nationen und Stämmen und Völkern und Sprachen", die niemand zählen kann (Offb 7,4-9). „Sie kommen aus Verfolgung, Leid und Bedrängnis", erfährt er (7,14 Hfa). Doch sie sind versiegelt – sie gehören Gott und stehen unter seinem Schutz (Offb 14,1ff.). Nur sie haben Zugang zur heiligen Stadt (Offb 21,7.8.27).

So paradox es auf den ersten Blick erscheinen mag: „Die Übrigen" sind nicht ein kleiner Rest, sondern eine riesige Menge. So bezeichnete Paulus den christusgläubigen „Überrest" seines Volkes als „das ganze Volk Israel" (Röm 11,5.26) und verband damit seine Hoffnung auf die endzeitliche Bekehrung der Juden (Röm 11,5.25.26). Siebenten-Tags-Adventisten sind noch dabei, ihre ursprüngliche, kurzsichtig-verengte Auffassung von der „kleinen Schar" verfolgter und versprengter Sabbathalter der weitsichtigen „Offenbarung Jesu Christi" anzugleichen.

„Ich will 7000 übrig lassen"

Adventisten bezeichnen sich gern als „die Gemeinde der Übrigen" – fast so, als handele es sich bei den Visionen der Offenbarung um die Beschreibung einzelner Kirchen oder Konfessionen. Doch der „Leib Christi" ist mit keiner organisierten Kirche oder religiösen Institution gleichzusetzen. Braut und Hure sowie Jerusalem und Babylon sind prophetische Bildworte, die zwei gegensätzliche Einstellungen Gott gegenüber beschreiben. Davon abgeleitet lassen sie sich auch auf religiöse Institutionen beziehen, sofern sie diese Grundhaltungen widerspiegeln.

Gemeinde Gottes – das sind erlöste Menschen, Jünger und Nachfolger Jesu. Emil Brunner hat diese Einsicht so formuliert: „Die Ekklesia des Neuen Testaments, die Gemeinde Jesu Christi, ist reine Persongemeinschaft und hat nichts vom Charakter einer Institution an sich; es ist darum irreführend, irgendeine der historisch gewordenen Kirchen, die alle den Charakter von Institutionen haben, mit der Christusgemeinde zu identifizieren." („Das Missverständnis der Kirche", 1951, S. 21)

Keine Kirche oder Glaubensgemeinschaft ist jemals das vollkommene Abbild oder die umfassende Verkörperung der „Übrigen". Dennoch sollte es das Bestreben aller Christen sein, dem biblischen Modell so nahe wie möglich zu kommen. Adventisten streben danach, diesem Vorbild zu entsprechen. Insofern sie die Kennzeichen der „Heiligen" (Offb 14,12) besitzen, dürfen sie sich als den „Übrigen" (Offb 12,17) zugehörig betrachten. Dabei stellt dieser Anspruch „mehr eine Herausforderung als eine Feststellung, mehr einen Aufruf als eine Bilanz" dar (Richard Lehmann). Eines jedenfalls sollte allen – innerhalb wie außerhalb der Gemeinschaft – klar sein: Adventisten verstehen sich nicht als die einzig wahre Kirche. Schon früh erklärten sie, „dass Gott seine Leute überall dort hat, wo Menschen dem Licht, das sie haben, gehorchen" („Review and Herald", 15.2.1870). „Millionen echter Christen aller Bekenntnisse durch alle Jahrhunderte sowie die, die heute aufrichtig auf Christus vertrauen ... sind zweifellos gerettet"; denn „Gott hat einen kostbaren Überrest ... in jeder Kirche." („Questions on Doctrine", 1957, S. 184.192)

Es steht uns nicht zu, über die (Nicht-)Zugehörigkeit anderer zur „Gemeinde der Übrigen" ein Urteil zu fällen. „Ein Mensch sieht, was vor Augen ist; der Herr aber sieht das Herz an." (1 Sam 16,7) Auch Elia musste diese wichtige Lektion lernen. Er, der so mutig für Gott und seine Sache eingetreten war, sah sich als einzig übrig gebliebener Prophet Israels – und verfiel darüber in eine tiefe Depression. „Nur ich bin übrig geblieben, ich allein. Und nun trachten sie auch mir nach dem Leben!" (1 Kön 19,10.14 Hfa) Doch Gott korrigierte liebevoll die negative Weltsicht des mutlosen und von Verfolgungsängsten geplagten Propheten: „Ich werde in Israel 7000 übrig lassen, alle, deren Knie sich vor dem Baal nicht gebeugt hat." (1 Kön 19,18 EÜ)

Als Elia das begriffen hatte, wandte er sich wieder seiner eigentlichen, prophetischen Aufgabe zu. Und wir? „Der Herr kennt die Seinen." (2 Tim 2,19) Es genügt, das zu wissen – auch heute noch.

➤ *Siehe auch „Die Übrigen' im Neuen Testament" auf Seite 207 im Anhang sowie die Buchempfehlung auf Seite 85.*

Was ist mit Nichtchristen und Andersgläubigen?

Eine Auswahl von Zitaten von Ellen G. White

„Unser Verhältnis zu Gott hängt nicht davon ab, wie viel Licht wir erhalten haben, sondern davon, was wir aus dem machen, was wir empfangen haben. Deshalb stehen Heiden, die nach bestem Vermögen und Verständnis das Rechte zu tun bemüht sind, Gott näher als Menschen, die großes Licht empfangen haben und angeblich Gott dienen, dieses Licht aber nicht beachten und durch ihr tägliches Leben ihrem Bekenntnis widersprechen." („Das Leben Jesu", S. 223)

„Manche Heiden dienen Gott unwissentlich. Niemals wurde ihnen sein Licht durch menschliche Vermittler überbracht. Trotzdem werden sie nicht verlorengehen. Zwar kannten sie das geschriebene Gebot Gottes nicht, sie vernahmen aber seine Stimme in der Natur und taten, was das Gesetz fordert. Ihre Werke bekundeten, dass der Heilige Geist ihre Herzen berührt hatte, und Gott anerkennt sie als seine Kinder." („Das Leben Jesu", S. 636)

„Gottes Erlösungsplan ist umfassend genug, um die ganze Welt miteinzubeziehen ... Er wird es nicht dulden, dass auch nur eine Seele enttäuscht werde, die aufrichtig nach etwas Höherem und Edlerem verlangt, als die Welt zu bieten vermag." („Propheten und Könige", S. 266)

„Auf Wegen, die er selbst bestimmt, wird der Herr jedem Wahrheitssucher Erkenntnis von sich mitteilen." („Christ's Object Lessons", p. 125, vgl. „Bilder vom Reiche Gottes", S. 97)

„Die Christen vergangener Zeiten hielten den Sonntag in der Meinung, dadurch den biblischen Sabbat zu feiern. Es gibt heute noch in jeder Kirche, die römisch-katholische nicht ausgenommen, wahre Christen, die aufrichtig glauben, der Sonntag sei der von Gott verordnete Sabbattag. Gott nimmt ihre aufrichtige Absicht und ihre Redlichkeit vor ihm an." („Der große Kampf", S. 449)

„Die Mauer ist weg – wir sind *ein* Volk!"

Wenn Trennendes nicht mehr trennt

Herbst 1989. Erst waren es Hunderte, dann Tausende, schließlich Zehntausende, die in Leipzig, Dresden, Berlin und andern Städten der DDR demonstrierten. Den allgegenwärtigen Spitzeln der Stasi, der knüppelbewehrten Polizei und der alarmbereiten Volksarmee zum Trotz wagten sie sich auf die Straßen, furchtsam und hoffnungsvoll zugleich. Immer mutiger und selbstbewusster klangen die Sprechchöre, immer lauter skandierten sie ihre Parolen: „Die Mauer muss weg! Wir sind das Volk! Die Mauer muss weg!" Wer es miterlebt hat, wird es nie vergessen. Wer es wie ich im Fernsehen verfolgte, mochte kaum glauben, was er sah. Doch es war kein Spuk. Innerhalb weniger Monate fiel die DDR wie ein Kartenhaus zusammen. Aufgrund einer unbedachten Äußerung – war es ein Versehen oder Fügung? – öffnete sich am Abend des 9. November die Berliner Mauer – erst einen Spalt breit, dann immer weiter, bis sie von den Menschenmassen „hinweggespült" und bald darauf abgerissen wurde. Ein Volk lernte den aufrechten Gang: „*Wir* sind das Volk. Wir sind *ein* Volk!" Viele empfanden es wie die Befreiung Israels aus dem Exil, auch sie fühlten sich „wie die Träumenden" (Ps 126,1).

Kapitel 14

Die jüngste Wende in der deutschen Geschichte war in der Tat höchst ungewöhnlich und erstaunlich. Nicht nur, weil sie ohne Blutvergießen vonstatten ging, sondern weil es meist die gegenteiligen, negativen Erfahrungen sind, die wir machen, seit wir das Paradies verloren haben. Zank unter Brüdern, Streit unter Nachbarn, Feindschaft zwischen Nationen, Kampf der Gesellschaftssysteme und Kulturen, Vorurteile und Standesdünkel, Vorbehalte gegenüber Menschen anderer Hautfarbe und sozialer Herkunft, Krieg der Geschlechter und Konflikt der Generationen kennzeichnen unsere Gesellschaft und bestimmen den Lauf der Geschichte: Kain und Abel, Jakob und Esau, Juden und Araber, Christen und Muslime, Schwarze und Weiße, Einheimische und Ausländer, Reiche und Arme, Arbeitgeber und Gewerkschaftler, Handwerker und „Kopfarbeiter", Frauen und Männer ... Die Liste ist lang, der Graben tief, die Kluft schier unüberwindlich. Mauern und Zäune aller Art – sichtbare wie verborgene – dienen der eigenen Abschottung, verstärken die Vorbehalte und Ängste und verhindern eine ausreichende Wahrnehmung des Anderen.

Nur eine Utopie?

Manchmal jedoch – selten genug – öffnet sich eine Tür oder eine Mauer fällt. Zäune werden niedergerissen und Gräben zugeschüttet. Wenn Menschen oder Völker sich die Hand zur Versöhnung reichen, verlieren auch tiefverwurzelte Gegensätze ihre polarisierende Wirkung. Wenn das Gemeinsame und Verbindende stärker wirkt als das Fremdartige und Trennende, dann entstehen Frieden und Eintracht, gegenseitige Wertschätzung und Vertrauen. Dann wird klar, dass es in dieser einen Welt auch nur eine Menschheit geben kann, dass wir entweder miteinander leben oder miteinander untergehen. Nicht ein brutaler Verdrängungswettbewerb wie der Darwin'sche „Kampf ums Dasein" – ob in der Form eines tyrannischen Herrenmenschen, eines allmächtigen Parteiapparats oder der globalisierten Marktwirtschaft – wird die Menschheit zum langersehnten Frieden führen, sondern allein das heilschaffende Handeln Gottes, der uns Menschen in Liebe, Eintracht und Gemeinschaft zusammenführt.

Diese neue Schöpfung ist keine utopische Vision der Zukunft, sondern sie nimmt bereits jetzt sichtbare Gestalt an. Der auferstandene Christus selbst ist der Garant dafür, dass das Miteinander der Menschen auf eine neue Grundlage gestellt wird. So bezeugt es die Bibel. In säkularisierter (entchristlichter) Form prägte dieser Gedanke alle modernen Ideologien, von der französischen Revolution mit ihrem bahnbrechenden Ruf nach „Freiheit, Gleichheit, Brüderlichkeit" bis zu den nationalsozialistischen und kommunistischen Vorstellungen von der „völkischen Gemeinschaft" bzw. der „klassenlosen Gesellschaft". Auch die „Allgemeine Erklärung der Menschenrechte" der Vereinten Nationen von 1948 hat diesen Hintergrund.

Wie aber sieht die ursprüngliche christliche Vision der neuen Menschheit aus? Wie stellt sie sich das friedliche Zusammenleben der Menschen und Völker vor, nicht erst irgendwann, sondern bereits hier und heute? Auf der Grundlage des Neuen Testaments lässt sie sich so beschreiben:

> ## Die Einheit der Gemeinde Christi | 14
>
> *Die Gemeinde ist ein Leib mit vielen Gliedern, herausgerufen aus allen Nationen, Geschlechtern, Sprachen und Völkern. In Christus sind die Gläubigen eine neue Schöpfung. Rassische, kulturelle, bildungsmäßige, nationale, soziale und gesellschaftliche Unterschiede sowie Unterschiede zwischen Mann und Frau dürfen unter uns nicht trennend wirken. In Christus sind alle gleich, durch einen Geist zur Gemeinschaft mit ihm und untereinander zusammengefügt. Wir sollen einander dienen, ohne Voreingenommenheit und Vorbehalt. Weil sich Jesus Christus in der Schrift offenbart hat, verbinden uns ein Glaube und eine Hoffnung – das bezeugen wir vor allen Menschen. Diese Einheit hat ihren Ursprung im Einssein des dreieinigen Gottes, der uns als seine Kinder angenommen hat.*
>
> (Glaubensüberzeugungen der Siebenten-Tags-Adventisten, Nr. 14)

Die Mauer muss weg!

Es klingt wie ein verbaler Vorgriff auf die deutsche Geschichte, wenn Paulus in seinem Brief an die Gläubigen von Ephesus formuliert: „Christus ist es, der uns allen den Frieden gebracht und ... zu einem einzigen Volk verbunden hat. Er hat die Mauer eingerissen, die die beiden trennte und zu Feinden machte ... Er hat die getrennten Teile der Menschheit mit sich verbunden und daraus den einen neuen Menschen geschaffen." (Eph 2,14f. GNB) Paulus ahnte nichts von den Ereignissen des Jahres 1989, aber er kannte die menschliche Natur – „Feindschaft, Streit und Rivalität, Intrigen, Uneinigkeit und Spaltungen" (Gal 5,20 GNB) – und wusste darum, dass nur eine höhere Macht diese zerstörerischen Kräfte binden und durch aufbauende Werte – „Liebe, Frieden, Geduld, Freundlichkeit und Güte, Treue" (Gal 5,22 GNB) ersetzen kann. Diese radikale Wende ist durch Christus möglich geworden.

Nirgends wurde dies in der jungen Gemeinde deutlicher als bei der brisanten Frage nach dem Zusammenleben von Christen unterschiedlicher Herkunft. Wie konnten fromme Juden (die die Thora genau beachteten) mit Heiden (die nicht im Gesetz erzogen waren) zusammen eine Gemeinde bilden? Darauf gab der Apostel eine tiefgründige Antwort: Jesus hat die gesamte Menschheit mit in seinen Tod hineingenommen und mit Gott versöhnt (Röm 6,1ff.; 2 Kor 5,14ff.; Eph 2,1ff.). Er ist für alle Menschen gestorben und betrachtet deshalb alle, die an ihn glauben, als seine Brüder und Schwestern.

Paulus verwendet dafür gern das Bild vom Leib mit vielen Gliedern, die trotz ihrer Verschiedenheit mit dem Haupt verbunden sind. Wie Jesus nur einen Körper, eine Braut und einen Tempel hat, so kann es auch nur eine Gemeinde geben. „Ist Christus etwa zerteilt?", fragte Paulus die zerstrittenen Christen in Korinth (1 Kor 1,13). Wie groß die Differenzen unter Menschen auch sein mögen – in Christus sind sie überwunden und verlieren ihre trennende Kraft!

Was Gott zusammengefügt hat ...

Der Gedanke ist überwältigend. Sollte es tatsächlich möglich sein, dass Menschen „aus allen Nationen, Geschlechtern, Sprachen und Völkern" (Offb 14,6) einen gemeinsamen „Leib" bilden, der von einem einzigen „Haupt" geleitet wird? Das wäre etwas Unerhörtes, nie Dagewesenes, in der Tat eine „neue Schöpfung"! Eine solche Gemeinde wäre – bei aller Unvollkommenheit in der Umsetzung – ein glaubwürdiger Vorgriff auf den „neuen Himmel und die neue Erde", die Gott verheißen hat (Offb 21,1). Eine Kirche, die so lebt, muss durch kein staatliches Antidiskriminierungsgesetz zur Achtung und Wahrung der Menschenrechte angehalten werden, sie lebt sie aus eigenem Antrieb aus. Machen wir uns bewusst, was das beinhaltet: „Rassische, kulturelle, bildungsmäßige, nationale, soziale und gesellschaftliche Unterschiede sowie Unterschiede zwischen Mann und Frau" stellen keine Gefährdung des inneren Friedens mehr dar. Ist das am Ende nicht doch nur eine fromme soziale Utopie?

Die Frage ist mehr als berechtigt, nicht zuletzt angesichts der bis heute bestehenden Vorbehalte und Benachteiligungen, die es auch unter Christen und Kirchen gibt. Noch immer empfinden wir bei Menschen anderer Hautfarbe oder Nationalität irgendwie anders als bei „unseresgleichen". Am liebsten pflegen wir den Umgang in der eigenen sozialen Gruppe oder Gesellschaftsschicht. Bis heute werden Frauen bei der Verteilung von Aufgaben und Ämtern benachteiligt, obwohl sie dieselben geistlichen Gaben erhalten haben wie die privilegierten Männer.

Was aber noch schlimmer ist: Wir haben uns an diese Denk- und Verhaltensmuster gewöhnt, nehmen solche Diskriminierungen (zumindest bei anderen) meist Schulter zuckend zur Kenntnis. Wie sonst hätte das südafrikanische Apartheid-Regime Jahrzehnte bestehen, hätten christliche Hutus und Tutsis in Ruanda sich zu Hunderttausenden abschlachten können? Selbst wenn Mauern aus Stein fallen – die Mauer in unseren Köpfen bleibt noch lange erhalten!

Und dennoch: Trotz der gravierenden Mängel bei der Umsetzung dieser biblischen Vision, trotz der bestehenden Widersprüche zwischen dem christlichen Ideal und der ernüchternden Wirklichkeit – die im Evangelium verkündigte Wahrheit bleibt davon unberührt: „In Christus sind alle gleich; durch einen Geist zur Gemeinschaft mit ihm und untereinander zusammengefügt." Dieser Satz gilt, nicht weil wir ihn überzeugend leben, sondern weil Christus ihn durch seinen Tod wahrgemacht und für immer bestätigt hat. Wir sollen nicht nur eins in Christus sein, wir sind es auch! Deshalb kann es auch keine Alternative zu dem ständigen und aufrichtigen Bemühen geben, die „Einheit im Geist" (Eph 4,3) im Leben der Gemeinde auf allen Ebenen sichtbar werden zu lassen. Christliche Einheit ist unteilbar, sie gilt den Schwestern und Brüdern in der eigenen Ortsgemeinde, in anderen Regionen und Nationen, ja auf der ganzen Welt. Es gibt nur einen einzigen Leib Christi, der alle wahren Gläubigen umfasst. Was Gott zusammengefügt hat, soll – ja, in diesem Fall, kann – der Mensch nicht mehr scheiden. Die „neue Schöpfung" ist in Christus bereits Realität. Die Mauer ist weg.

Wir sind ein *Volk!*

Als Siebenten-Tags-Adventist gehöre ich zu einer weltweiten Freikirche, die das Einssein der Gläubigen in Christus sichtbar machen möchte. Als internationale Glaubensgemeinschaft verkündigt sie das Evangelium Christi „allen Nationen, Geschlechtern, Sprachen und Völkern", um Menschen aus der Gottesferne heraus- und in seine Gemeinde hineinzurufen. Adventisten gehören zu den wenigen christlichen Kirchen, die als weltweite Glaubensgemeinschaften erkennbar sind – nicht nur in ihrer Organisationsstruktur, sondern auch im gemeinsamen Bekenntnis des Glaubens. Sie sind „darauf bedacht, zu wahren die Einigkeit im Geist durch das Band des Friedens: ein Leib und ein Geist, wie ihr auch berufen seid zu einer Hoffnung eurer Berufung, ein Herr, ein Glaube, eine Taufe" (Eph 4,3-5).

Adventisten gehören zu den wenigen christlichen Kirchen, die als weltweite Glaubensgemeinschaften erkennbar sind – nicht nur in ihrer Organisationsstruktur, sondern auch im gemeinsamen Bekenntnis des Glaubens.

Was die Gemeinde von Jesus im Innersten zusammenhält, sind jedoch nicht sichtbare Faktoren wie eine zentrale Organisation und übergreifende Ordnungen (sie können nur formale Einheit schaffen) und nicht einmal gemeinsame Ziele, Überzeugungen und Werte (so wichtig diese sind). Letztlich ist es Gott selbst, der als fürsorglicher Vater, aufopferungsvoller Bruder und einigender Geist die

Glieder der Familie Gottes in seiner göttlichen Liebe vereint. Weil der dreieinige Gott ein Gott der allumfassenden Liebe ist, deshalb sind auch seine Kinder bzw. Geschöpfe in all ihrer Verschiedenheit untrennbar miteinander verbunden.

Die innergöttliche und von Gott gewirkte Einheit überwindet alle menschlichen Grenzen des Geschlechts und Standes, der Rasse, Kultur und Nationalität, ja sogar der Konfession und Religion. Das Kreuz Christi ist die überwältigende Demonstration der Liebe Gottes, die zur Befreiung, Wiedervereinigung und Versöhnung der Menschheit mit Gott und untereinander geführt hat. In der Tat: Die Mauer ist weg – wir sind *(s)ein* Volk!

Allgemeine Erklärung der Menschenrechte der Vereinten Nationen von 1948 (Auszug):

Artikel 1: Alle Menschen sind frei und gleich an Würde und Rechten geboren. Sie sind mit Vernunft und Gewissen begabt und sollen einander im Geiste der Brüderlichkeit begegnen.

Artikel 2: Jeder hat Anspruch auf die in dieser Erklärung verkündeten Rechte und Freiheiten ohne irgendeinen Unterschied, wie etwa nach Rasse, Farbe, Geschlecht, Sprache, Religion, politischer oder sonstiger Überzeugung, nationaler oder sozialer Herkunft, nach Eigentum, Geburt oder sonstigen Umständen ...

Artikel 3: Jeder hat das Recht auf Leben, Freiheit und Sicherheit der Person.

Artikel 7: Alle Menschen sind vor dem Gesetz gleich und haben ohne Unterschied Anspruch auf gleichen Schutz durch das Gesetz ...

Artikel 18: Jeder Mensch hat Anspruch auf Gedanken-, Gewissens- und Religionsfreiheit; dieses Recht umfasst die Freiheit seine Religion oder seine Überzeugung zu wechseln sowie die Freiheit, seine Religion oder seine Überzeugung allein oder in Gemeinschaft mit anderen, in der Öffentlichkeit oder privat, durch Lehre, Ausübung, Gottesdienst oder Vollziehung von Riten zu bekunden.

Artikel 19: Jeder Mensch hat das Recht auf freie Meinung und Meinungsäußerung ...

Artikel 22: Jeder Mensch hat als Mitglied der Gesellschaft Recht auf soziale Sicherheit ...

Artikel 23: Jeder Mensch hat das Recht auf Arbeit ... sowie auf Schutz gegen Arbeitslosigkeit.

Buchempfehlung:
George R. Knight, „Der Brief an die Epheser", Advent-Verlag, Lüneburg, 158 Seiten, 9,80 €, Best.-Nr. 1888

„Ich bin getauft auf deinen Namen ..."

Mit der Taufe öffnet sich die Tür zum neuen Leben

Das ist doch eine Zumutung – eine Frechheit, so etwas von mir zu verlangen! Was denkt sich dieser Mann eigentlich, wer ich bin?" So oder ähnlich mag Naaman, der syrische Heerführer gedacht haben, als der Bote des Propheten Elia ihm ausrichten ließ: „Fahre an den Jordan und tauche siebenmal darin unter!" (2 Kön 5,10 GNB) Gab es denn nicht auch in Damaskus Flüsse – mit klarem Wasser –, in denen man sich waschen konnte? Warum sollte er dann gerade in den Jordan steigen, der durch seinen langen Lauf getrübt war? Und überhaupt: Seit wann ließ sich „Aussatz" – die Sammelbezeichnung für Hautkrankheiten wie Lepra und Schuppenflechte – durch Baden in einem Fluss heilen? Das wäre doch zu schön!

Voller Zorn und Empörung stieg Naaman auf seinen Wagen, um sich auf den Heimweg zu machen. Doch seine Diener bedrängten ihn: „Wenn der Prophet etwas Schwieriges von dir verlangt hätte, hättest du es bestimmt getan. Aber nun hat er nur gesagt: ‚Bade dich und du wirst gesund!' Solltest du es da nicht erst recht tun?" (V. 13 GNB) Dieser einfachen Logik konnte sich Naaman nicht entziehen. Schließlich hatte er kostbare Geschenke mitgebracht, um den Wunderheiler großzügig zu entlohnen, doch dieser wollte nichts davon annehmen. Dabei hätte Naaman gern alles dafür gegeben, um von seiner Krankheit geheilt zu werden, die die gesellschaftliche Isolierung, ja Ächtung zur Folge hatte. Warum sollte er dann nicht den einfacheren Weg wählen und die ungewöhnliche Therapieform wenigstens ausprobieren?

Die Bibel erzählt: „Naaman ließ sich umstimmen, fuhr zum Jordan hinab und tauchte siebenmal in seinem Wasser unter, wie der Mann Gottes es befohlen hatte. Da wurde er völlig gesund und seine Haut wurde wieder so rein wie die eines Kindes." (V. 14 GNB) Naaman war vom wunderbaren Ausgang seiner Reise so überwältigt, dass er fortan den Gott Israels als den einzigen Gott verehrte. Er nahm sogar mehrere Säcke voll Erde mit, um zuhause auf echtem israelitischem Boden Jahwe anbeten zu können. Wohl nie zuvor oder danach hatte ein einfaches Tauchbad solche nachhaltigen Folgen gezeitigt. Oder vielleicht doch?

Alles, was Recht ist

Auch Johannes der Täufer betrachtete es als eine Zumutung, als Jesus zu ihm an den Jordan kam, um von ihm getauft – das heißt, im Wasser untergetaucht – zu werden, rief er doch die Menschen zur radikalen Umkehr in Vorbereitung auf den kommenden Messias auf. Und nun stand dieser selbst vor ihm! „Ich müsste von dir getauft werden und du kommst zu mir?" (Mt 3,14 GNB) Doch Jesus ließ sich nicht beirren: „Lass es so geschehen, denn wir müssen alles tun, was Gott will." (Mt 3,15 Hfa) In seinem Leben ging es Jesus stets darum, „alle Gerechtigkeit zu erfüllen" (EB) – so der Grundtext wörtlich –, anders gesagt: alles zu tun, was recht ist vor Gott. Gegen dieses Argument war Johannes machtlos. Es liefert bis heute eine unschlagbare Begründung: Wenn Jesus seine Taufe als notwendig erachtete, wie viel mehr Grund haben dann wir, uns ebenfalls taufen zu lassen, um den Willen Gottes zu erfüllen!

Doch welcher Sinn steckt hinter dem Ritus der Wassertaufe? Handelt es sich dabei um ein Wundermittel, das jeden heilt, der damit in Berührung kommt? Offenbar nicht. „Zur Zeit des Propheten Elischa gab es viele Aussätzige in Israel; aber keiner von ihnen wurde geheilt, nur der Syrer Naaman", erklärte Jesus (Lk 4,27 GNB). Ein Tauchbad im Jordan besaß ebenso wenig magische Kräfte wie die Berührung Jesu durch die Menschen, die ihn umdrängten. Was aber war es dann, was den Ausschlag gab, ob eine Heilung erfolgte oder nicht? Jesus war sich sicher: „Dein Glaube hat dir geholfen", sagte er zu der Frau, die eine Quaste seines Gewandes berührt hatte (Lk 8,43-48). Glaube macht also den Unterschied!

Nur der Glaube zählt

Das Wasser der Taufe besitzt keine geheimnisvolle Kraft, die uns von der Krankheit der Sünde heilt, sobald wir davon benetzt werden. Ebenso wenig ist der begleitend-erklärende Satz: „Ich taufe dich auf den Namen des Vaters, des Sohnes und des Heiligen Geistes" eine religiöse Zauberformel, die der Taufe kraft ihres Vollzugs (*ex opere operato*) eine bindende Wirkung verleiht. Eine solche sakramentale Vorstellung kennt die Bibel nicht. Stattdessen erklärt sie: „Wer zum Glauben kommt und sich taufen lässt, wird gerettet. Wer nicht glaubt, den wird Gott verurteilen." (Mk 16,16 GNB) Nicht die unterlassene Taufe führt somit ins Verderben, sondern das fehlende Vertrauen in die Heilstat Jesu.

Auf die Frage des Gefängniswärters „Was muss ich tun, um gerettet zu werden?" gaben Paulus und Silas zur Antwort: „Glaube an den Herrn Jesus, dann wirst du mit deiner Familie gerettet." (Apg 16,30-31 Hfa) Nachdem sie ihm die Botschaft Gottes erklärt hatten, ließ sich der Gefängnisaufseher mit seiner ganzen Hausgemeinschaft – Familienangehörigen und Dienstleuten – taufen. So entstand in einer Nacht die erste christliche Gemeinde Europas.

Wie anders wären doch die europäische Geschichte sowie die der Christenheit insgesamt verlaufen, wenn man auch in späteren Jahrhunderten dem Verständnis und dem Vorbild der Apostel gefolgt wäre! Wer der Verkündigung des Evangeliums Glauben schenkt, sich von seinem falschen Weg abwendet und persönlich zu Jesus bekennt, der ist bereit für die Taufe.

Man begehrt die Taufe, man erleidet sie nicht. Man kommt selbst zur Taufe (Mk 1,5) und wird nicht zum Wasser hingetragen. In der Taufe antworten wir freiwillig und bewusst auf den Ruf Gottes (Jes 43,1-4), die Einladung Jesu (Mt 9,9) und das Werben des Heiligen Geistes (Offb 22,17). Jede Art von Zwang – sei er körperlich, seelisch oder nur moralisch – widerspricht dem Charakter Gottes und dem Geist des Evangeliums. Dies gilt nicht nur im Hinblick auf die Christianisierung ganzer Völker durch die Katholische Kirche und die europäischen Mächte oder das Ertränken der sogenannten

„Wiedertäufer" in der Reformationszeit. Es hat ebenso Geltung in den Freikirchen, in denen Kinder und Heranwachsende häufig wie selbstverständlich „eingemeindet" werden.

„Was hindert mich ...?"

Wenn es aber entscheidend auf den Glauben ankommt und nicht auf den bloßen Ritus, dann gehört zur Taufe stets der persönliche Wunsch eines Menschen, der das Evangelium gehört und angenommen hat und sich die Frage stellt: „Spricht etwas dagegen, dass ich getauft werde?" (Apg 8,36 GNB) Einem solchen „Taufbegehren", dem eine eigene Entscheidung für Jesus Christus und das Leben mit ihm zugrunde liegt, steht nichts im Weg. Dabei kommt der Taufunterweisung eine bedeutsame Rolle zu, bildet sie doch die Voraussetzung dafür, dass jemand die Botschaft vom Heil verstehen und annehmen kann (Apg 8,35).

Man begehrt die Taufe, man erleidet sie nicht. Man kommt selbst zur Taufe und wird nicht zum Wasser hingetragen.

Zur inneren Vorbereitung auf die Taufe gehört auch ein angemessenes Verständnis über den eigentlichen Sinn und Zweck dieser Handlung. 30 Mal äußert sich das Neue Testament zur Bedeutung der Taufe und bringt dabei zehn verschiedene Dimensionen des Taufritus zur Sprache. Diese finden in der frühchristlichen Praxis des Untertauchens ihre angemessene Ausdrucksweise. Spätere Formen – das Begießen, Besprengen oder Benetzen mit Wasser –, wie sie in vielen Kirchen üblich sind, können den Bedeutungsreichtum der Taufe nur bedingt zum Ausdruck bringen. Das biblisch-adventistische Taufverständnis lässt sich folgendermaßen beschreiben:

Die Taufe | 15

Durch die Taufe bekennen wir unseren Glauben an den Tod und die Auferstehung Jesu Christi und geben Zeugnis, dass wir für die Sünde tot sind und entschlossen, ein neues Leben zu führen. Damit erkennen wir Christus als Herrn und Erlöser an, werden seinem Volk hinzugefügt und als Glieder seiner Gemeinde angenommen. Die Taufe ist ein Sinnbild für unsere Gemeinschaft mit Christus, für die Vergebung unserer Sünden und für den Empfang des Heiligen Geistes. Sie wird durch Untertauchen vollzogen auf das Bekenntnis des Glaubens an Jesus Christus und als Zeichen der Reue über die Sünde. Ihr geht Unterweisung in der Heiligen Schrift und Annahme ihrer Lehren voraus.

(Glaubensüberzeugungen der Siebenten-Tags-Adventisten, Nr. 15)

Ich bin so frei!

In der südostfranzösischen Stadt Fréjus steht eine mittelalterliche Kathedrale, der ein aus dem 5. Jh. stammendes Baptisterium angegliedert ist. Zu ihm führt eine niedrige Tür, durch die die Täuflinge in gebeugter Haltung eintraten. In der Mitte des Raums befindet sich ein in den Boden eingemauertes Wasserbecken. Die neugetauften Christen verließen das Baptisterium durch eine zweite, deutlich größere Tür. Auf diese Weise sollte auch optisch zum Ausdruck gebracht werden, dass die Taufe eine grundlegende Veränderung mit sich bringt. Aus schuldbeladenen, dem göttlichen Gericht unterworfenen Sündern waren nun Söhne und Töchter Gottes geworden, ja, „Könige und Priester" (Offb 1,6), die gereinigt und gerettet mit aufrechtem Gang eine neue Existenz begannen. So ist es bis heute geblieben: Mit der Taufe öffnet sich die Tür zum Leben mit Gott!

Aus dem 5. Jh. stammendes Baptisterium in der Kathedrale von Fréjus (Südfrankreich).

Wer das buchstäblich am eigenen Leib erlebt und wie Jesus den Zuspruch Gottes „Du bist mein Sohn, du bist meine Tochter ...!" in der Taufe erfahren hat, wird diesen Augenblick wohl nie mehr vergessen. Ein solches Tauffest ist so ergreifend wie die Geburt des eigenen Kindes, wie eine Begnadigung vor Gericht oder die Einbürgerung in ein neues Heimatland.

Johann Jakob Rambach (1693-1735) – Professor der Theologie in Halle und Gießen – kleidete seine tief empfundene Dankbarkeit und Freude über die Taufe in folgende Worte: „Ich bin getauft auf deinen Namen, Gott Vater, Sohn und Heilger Geist. / Ich bin gezählt zu deinem Samen, zum Volk, das dir geheiligt heißt. / Ich bin in Christus eingesenkt, ich bin mit seinem Geist beschenkt." (WLG 480,1)

▶ *Siehe auch „Die Bedeutung der Taufe im Neuen Testament" auf Seite 208f. im Anhang.*

> *„Was muss ich tun, um gerettet zu werden?" (Apg 16,30)*

Biblische Voraussetzungen für die Taufe:

1. Buße und Bekehrung

Die Taufe setzt Buße (Sinnesänderung) und Bekehrung (Umkehr) voraus. Diese bilden jedoch nicht nur ein einmaliges Geschehen, („Wiedergeburt") sondern eine Grundhaltung, von der das Leben und Handeln der Gläubigen dauerhaft bestimmt ist (Lebensänderung). Sie wird durch den Heiligen Geist in uns bewirkt. (Mt 3,8.11; Mk 1,4; Lk 3,3.8; 24,47; Apg 2,38; 3,19.26; 5,31; 11,21; 26,18-20; Röm 12,2)

2. Glaube und Bekenntnis

Glaube ist ein persönlicher Akt des vorbehaltlosen Vertrauens zu Gott, der sich im Bekenntnis zu Jesus ausdrückt und in tätiger Liebe Gestalt gewinnt. Bekennender Glaube ist die Bedingung für das Wirksamwerden des allen Menschen in Christus angebotenen Heils. (Mt 3,6; 10,32f.; Mk 1,5.15; 16,16; Lk 12,8f.; Joh 3,14-21; Apg 8,36-38; 10,43ff.; 16,30-34; Röm 10,9-13; Gal 5,6; 1 Joh 1,9)

3. Hingabe und Weihe

Die Taufe begründet und besiegelt unser Treueverhältnis zu Christus (Lebensübergabe). Sie ist Bitte und „Bund eines guten Gewissens mit Gott" (1 Ptr 3,21). Taufe schließt ein Treueversprechen (Taufgelübde) und die Annahme der Lehre Jesu ein (Taufunterweisung) und wird so zum Erkennungsmerkmal unseres (Jüngerschafts-)Verhältnisses zu Christus (Bundeszeichen). (Mt 28,19f.; Lk 22,20; Apg 2,41f.; Röm 6,13-19; 12,1; 1 Kor 3,23; 6,20; Eph 5,25-32 (vgl. Jes 54,5f. und Hos 2,21f.); Hbr 8,6ff.; 9,15; 13,20f.)

Fazit: Umkehr zu Gott, bekennender Glaube und der Bundesschluss mit Christus erfordern persönliche Erkenntnis- und Entscheidungsfähigkeit. Die Einladung zur Taufe gilt deshalb mündigen Menschen, die ihre Lebensrichtung ändern, Christus als den Herrn ihres Lebens bekennen und ihm nachfolgen wollen – und sich für die Taufe als Zeichen des Neuanfangs entscheiden.

Buchempfehlung:

„Die Taufe: Theologie und Praxis. Studien zur adventistischen Ekklesiologie", Bd. 3, Hg. von R. Badenas, Advent-Verlag, Lüneburg, 276 Seiten, 27,80 €, Best.-Nr. 0860.

Christus ist unter uns ...

... wenn wir das Mahl mit ihm feiern

Alles ist vorbereitet. Der gemietete Raum im Obergeschoss des Hauses ist mit Polstern ausgestattet und festlich geschmückt, die Lichter sind angezündet. 13 Männer sitzen – genauer: liegen – um den niedrigen Tisch, auf dem Brot und Wein, Fruchtmus und Kräuter sowie ein Lammbraten stehen. Eigentlich sollte es eine fröhliche Feier werden, erinnert doch das Passafest an die wunderbare Errettung des Volkes Israel aus der ägyptischen Sklaverei durch Gottes Eingreifen und verbindet damit zugleich die freudige Erwartung des Messias, der sein Volk erlösen soll.

Doch die Stimmung ist alles andere als fröhlich oder entspannt. Alle spüren, dass etwas Außergewöhnliches in der Luft liegt. Die Stadt ist mit Pilgern aus vielen Ländern überfüllt, die zum Fest nach Jerusalem gekommen sind. Wird Jesus jetzt endlich die Königsherrschaft Gottes ausrufen? Wie werden die religiösen Führer des Volkes reagieren, denen Jesus seit Langem ein Dorn im Auge ist? Wird es zum bewaffneten Kampf mit den römischen Legionären kommen? Welche Ämter wird der Rabbi ihnen – dem harten Kern seiner Nachfolger – übertragen? Der Kampf um die vorderen Plätze ist voll entbrannt. Die Atmosphäre ist gedrückt, ja gereizt.

Kapitel | 16

In dieser Situation geschieht etwas, womit niemand im Entferntesten gerechnet hat. Im Bewusstsein dessen, was in wenigen Stunden auf ihn wartet – Verrat und Gefangennahme, Verhör und Folter, Kreuzigung und Tod – erhebt sich der Meister von seinem Platz, legt sein Obergewand ab, gießt Wasser in eine Schüssel und wäscht seinen sprachlosen Jüngern die Füße (Joh 13,4.5). Eine Arbeit, die sonst nur ausländische Sklaven verrichten; kein Jude würde etwas so Erniedrigendes tun. Simon Petrus ist der Erste, der seine Fassung wiedergewinnt. „Niemals sollst du mir die Füße waschen, in Ewigkeit nicht!" (Joh 13,8 GNB) Doch Jesus beharrt darauf, bis Petrus schließlich einwilligt.

Was Jesus mit dieser Handlung eigentlich verdeutlichen wollte, verstanden Petrus und die anderen Jünger zunächst nicht. Bis heute wird die Fußwaschung vielfach missverstanden. Denn es geht dabei nicht primär um uns und unsere Füße (die ja meistens sauber sind), sondern um Jesus und seine Lebenshingabe für uns am Kreuz, die in der Fußwaschung anschaulich dargestellt ist. „Was ich tue, kannst du jetzt noch nicht verstehen, aber später wirst du es begreifen." (Joh 13,7 GNB) Erst nach der Auferstehung wurde Petrus klar, dass Jesus ihm die Notwendigkeit seiner Erniedrigung erklärt hatte. „Wenn ich dir nicht die Füße wasche, hast du keinen Anteil an mir und an dem, was ich bringe." (Joh 13,8 GNB) Mit anderen Worten, wenn du mir nicht erlaubst, dein Sklave zu sein und für dich zu sterben, sehen wir uns nicht im Reich Gottes (Phil 2,6-8).

„Das ist mein Leib – das ist mein Blut"

Weit davon entfernt, die zutiefst beeindruckende Predigt der Fußwaschung begriffen zu haben, essen die Jünger nun mit Jesus das Passamahl. Trotz der langen Karfreitagschatten, die über dieser Feier liegen, ist sie – wie jedes Passa – erfüllt von der tiefen Hoffnung auf die kommende Heilszeit. Daran kann auch Judas nichts ändern, der den Festsaal verlässt, nachdem Jesus ihn vor allen als seinen Verräter identifiziert hat (Mt 26,20-26; Joh 13,21-30). Denn schon wartet die nächste Überraschung auf die verdutzten Jünger. Beim Weiterreichen des gebrochenen Brotes und des Kelches, aus dem die Jünger reihum ihre Becher mit Passawein füllen, gibt Jesus dieser vertrauten Handlung einen völlig neuen Sinn: „Das ist mein Leib, der für euch geopfert wird. Dieser Becher ist mein Blut, das für euch vergossen wird." (Lk 22,19.20 GNB)

Wie die Fußwaschung weist auch das Abendmahl auf den Kreuzestod Jesu hin, der sich in dieser Zeichenhandlung quasi abbildet. Wie die Fußwaschung ist auch das Abendmahl oft missverstanden worden. So hat man das Wörtchen „ist" im Sinne einer Identität gedeutet, als handle es sich bei Brot und Wein tatsächlich um das Fleisch und Blut Jesu. Diese Deutung verbietet sich schon allein deshalb, weil Jesus leibhaftig vor ihnen saß, als er das sagte. Was er tatsächlich meinte, war dies: Wie dieses Brot gebrochen und dieser Wein ausgegossen ist, so wird mein Leib für euch gebrochen und mein Blut zur Vergebung eurer Sünden vergossen werden. So wenig wie das Wasser der Fußwaschung Sünden abwäscht, so wenig erhalten wir ewiges Leben durch Brot und Wein. Allein Jesu Tod am Kreuz bringt Menschen das Heil. Das Abendmahl weist darauf hin und verkündet „den Tod des Herrn, bis er kommt" (1 Kor 11,26).

Das heißt nicht, dass Brot und Wein nur Zeichen sind, die auf Jesu Opfertod hinweisen. Denn sie verweisen nicht nur auf etwas, sie geben auch Anteil an dem, worauf sie hinweisen. Wie die Verkündigung des Evangeliums allen, die es im Glauben annehmen, Heil bringt, so erhält jeder, der die zeichenhafte Predigt des Abendmahls und der Fußwaschung mit den Augen des Glaubens hört und sieht, Vergebung der Sünden und ewiges Leben.

Nicht Brot und Wein enthalten kraft des priesterlichen Wortes die „sakramentale" Gnade Gottes. Vielmehr ist es das „Wort vom Kreuz", das – ob in Vollmacht gepredigt oder eindrucksvoll vor Augen geführt – alle rettet, die daran glauben (Röm 1,16; 1 Kor 1,18). Fußwaschung und Abendmahl sind also nicht nur Symbolhandlungen mit hinweisendem Charakter, sondern im Glauben wirksame Zeichen der Liebe Gottes, anschaulich-bildhafte Predigten ohne Worte.

Was aber „predigt" uns das Abendmahl von Christus? Die Antwort ist vielfältig und lässt sich nicht auf einen einzigen Aspekt reduzieren. Eine alte indische Fabel erzählt von einigen Blinden, die einen Elefanten betasteten. Jeder von ihnen entdeckte einen bestimmten Teil des Tieres: Ohren und Beine, Rüssel, Bauch und Schwanz. Doch keiner hatte das Tier als Ganzes gesehen. Wer das Abendmahl in seinem ganzen Bedeutungsreichtum verstehen will, wird ebenfalls mehrere Antworten finden. Insgesamt ergeben sie ein umfassendes Bild vom Mahl des Herrn (siehe Seite 109).

„Das tut zu meinem Gedächtnis"

Offenbar besaßen die ersten Christen ein ganzheitliches Verständnis vom „Abend-Mahl des Herrn" (so wörtlich in 1 Kor 11,20), das sie tatsächlich am Abend und im Rahmen einer Mahlzeit feierten. Erst in nachapostolischer Zeit wurde das sog. Liebesmahl von der Eucharistiefeier getrennt. Aus dem fröhlichen Agape-Mahl der Gemeinde wurde eine Kultfeier, die sich durch heilige Gegenstände (geweihtes

Brot, kostbare Geräte, liturgische Gewänder), formelhafte Sätze und rituelle Handlungen vom Alltäglichen abhob. Nun galten nicht mehr die Mahlzeiten als Vorbild, die Jesus nach seiner Auferstehung mit den Jüngern gefeiert hatte (Mk 16,14; Lk 24,28-43; Joh 21,9-14; Apg 1,4; 10,40.41), sondern die rätselhaften Mysterienkulte der heidnischen Umwelt. Das Mahl wurde zur Messe und der Tisch zum Opferaltar. Karfreitagsernst statt Auferstehungsjubel bestimmt bis heute vielfach die Atmosphäre beim Abendmahl.

Doch hatte Jesus das wirklich gemeint, als er seinen Jüngern gebot: „Das tut zu meinem Gedächtnis" (1 Kor 11,24)? Eine ähnliche Aufforderung – die eine Verheißung einschloss – verband er auch mit der Fußwaschung: „Ich habe euch ein Beispiel gegeben, damit auch ihr so handelt, wie ich an euch gehandelt habe ... Freuen dürft ihr euch, wenn ihr auch danach handelt!" (Joh 13,15.17 GNB) Dem Vorbild von Jesus zu folgen heißt darum, Abendmahl und Fußwaschung in ihrem biblischen Sinngehalt wiederzuentdecken und entsprechend zu feiern.

Dabei steht die Beziehung der feiernden Gemeinde zu Jesus Christus im Mittelpunkt des Gottesdienstes. Jesu dreifache Rolle als Tischherr, Gast und Gabe machen das „Mahl des Herrn" zu einem einzigartigen Erlebnis. Christus selbst ist unter uns, wenn wir das Mahl mit ihm feiern! Seine Gegenwart durch den Heiligen Geist machen Wortverkündigung und Symbolhandlung zu Zeichen der Nähe und Zuwendung Gottes.

Wer anderen im Geist Jesu die Füße wäscht, wird für sie zum dienenden Christus; wem so die Füße gewaschen werden, der kann das Gesicht seines Erlösers im Wasser erkennen. Die aktuelle Gegenwart des Auferstandenen und Wiederkommenden – das ist das eigentlich Besondere, Großartige und Überwältigende am „Mahl des Herrn". Adventisten beschreiben seine Bedeutung so:

Das Abendmahl | 16

Beim Abendmahl haben wir Anteil an den Zeichen des Leibes und Blutes Jesu. Wir nehmen Brot und Wein zu uns und bringen so unser Vertrauen in Jesus Christus, unseren Herrn und Erlöser, zum Ausdruck. In diesem Erlebnis der Gemeinschaft ist Christus gegenwärtig, um unter seinem Volk zu sein und es zu stärken. Durch die Teilnahme am Abendmahl verkünden wir voll Freude den Tod des Herrn, bis er wiederkommt. Zur Vorbereitung gehören Selbstprüfung, Reue und Sündenbekenntnis. Der Herr gebot auch den Dienst der Fußwaschung. Die Fußwaschung ist ein Sinnbild erneuter Reinigung, ein Ausdruck der Bereitschaft, einander in Demut zu dienen, wie Christus es tat, und soll unsere Herzen in Liebe verbinden. Am Abendmahl können alle gläubigen Christen teilnehmen. (Glaubensüberzeugungen der Siebenten-Tags-Adventisten, Nr. 16)

„Kommt, denn es ist alles bereit!"

Im Gleichnis vom großen Abendmahl erzählte Jesus von einem Mann, der ein Festmahl veranstaltete und viele Leute dazu eingeladen hatte. Als es so weit war, schickte er seinen Diener, um die Gäste zu bitten: „Alles ist vorbereitet, kommt!" Doch jeder hatte eine andere Entschuldigung. Daraufhin schickte der Hausherr seinen Diener auf die Straßen der Stadt, um die Bettler, Krüppel, Lahmen und Blinden einzuladen. Um den Saal zu füllen, sollte er schließlich auch die Landstreicher drängen, der Einladung zum Fest zu folgen (Lk 14,15-24). Die anderen dagegen, die ferngeblieben waren, waren in den Augen des Hausherrn nicht „würdig" (Mt 22,8 EB). Enthält diese Geschichte nicht auch eine wichtige Lehre für unser Abendmahl?

Es ist doch paradox: Manche bleiben dem Abendmahl fern, weil sie sich nicht „würdig" genug fühlen. Andere dagegen, die gern teilnehmen würden, erhalten gar nicht erst eine Einladung. Jesus dagegen stellte klar: Alle sind eingeladen! Wer zu Gott kommt, ist würdig, nicht weil er moralisch gut ist, sondern einfach, weil er kommt (Mt 22,10). Wer dagegen wegbleibt, ist unwürdig, weil er fernbleibt. Er schließt sich damit selbst von den Segnungen des Reiches Gottes aus. Es wäre ein Missverständnis, wenn sich jemand „zu sündig" fühlte, um am Abendmahl teilzunehmen. Die „Unwürdigkeit", von der Paulus redete (1 Kor 11,27), bezieht sich auf die lieblose Art und Weise ihrer Abendmahlsfeier, nicht auf den Zustand der Teilnehmer am Abendmahl. Jeder Christ ist also eingeladen, wer und wie er auch ist!

Durch die Teilnahme am Abendmahl verkünden wir voll Freude den Tod des Herrn, bis er wiederkommt.

Diese Einladung zum Tisch des Herrn gilt nach adventistischem Verständnis auch anderen gläubigen Christen, die nicht zur Adventgemeinde gehören. Nicht einmal die Taufe durch Untertauchen oder die Anerkennung aller biblischen Lehren sind unabdingbare Voraussetzungen zur Teilnahme am Abendmahl, sondern allein der Wunsch, das in Christus dargebotene Heil dankbar anzunehmen und das Mahl der Gemeinschaft mit ihm und der Gemeinde in Vorfreude auf sein Kommen zu feiern. Wer den Bund mit Jesus noch nicht geschlossen hat, findet hier den überzeugendsten Grund dafür. Wir sind eingeladen! Was könnte uns also daran hindern, am Abendmahl teilzunehmen?

Die siebenfache Bedeutung des Abendmahls

Das Mahl des Herrn verkündigt Jesus Christus als ...

1. Erlöser und Retter der Welt: Wir feiern ein Gedächtnismahl. „Das ist mein Leib, der für euch geopfert wird. Tut das immer wieder, damit unter euch gegenwärtig ist, was ich für euch getan habe! ... Jedes Mal also, wenn ihr dieses Brot esst und von diesem Becher trinkt, verkündet ihr damit die Rettung, die durch den Tod des Herrn geschehen ist, bis er wiederkommt." (1 Kor 11,24.26 GNB) „Gedächtnis" im biblischen Sinn bedeutet nicht Erinnerung an ein vergangenes Ereignis (das wir selbst ja nicht miterlebt haben). Wir sollen nicht bloß an etwas Vergangenes denken, sondern die rettende Wirkung des damals Geschehenen jetzt erfahren.

2. Herrn seiner Gemeinde: Wir feiern ein Bundesmahl. „Ebenso nahm er nach dem Essen den Becher und sagte: Dieser Becher ist Gottes neuer Bund, der durch mein Blut in Kraft gesetzt wird. Tut das, sooft ihr von ihm trinkt, damit unter euch gegenwärtig ist, was ich für euch getan habe!" (1 Kor 11,25 GNB) Wie schon der Alte Bund (2 Mo 24,1-11) wurde auch der Neue Bund mit einem Opfer und einem Festmahl bei Gott besiegelt. Im Abendmahl feiern wir den Neuen Bund, den Jesus am Kreuz mit uns Menschen aufgerichtet hat. Gleichzeitig erneuern wir unseren eigenen Lebensbund mit Christus, den wir bei der Taufe geschlossen haben.

3. Gast an unserem Tisch: Wir feiern ein Gemeinschaftsmahl. „Siehe, ich stehe vor der Tür und klopfe an. Wenn jemand meine Stimme hören wird und die Tür auftun, zu dem werde ich hineingehen und das Abendmahl mit ihm halten und er mit mir." (Offb 3,20) Die Emmausjünger erkannten Jesus, als er das Brot nahm, segnete, brach und es ihnen gab (Lk 24,28-31) - so wie drei Tage zuvor beim Passamahl (22,19). Beim Abendmahl beschenkt der Auferstandene uns mit seiner unsichtbaren Gegenwart.

4. Haupt des Leibes, der Gemeinde: Wir feiern ein Liebesmahl. „Denkt an das Brot, das wir austeilen: Gibt es uns nicht Teil an seinem Leib? Es ist nur ein einziges Brot. Darum bilden wir alle, auch wenn wir viele sind, einen einzigen Leib; denn wir essen alle von dem einen Brot." (1 Kor 10,16.17 GNB) Beim Abendmahl essen wir alle von einem Brot und trinken von dem selben Wein. Das zeigt: Wir sind durch Jesu Opfer als eine Gemeinschaft in Liebe miteinander verbunden. Wenn die geschwisterliche Liebe fehlt, wird das Abendmahl unwürdig gefeiert (1 Kor 11,17-34).

5. Freudig erwarteten Bräutigam: Wir feiern ein Hoffnungsmahl. „Freuen dürfen sich alle, die zum Hochzeitsmahl des Lammes eingeladen sind." (Offb 19,9 GNB) Die urchristliche Gemeinde antwortete auf diese Verheißung beim Abendmahl mit dem Gebetsruf: „Maranata - unser Herr, komm!" (1 Kor 16,22; 11,26) „Die Feier des Abendmahls soll keine Zeit der Trauer sein. ... [Es] weist auf Christi Wiederkunft hin und wurde eingesetzt, um diese Hoffnung in den Herzen der Jünger lebendig zu erhalten." (Ellen G. White, „Das Leben Jesu", S. 657) Das Mahl lenkt den Blick auf sein Kommen und gibt uns einen Vorgeschmack der Gemeinschaft mit Christus im Reich Gottes.

6. Die größte Gabe Gottes: Wir feiern ein Danksagungsmahl. „Haben wir durch den Abendmahlskelch, über dem wir das Dankgebet sprechen, nicht Anteil an dem, was uns Christus durch sein Blut erworben hat?" (1 Kor 10,16 Hfa) In Anlehnung an die Passafeier spricht Paulus vom „Kelch der Danksagung" (gr. „Eulogie" oder „Eucharistie"); darum wird das Abendmahl seit dem 2. Jh. auch „Eucharistie" genannt. Jesus sprach ein Dankgebet - den Tischsegen -, bevor er Brot und Wein an die Jünger weiterreichte (Mk 14,22f.).

7. Quelle unserer Freude: Wir feiern ein fröhliches Festmahl. „Tag für Tag versammelten sie sich einmütig im Tempel, und in ihren Häusern hielten sie das Mahl des Herrn und aßen gemeinsam, mit jubelnder Freude und reinem Herzen." (Apg 2,46 GNB) Das Passa war ein Freuden- und Dankfest. Die ersten Christen feierten das Abendmahl ebenfalls als fröhliches Festmahl. Nicht der Gedanke an Jesu grausamen Tod, sondern der Dank für seine Erlösungstat und die Vorfreude auf sein Kommen kennzeichneten das Mahl. „Gott gebe allen frommen Christen ein solch Herz, dass, wenn sie das Wort Abendmahl nur nennen, sie vor Freude springen." (Martin Luther)

„Reich beschenkt bin ich in dir"

Gott gibt Gaben – reichlich und gern

Im Jahr 70 n. Chr. hatte Titus, der Sohn Kaiser Vespasians, nach jahrelangen erbitterten Kämpfen mit aufständischen Zeloten Jerusalem erobert, den Tempel zerstört und die Stadt geplündert. Bei seiner Rückkehr wurde dem siegreichen Feldherrn vom römischen Senat ein sog. „Triumph" gewährt, bei dem der Heerführer und seine Armee gefeiert und Kriegsgefangene vorgeführt wurden. Auch die Kriegsbeute wurde zur Schau gestellt, darunter die kostbare Menora (der siebenarmige Leuchter) und der goldene Schaubrottisch. Das römische Volk bejubelte am Straßenrand und auf extra errichteten Tribünen den Einzug der siegreichen Legionen in die „ewige" Stadt.

Üblicherweise trug der „Triumphator" einen goldenen Lorbeerkranz und ein Sklave hielt eine goldene Krone über sein Haupt. Der Heerführer fuhr auf einer Quadriga, gefolgt von den festlich gekleideten Soldaten sowie den Kriegsgefangenen. Den Schluss bildeten mit Kriegsbeute beladene Wagen; der größte Teil davon war für die Stadt und ihre Götter bestimmt. Ein Teil wurde jedoch unter den siegreichen Soldaten verteilt, von denen manche zu großem Reichtum gelangten.

Der Triumphzug, der nach römischem Brauch nur bei einem „gerechten" Krieg gefeiert wurde, führte über das Forum Romanum zum Kapitol. Dort brachte Titus am Tempel des Jupiter ein feierliches Opfer dar. Der mit zwei eindrucksvollen Reliefs geschmückte Titusbogen erinnert noch heute an dieses Ereignis.

Der Triumphzug von Jesus Christus

Als römischer Staatsbürger wusste auch Paulus um die Bedeutung und Faszination des Triumphzuges. Mehrmals in seinen Briefen verwandte er dieses Bild, um den glorreichen Sieg zu veranschaulichen, den Gott durch seinen Sohn am Kreuz für uns errungen hat. „Die Mächte und Gewalten ... hat er entwaffnet und vor aller Welt zur Schau gestellt, er hat sie in seinem Triumphzug mitgeführt – und das alles in und durch Christus." (Kol 2,15 GNB) Auch Petrus verglich die Rückkehr von Jesus zum Vater mit einem Triumphzug. Nach seiner Auferstehung verkündete er dem ganzen Universum das Evangelium – das Wort *euangelion* bezeichnete ursprünglich die gute Nachricht von einem militärischen Sieg –, als er in den

Himmel auffuhr. „Dort hat er den Ehrenplatz an Gottes rechter Seite eingenommen, und die Engel und alle überirdischen Mächte und Gewalten sind ihm unterworfen." (1 Ptr 3,22 GNB)

Während die gottfeindlichen Mächte wie die Kriegsgefangenen auf der Via Sacra in Rom ihrer unwiderruflichen Niederlage ins Auge sehen müssen, dürfen sich die Gläubigen ähnlich den Soldaten des Titus über die Kriegsbeute freuen, die ihr siegreicher (Feld-)Herr unter seinen Getreuen verteilt. Unter Berufung auf Psalm 68,19 schreibt Paulus an die Christen in Ephesus: „Er ist in den Himmel hinaufgestiegen und hat gefangen genommen, was uns gefangen hielt. Er hat den Menschen Gaben ausgeteilt." (Eph 4,8 GNB) Was Jesus seiner Gemeinde gibt, sind quasi die großherzigen Geschenke des in die himmlische Herrlichkeit erhöhten Triumphators. Christen wissen sich von ihrem Erlöser und Herrn reich beschenkt!

Dass der Glaube an Jesus Christus uns nicht zu armen, bedauernswerten Geschöpfen macht, sondern zu reich gesegneten Kindern Gottes, ist biblische Botschaft und erfahrbare Wirklichkeit zugleich. „Wenn Gott uns Christus gab, wird er uns mit ihm dann nicht auch alles andere schenken?", fragte Paulus voller Zuversicht (Röm 8,32 NL). Die Antwort darauf hatte er selbst bereits gegeben. „Der Lohn, den die Sünde zahlt, ist der Tod. Gott aber schenkt uns unverdient, aus reiner Gnade, ewiges Leben durch Jesus Christus, unseren Herrn." (Röm 6,23 GNB) Das Wort, das Paulus hier verwandte, ist *charisma*, Gnadengabe. Es steht in der Einzahl und zeigt, dass alles, was uns Gott anlässlich seines Sieges auf Golgatha schenkt, in einem einzigen, umfassenden Geschenk enthalten ist: in Christus selbst (vgl. Röm 5,15-17).

Paulus dachte an die Triumphzüge der römischen Feldherren, als er vom Triumphzug Christi bei seiner Himmelfahrt schrieb. (Relief am Titusbogen in Rom)

Die eine Gabe und die vielen Gaben

Von dieser einzigartigen Gnadengabe Jesus Christus (*charisma*) lassen sich alle andern Gaben Gottes (*charismata*) ableiten. Sie sind konkrete Ausformungen der göttlichen Gnade (*charis*) und zeigen sich auf vielfältige Weise im Leben der Gläubigen und der Gemeinde (1 Ptr 4,10). Während die Nachfolger Jesu alle an dem Charisma des neuen Lebens in Christus Anteil haben, nehmen die Wirkungen dieses göttlichen Geschenks bei einzelnen Menschen ganz unterschiedliche Gestalt an. Sie zeigen sich in großer Vielfalt, die aber ihrerseits stets Ausdruck des einen Gebers und der einen Gabe ist. „Es gibt verschiedene Gnadengaben, aber nur den einen Geist. Es gibt verschiedene Dienste, aber nur den einen Herrn. Es gibt verschiedene Kräfte, die wirken, aber nur den einen Gott: Er bewirkt alles in allen." (1 Kor 12,4-6 EÜ)

Die Entscheidung liegt in der Hand des Heiligen Geistes. „So wie er es will, teilt er jedem und jeder in der Gemeinde die eigene Fähigkeit zu." (1 Kor 12,11 GNB) Zwar sollen die Gläubigen nach bestimmten Gaben streben (1 Kor 12,31; 14,1), dennoch bleiben die Gnadengaben (*charismata*) menschlicher Verfügungsgewalt ebenso entzogen wie die göttliche Gnade (*charis*) überhaupt. Gott ist und bleibt der souveräne Herr; er lässt sich nicht manipulieren – auch nicht von seinen Kindern. Doch eines ist sicher: Gott gibt seine Gaben reichlich und gern. Niemand geht bei ihm leer aus. Allen wird eine Geistesgabe gegeben (1 Kor 12,7; Eph 4,7) – manchen auch ein ganzes Paket. Gott teilt sein „Vermögen" nach eigenem Ermessen aus; dem einen gibt er das Doppelte oder gar Fünffache wie einem anderen. Dabei erwartet er von allen dasselbe: dass sie das anvertraute Gut einsetzen und vermehren (Mt 25,14-30).

Wer das tut, wird dabei selbst reich, wer sein „Talent" (so der griech. Ausdruck für „Zentner") dagegen vergräbt, geht leer aus, wie das Gleichnis von den anvertrauten Zentnern ebenfalls zeigt. Es ist also nichts Falsches daran, wenn jemand durch eine Geistesgabe selbst erbaut und im Glauben gestärkt wird (1 Kor 14,4). Charismen sollen ja „zum Nutzen" dienen (1 Kor 12,7 EB) – das Wort „aller" hat Luther hinzugefügt – und das schließt auch den Empfänger einer Gabe ein. Doch ihre höchste Bestimmung erfüllen Gnadengaben, wenn sie anderen zum Segen werden (1 Kor 14,4; 1 Ptr 4,10). Die nach Christi „Triumphzug" verteilte „Siegesbeute" soll möglichst vielen Menschen zugute kommen. So hatte es auch Petrus verstanden, als er in seiner Pfingstpredigt „die Gabe des Heiligen Geistes" ankündigte: „Diese Zusage Gottes gilt euch und euren Kindern und auch denen, die fern von Gott sind – allen, die vom Herrn, unserem Gott, berufen werden." (Apg 2,39 NL)

Die Gabe des Heiligen Geistes

Wer den Ruf in die Nachfolge Jesu hört und befolgt, wird von Gott zum Dienst befähigt und erhält die Gabe(n), die er oder sie dazu benötigt. Das zeigte sich auch bei der Taufe von Jesus, die sowohl Bestätigung als auch Beauftragung durch seinen Vater war. Als Jesus aus dem Wasser stieg, kam der Heilige Geist sichtbar auf ihn herab (Mt 3,13-17; Joh 1,32f.). So werden alle, die sich in der Taufe zu ihm bekennen, mit „Kraft aus der Höhe" ausgerüstet (Lk 24,49) und dazu befähigt, vollmächtige und mutige Zeugen für Jesus zu sein (Apg 1,4-8).

Der Empfang der „Gabe des Heiligen Geistes" bleibt also nicht unerkannt. An Pfingsten äußerte er sich in geradezu dramatischer Weise darin, dass in einer Versammlung von 120 Gläubigen plötzlich alle anfingen, von den „großen (Heils-) Taten Gottes" zu reden (Apg 1,15; 2,4.11). Es waren keine üblichen Predigten (noch waren ja keine „Gäste" zugegen), sondern dankerfüllte Zeugnisse ihres Glaubens an Christus, geisterfüllte Anbetung und gemeinsamer Lobpreis. Das gleiche geschah einige Zeit später, als der römische Hauptmann Kornelius mitten in einer Predigt plötzlich begann, Gott laut zu loben und zu preisen (Apg 10,44-47). Als man den begeisterten Zeugen Jesu den Mund verbieten wollte und sie sogar mit Gefängnisstrafen bedrohte, entgegneten sie: „Wir können's ja nicht lassen, von dem zu reden, was wir gesehen und gehört haben." (Apg 4,20)

Der Freimut, mit dem diese Männer und Frauen als Zeugen für Jesus auftraten, ist – folgt man der Apostelgeschichte – geradezu das Erkennungszeichen der Erfüllung bzw. der Taufe mit dem Heiligen Geist. Die freimütige Pfingstpredigt des Petrus (Apg 2,29), das freudige Gotteslob der Jerusalemer Gemeinde (2,46f.), das klare Christusbekenntnis der Apostel (4,12f.), die Bitte um furchtlosen Bekennermut (4,29-31) – immer wieder war es das freie und mutige Auftreten der Christen, das zum Wachstum der Gemeinde und zur raschen Ausbreitung des Wortes Gottes führte (6,7). Dasselbe setzte sich fort in den Missionsreisen des Paulus und in seiner letzten Reise nach Rom, wo er zwei Jahre lang „predigte das Reich Gottes und lehrte von dem Herrn Jesus Christus mit allem Freimut ungehindert" (28,31).

Gaben – Aufgaben – Zugaben

Wer die größte aller Gaben Gottes – Jesus Christus und das wahre, ewige Leben – angenommen und die verheißene Gabe des Heiligen Geistes – die zum Gotteslob und

Christuszeugnis befreiende Geistestaufe – empfangen hat, weiß sich von Gott überreich beschenkt. Solche Menschen werden ihre persönlichen Gaben, Fähigkeiten, Talente und Mittel gern in den Dienst der Liebe für Gott, seine Gemeinde und andere Menschen stellen. „Dient einander mit den Fähigkeiten, die Gott euch geschenkt hat – jeder und jede mit der eigenen, besonderen Gabe! Dann seid ihr gute Verwalter der vielfältigen Gnade Gottes." (1 Ptr 4,10 GNB)

In jeder Gabe steckt also eine Aufgabe, wie umgekehrt zu jedem Dienst entsprechende Gaben nötig sind. Dabei spielt es keine Rolle, was zuerst da ist. Wer eine Gabe besitzt, soll sie zur Ehre Gottes und zum Wohl anderer einsetzen; wem Gott eine Aufgabe überträgt, der wird auch von ihm die dazu erforderliche Gabe erhalten. Wer dagegen seine Gaben ungenutzt verkümmern lässt oder sie in eigensüchtiger Weise missbraucht, geht am Ende leer aus. „Denn wer hat, dem wird gegeben, und er wird im Überfluss haben; wer aber nicht hat, dem wird auch noch weggenommen, was er hat", erklärte Jesus (Mt 25,29 EÜ).

Jesu Jünger werden ihre Gaben also nicht verstecken oder vergraben, sondern vielmehr entdecken und ausgraben. Alle Gläubigen sollten ihre geistlichen Gaben kennen und benennen können! Ebenso werden sich verantwortungsvolle Gemeinden darüber Gedanken machen, welche Gaben in ihrer Mitte vorhanden sind und welche Aufgaben ihnen damit von Gott übertragen wurden. Wenn sich dabei herausstellt, dass bestimmte Geistesgaben fehlen, die die Gemeinde dringend benötigt, darf sie vertrauensvoll darum bitten. Denn Christus will nicht, dass seine Gemeinde Mangel leidet, sondern dass sie aus der himmlischen Fülle, aus dem Überfluss lebt (1 Kor 14,12; Jak 1,5). Gott, dem Himmel und Erde gehören, will seine Kinder nicht darben lassen, sondern aus seinem göttlichen Reichtum beschenken (Mt 6,8; 7,7-11). Deshalb glauben Siebenten-Tags-Adventisten:

Wie im menschlichen Organismus jedes Organ seine unverwechselbare Funktion besitzt, so hat auch in der Gemeinde jeder seine Aufgabe.

Geistliche Gaben und Dienste | 17

Gott rüstet die Glieder seiner Gemeinde zu allen Zeiten mit geistlichen Gaben aus. Jedes Glied soll die ihm verliehenen Gaben in liebevollem Dienst zum Nutzen der Gemeinde und der Mitmenschen einsetzen. Diese Gaben, die der Geist nach seinem Ermessen zuteilt, befähigen die Gläubigen zu allen Diensten, die die Gemeinde zur Erfüllung der ihr von Gott gestellten Aufgaben braucht. Gemäß der Schrift gehören dazu: Glaube, Heilung, Weissagung, Verkündigung, Lehre, Verwaltung, Versöhnung, Barmherzigkeit, selbstloser Dienst und Nächstenliebe, damit anderen geholfen wird und sie ermutigt werden. Einige Glieder werden von Gott berufen, vom Heiligen Geist ausgerüstet und von der Gemeinde anerkannt für den Dienst als Seelsorger, Evangelisten, Leiter oder Lehrer. Sie werden besonders gebraucht, die Glieder der Gemeinde für den Dienst auszubilden, die Gemeinde zur geistlichen Reife zu führen sowie die Einheit im Glauben und in der Erkenntnis Gottes zu fördern. Wenn die Gemeindeglieder diese geistlichen Gaben als treue Haushalter der vielfältigen Gnade Gottes einsetzen, bleibt die Gemeinde vor dem zerstörenden Einfluss falscher Lehre bewahrt, wird in der von Gott vorgesehenen Weise wachsen und in Glaube und Liebe gefestigt.

(Glaubensüberzeugungen der Siebenten-Tags-Adventisten, Nr. 17)

Einheit in Vielfalt

So vielfältig die geistlichen Gaben auch sind – sie dienen jeweils auf ihre Weise der Einheit der Gemeinde. Gerade die Unterschiedlichkeit der Glieder trägt dazu bei, dass der ganze Leib Christi versorgt und aufgebaut wird. Wie im menschlichen Organismus jedes Organ seine unverwechselbare Funktion besitzt, so hat auch in der Gemeinde jeder seine Aufgabe. Wenn alle ihre Rolle ausfüllen und sich gegenseitig ergänzen und unterstützen, kann die Gemeinde in gesunder, ausgewogener Weise wachsen und ganzheitlich reifen. Dann bleibt sie auch vor den zerstörenden Einflüssen falscher Apostel, selbsternannter Propheten und Irrlehrer bewahrt, die die Gemeinde bedrohen. Dabei obliegt dem Haupt – Jesus Christus – die entscheidende Schutz- und Führungsfunktion. Es ist der Herr selbst, der seinen Körper in der Liebe zusammenhält und in der Einheit des Glaubens festigt (Eph 4,12-16). Auch für die Gemeinde gilt, was wir als Einzelne erleben dürfen: Reich beschenkt sind wir in dir, o Gott!

Gott spricht zu uns – auch heute noch

Wie die prophetische Gabe wirkt

Die Nachricht war schockierend. Drei benachbarte Völker rückten mit einem gewaltigen Heer gegen das kleine Königreich Juda vor, um es zu vernichten. König Joschafat erkannte schnell die Aussichtslosigkeit der Lage: Gegen diese Übermacht hatte er keine Chance. In seiner Ratlosigkeit und Verzweiflung wandte er sich an Gott. Als er im Vorhof des Tempels vor dem versammelten Volk Jahwe um Hilfe anflehte, rief ein Mann in der Menge: „Hört her, Leute von Juda, ihr Einwohner von Jerusalem und vor allem du, König Joschafat! So spricht der Herr zu euch: Habt keine Angst! Erschreckt nicht vor der Übermacht! Dieser Kampf ist nicht eure, sondern meine Sache! Zieht morgen ins Tal hinunter, ihnen entgegen! Ihr selbst braucht nicht zu kämpfen; bleibt ruhig stehen und schaut zu, wie ich, der Herr, für euch den Sieg erringe." (2 Chr 20,15-17 GNB)

Hatte Gott selbst gesprochen, seine Hilfe zugesagt? Im Vertrauen auf das Wort Jahasiels – er war ein Levit aus der Sippe Asaf – zog man am nächsten Morgen dem Feind entgegen. Joschafat ermutigte das Volk: „Vertraut dem Herrn, eurem Gott, dann werdet ihr stark sein! Glaubt seinen Propheten und ihr werdet siegen!" (V. 20 GNB) Im Verlauf des Tages gerieten die Feinde in einen Hinterhalt, später rieben sie sich gegenseitig völlig auf. Juda war befreit – ohne eigene Verluste! Das Schwerste an diesem „Kampf" war die Beute, die sie machten, das Schönste jedoch die Erfahrung, dass Gott sie aus aussichtsloser Lage befreit hatte.

Kapitel 18

Reden ist Silber – Schweigen ist Gift
   Was hatte zu diesem überraschend glücklichen Ausgang geführt? Es war das ebenso mutige wie ermutigende Wort eines einfachen Tempeldieners, der König und Volk zum unbedingten Vertrauen auf Gott aufrief. Joschafat erkannte: Jahasiel hatte „prophetisch" – also im Auftrag Jahwes – gesprochen! Hätte Gott in dieser äußerst prekären Situation geschwiegen, wäre Juda vermutlich untergegangen. Weil er aber dem von Feinden umzingelten und von Furcht erfüllten Volk eine hoffnungsvolle Botschaft ausrichten ließ, nahm die existenzbedrohende Krise einen völlig unerwarteten Verlauf und führte schließlich zu einem guten Ende. Gott hatte zu ihnen geredet, das Volk hatte ihm vertraut – das brachte die entscheidende Wende!
   Es gibt Situationen, in denen Schweigen „Gold" ist – weit besser als alles Reden. Worte können entmutigen, verletzen, zerstören; manchmal wirken sie wie tödliches Gift. Doch auch die umgekehrte Aussage ist wahr: Schweigen kann zuweilen tödlich sein! Um die angebliche Ursprache des Menschen herauszufinden, ließ der Staufferkaiser Friedrich II. Neugeborene von Ammen versorgen, untersagte diesen aber streng, mit den Säuglingen zu sprechen. Das Ergebnis war schockierend: Alle Kinder starben! Über zwei Jahrhunderte später wiederholte Jakob IV. von Schottland das Experiment – mit demselben fatalen Ergebnis. Auch in vielen zwischenmenschlichen Beziehungen gilt der Satz: „Reden ist Silber – Schweigen ist Gift."
   Was auf der menschlichen Ebene zutrifft, lässt sich auch über das Verhältnis zwischen Gott und uns Menschen sagen. Wo wären wir, wenn Gott nicht mehr mit uns reden würde? Noch im Paradies bricht Gott das schuldbewusst-ausweichende Schweigen Adams mit der Frage: „Wo bist du?" (1 Mo 3,9) Seitdem redete er immer wieder zu Menschen: mit Kain, Noah, Abraham, Jakob, Mose, Samuel, David, Salomo, Elia, Daniel, Paulus, Johannes u. a.
   Frauen zählten ebenso selbstverständlich dazu: Mirjam, Debora, Hulda, Noadja, Hanna u. a. Manchmal handelt es sich um persönliche Botschaften, die nur für den Empfänger gedacht sind. In bestimmten Situationen jedoch beauftragt Gott einzelne Menschen damit, anderen eine Botschaft zu überbringen. Wir nennen sie Propheten, auf Deutsch: Sprecher für Gott. Ihre Prophezeiungen oder Weissagungen beinhalten Gottes Wort für ihre Zeit.

Prophetie – Eine Gabe des Geistes
   Was Propheten im Namen Gottes verkündeten, war in erster Linie für ihre Zeitgenossen bestimmt. Deshalb haben auch längst nicht alle ihre Botschaften den

Ellen G. White (hier im Jahr 1864) schrieb 26 Bücher und über 5000 Zeitschriftenbeiträge.

Weg in den Kanon der Heiligen Schriften gefunden. In biblischen Zeiten gab es Männer und Frauen, die prophetisch redeten, deren Worte und Schriften uns aber nicht erhalten geblieben sind, darunter Nathan und Gad (1 Chr 29,29), Ahija und Jedo (2 Chr 9,29), Schemaja und Iddo (2 Chr 12,15) sowie die vier Töchter des Philippus in neutestamentlicher Zeit (Apg 21,9). Andererseits finden sich allein im Alten Testament vier große und zwölf kleine Prophetenschriften (von Jesaja bis Maleachi). Im Neuen Testament ragt ein prophetisches Buch – die Offenbarung – heraus.

In den frühchristlichen Gemeinden waren Propheten – wahre ebenso wie falsche – keine Seltenheit, sondern etwas Alltägliches (Mt 7,15; Apg 11,27.28; 13,1.6; 1 Kor 11,4.5; 1 Joh 4,1; Offb 22,6.9). Sie spielten eine wichtige Rolle (Lk 11,49; Apg 15,32; 1 Kor 14) und werden in den paulinischen Gabenlisten gleich nach den Aposteln – einmal sogar als Erste – genannt (Röm 12,6; 1 Kor 12,28; Eph 4,11). Nach Paulus ist die Gemeinde „erbaut auf den Grund der Apostel und Propheten" – gemeint sind hier offenbar damals lebende Propheten (Eph 2,20; 3,5). Mit ihrem Auftreten kann die Gemeinde Jesu bis ans Ende der Zeit – ja, besonders am Ende der Zeit rechnen (Joel 3,1-4; Mt 23,34; 24,11.24; 1 Kor 13,8-10; 2 Ptr 2,1-3). Ausdrücklich werden die Gläubigen deshalb ermahnt, prophetisches Reden nicht zu verachten (1 Ths 5,20).

Keine Frage – die neutestamentliche *ekklesia* war eine geistgeleitete, „charismatische" Gemeinde. Im Laufe der Jahrhunderte änderte sich jedoch die Einstellung gegenüber den Geistesgaben im Allgemeinen und der Gabe der Prophetie im Besonderen grundlegend. An die Stelle der Gaben traten die Ämter. Bischöfe und Priester übernahmen die Rolle der Apostel, Propheten und Lehrer. Die prophetische Gabe verschwand weitgehend aus dem Leben der Kirche. In der Reformationszeit tauchte sie wieder auf – in Form der Schwärmer, aber auch in der Gestalt eines Martin Luther, der sich als „Prophet Deutschlands" verstand.

Im 19. Jahrhundert entstanden in zeitlicher und geographischer Nähe zwei neue Kirchen, deren Mitbegründer als Propheten galten (Mormonen: Joseph Smith; Siebenten-Tags-Adventisten: Ellen White). Im 20. Jahrhundert erlebten die spektakulären Charismen (Zungenrede, Prophetie, Heilungen usw.) eine Renaissance, die bis heute unvermindert anhält und weite Teile der Christenheit erfasst hat. Um solche religiösen Bewegungen und Phänomene zu beurteilen, gibt Paulus den wichtigen

Rat: „Den Geist dämpft [unterdrückt] nicht. Prophetische Rede verachtet nicht. Prüft aber alles und das Gute behaltet. Meidet das Böse in jeder Gestalt." (1 Ths 5,19-22)

Ellen G. White – eine neuzeitliche Prophetin

Im Herbst des Jahres 1844 erlebten die Adventisten, die mit William Miller fest an Jesu Wiederkunft geglaubt hatten, eine bittere Enttäuschung. Die Adventbewegung zerbrach. An ihrer Stelle entstanden mehrere kleinere und kleinste Gruppierungen; eine extreme Richtung vertrat unbiblische Anschauungen und Praktiken. In diesen Kreisen verkehrten anfangs auch die späteren Gründer der Siebenten-Tags-Adventisten. Innerhalb kurzer Zeit jedoch wandten sie sich von solchen extremen Auffassungen ab, erklärten die Bibel zur alleinigen Grundlage ihres Glaubens und Lebens und gründeten eine missionarische Bewegung, die inzwischen zu einer weltweit verbreiteten und geachteten christlichen Freikirche geworden ist. Wie kam es zu dieser nachhaltigen Wende und dem entscheidenden Neuanfang?

Die Antwort ist einfach und verblüffend. Bei einem morgendlichen Frauengebetskreis im Dezember 1844 erlebte die 17-jährige Ellen Harmon, Tochter eines Hutmachers in Portland (Maine, USA), die erste von vielen Visionen, in denen sie Botschaften für ihre Mitgläubigen erhielt. In prophetischer Trance sah sie den Weg der Adventgläubigen zum Neuen Jerusalem, die Gefahren, die ihnen dabei drohten, sowie die schützende Hand, die Jesus über sie hielt. Ihr Zeugnis stärkte und ermutigte die anderen. Spätere Visionen zeigten einen Ausweg aus der Sackgasse, in die die enttäuschten Anhänger Millers geraten waren, warnten vor Irrwegen und riefen zur konsequenten Nachfolge Jesu auf. 70 Jahre lang währte ihr prophetischer Dienst.

Adventisten verdanken dem Wirken Ellen Whites außerordentlich viel – nicht zuletzt ihre eigene Existenz. Die Betonung des persönlichen Glaubens an Christus, das Bekenntnis zur Bibel als dem verbindlichen Maßstab christlichen Glaubens und Lebens, das Festhalten an der Hoffnung auf die baldige Wiederkunft Jesu, das daraus resultierende missionarische und sozial-karitative Engagement mit Tausenden von Bildungs-, Sozial- und Gesundheitseinrichtungen – das alles hätte es ohne ihr unermüdliches Wirken so nicht (oder überhaupt nicht) gegeben. Kein Wunder, dass Siebenten-Tags-Adventisten glauben, dass sich die Gabe der Prophetie im Leben von Ellen White eindrucksvoll und nachhaltig gezeigt hat. Schließlich hält die positive Wirkung ihres prophetischen Dienstes bis heute an. Deshalb bekennen sie:

Ellen Whites Bücher sind in mehr als 150 Sprachen erschienen, allen voran „Der bessere Weg" (Orig.: „Steps to Christ").

Die Gabe der Weissagung | 18

Eine der Gaben des Heiligen Geistes ist die Weissagung. Diese Gabe ist ein Kennzeichen der Gemeinde der Übrigen und hat sich im Dienst von Ellen G. White erwiesen. Die Schriften dieser Botin des Herrn sind eine fortwirkende, bevollmächtigte Stimme der Wahrheit und geben der Gemeinde Trost, Führung, Unterweisung und Zurechtweisung. Sie heben auch deutlich hervor, dass die Bibel der Maßstab ist, an dem alle Lehre und Erfahrung geprüft werden muss.

(Glaubensüberzeugungen der Siebenten-Tags-Adventisten, Nr. 18)

Das größere und das kleinere Licht

Doch wie verträgt sich die Aussage, Ellen Whites Schriften seien „eine fortwirkende, bevollmächtigte Stimme der Wahrheit" mit dem protestantischen Grundsatz, dass allein die Bibel der Maßstab für Glauben und Leben eines Christen ist? Können sich Adventisten auf das „sola scriptura"-Prinzip berufen, wenn sie zugleich Ellen White als prophetische Autorität anerkennen? Anders gefragt, vertreten sie wirklich eine evangelische und freikirchliche Position – oder besitzt das adventistische Bekenntnis „sektenhafte" Züge?

Adventisten geben darauf eine klare Antwort – ganz im Sinne von Ellen White selbst. Sie „anerkennen allein die Bibel als Richtschnur ihres Glaubens". Die Bibel ist „der Maßstab für den Charakter und der Prüfstein aller Erfahrungen. Sie ist die maßgebende Offenbarungsquelle aller Lehre" (Präambel und Art. 1 der Glaubensüberzeugungen). Doch Theorie und Praxis klaffen zuweilen auseinander. Manche Adventisten halten „ihre" Prophetin für unfehlbar bzw. irrtumslos und zitieren sie als letzte Autorität in allen Fragen, zu denen sie sich äußerte. Damit haben sie ihr allerdings mehr geschadet als geholfen.

Der Kern des Problems liegt in dem Verhältnis zwischen prophetischer Vollmacht und biblischer Autorität. Wenn außerbiblische Propheten vom selben Geist inspiriert sind wie die Schreiber der Bibel, wie kann man ihnen dann die Autorität verwehren, die der Heiligen Schrift zusteht? Manche stellen Ellen White deshalb auf eine Stufe mit der Bibel, andere dagegen sehen in ihr nur ein „kleines Licht" ohne echte Verbindlichkeit. Während die einen die „bevollmächtigte Stimme der Wahrheit" zur Geltung bringen wollen, sehen die anderen darin eine unrechtmäßige Überhöhung ihres prophetischen Auftrags.

Wie aber sah Ellen White selbst ihre Aufgabe und Rolle gegenüber der Heiligen Schrift? Unter Hinweis auf die Schöpfungsgeschichte verglich sie die Bibel mit der Sonne, dem „größeren Licht", sich selbst dagegen mit dem Mond, dem „kleineren Licht" (1 Mo 1,16). Wie der Mond kein eigenes Licht ausstrahlt, sondern nur das Sonnenlicht widerspiegelt, so verkündet auch sie keine neuen Lehren und bringt keine zusätzlichen Wahrheiten hervor. Vielmehr weist sie die Menschen auf das verbindliche Wort Gottes hin, dem alle echte prophetische Rede dient.

Als Ellen White im hohen Alter von 81 Jahren auf der Generalkonferenz-Vollversammlung 1909 die letzte von elf Predigten und Ansprachen beendet hatte und das Podium verließ, drehte sie sich noch einmal um, kehrte zum Sprechpult zurück und rief – die geöffnete Bibel in den zittrigen Händen – der Versammlung zu: „Brüder und Schwestern, ich empfehle euch dieses Buch!" Das waren ihre letzten öffentlichen Worte an die aus aller Welt versammelte Kirchenleitung – quasi das Vermächtnis ihres Lebens. Adventistische Christen halten dieses Vermächtnis in Ehren, indem sie ihre Worte beherzigen.

➥ *Siehe auch „Was Ellen G. White über sich selbst sagt" und „Was andere über Ellen G. White sagen" auf Seite 214 im Anhang.*

Fakten und Zahlen zu Ellen White

Ellen Gould Harmon wurde am 26. November 1827 in Gorham (Maine, USA), als achtes Kind eines Hutmachers geboren. Mit 18 Jahren heiratete sie den Laienprediger James S. White, dem sie vier Kinder schenkte. Nach dessen Tod 1881 setzte sie ihr Wirken in den USA, in Europa (1885-1887) und in Australien (1891-1900) fort. Sie starb am 16. Juli 1915 an ihrem Altersruhesitz in Elmshaven, Kalifornien, und wurde in Battle Creek, Michigan – dem langjährigen Wirkungsort der Familie White (1855-1885) – begraben. Zwischen 1844 und 1878 hatte Ellen White ca. 200 öffentliche Visionen.

Außerdem hatte sie annähernd 2000 prophetische Träume. Bis zu ihrem Tod erschienen aus ihrer Feder 26 Bücher und über 5000 Beiträge in Zeitschriften. Ellen Whites Bücher sind in über 150 Sprachen erschienen, allen voran der Klassiker „Der bessere Weg". Ihr literarisches Schaffen umfasst ein weites Spektrum an Themen: Glaube und Religion, Bibel und Prophetie, Ehe und Familie, Erziehung und Bildung, Gesundheit und Ernährung, Mission und Evangelisation usw. Daneben schrieb sie zahlreiche Briefe mit persönlichen Ermahnungen.

Buchempfehlungen:

George R. Knight, „Ellen White lesen und verstehen", Advent-Verlag, Lüneburg, 368 Seiten, 12,50 €, Best.-Nr. 1285

George R. Knight, „Ellen Whites Leben und Welt", zzt. vergriffen, auf der CD-ROM des Advent-Verlags enthalten.

„Deinen Willen, mein Gott, tue ich gern"

Gottes (An-)Gebote schützen unsere Freiheit

Vor einigen Jahren unternahm ein Meeresbiologe ein Experiment mit Meereskrabben. Diese Tiere platzieren alle paar Monate bei der Häutung ein Sandkorn an eine bestimmte Stelle des Kopfes. Auf diese Weise können sie sich in der Brandung orientieren, da sie die Gravitation der Erde spüren, die auf das Sandkorn einwirkt. Der Forscher setzte mehrere Krebse in ein Aquarium, dessen Boden er mit kleinen Metallkügelchen gefüllt hatte. Anstelle der üblichen Sandkörner verwendeten die Tiere bei ihrer nächsten Häutung diese Teilchen. Der Wissenschaftler schaltete den Elektromagneten ein, der über dem Aquarium angebracht war. Daraufhin drehten sich die Krebse alle um und schwammen – durch die Anziehung der Metallteilchen von oben getäuscht – auf dem Rücken.

Nun setzte der Wissenschaftler eine weitere Krabbe in das Becken, die er direkt aus dem Meer geholt hatte. Sie schwamm als einzige ganz normal herum, wie es sich für diese Tiere eigentlich gehört. Man kann sich vorstellen, was die anderen darüber dachten: „Was ist das für eine eingebildete Flunder? Die meint wohl, dass sie alles besser weiß! Kann sie nicht richtig schwimmen wie wir alle? Muss sie unbedingt aus der Reihe tanzen und sich auf den Rücken drehen? Die will wohl etwas Besseres sein als wir, diese Angeberin!"

Kapitel 19

Was gilt heute noch?

Was für Meereskrabben zutrifft, gilt auch für uns Menschen: Unsere Wahrnehmungen und Eindrücke können täuschen, und selbst die Mehrheit kann sich irren. Die Folgen können so harmlos sein wie in diesem Experiment – oder so tödlich wie im 20. Jahrhundert, in dem verführerische Ideologien ganze Völker ins Verderben stürzten und zahllose Opfer forderten.

Wer sagt uns Menschen eigentlich, was wahr oder falsch, richtig oder verkehrt, gut oder böse ist? In einer Zeit schleichenden Werteverfalls, moralischer Verunsicherung und postmoderner Beliebigkeit scheint es keine verbindlichen Maßstäbe und unumstößlichen Ordnungen mehr zu geben. Viele Menschen machen ihr Verhalten von eigennützigen Interessen – „Erlaubt ist, was gefällt" – oder dem ungeschriebenen Gesetz der öffentlichen Meinung – der „politischen Korrektheit" – abhängig. Was heute gilt, wird morgen schon in Frage gestellt. Doch keine Gesellschaft kann ohne Werte und Normen auskommen. In der Bibel heißt es: „Ihr sagt: ‚Mir ist alles erlaubt!' Mag sein, aber nicht alles ist gut für euch." (1 Kor 6,12 GNB)

Für viele Menschen – vornehmlich in der westlichen Welt – bilden Freiheit und Liebe die entscheidenden Grundprinzipien. Anderen sind Frieden und Gerechtigkeit überaus wichtig, wieder andere stellen Verantwortung und Solidarität an die erste Stelle. Was aber ist mit diesen ethischen Leitbegriffen gemeint? Wie sind sie konkret zu verstehen und welches Verhalten folgt daraus? Die Frage ist berechtigt, solange Frieden nur das Schweigen von Waffen meint, Diktatoren im Namen der Freiheit agieren, Unrecht sich als Gerechtigkeit maskiert und Liebe als Deckmantel für blanken Egoismus dient.

Für viele Menschen – vornehmlich in der westlichen Welt – bilden Freiheit und Liebe die entscheidenden Grundprinzipien.

Das Gesetz der Freiheit

Was wir deshalb brauchen, sind verbindliche Normen, die diese unveränderlichen Werte und Grundprinzipien schützen und mit konkretem Inhalt füllen. So regelt beispielsweise die Straßenverkehrsordnung für alle Verkehrsteilnehmer, was gegenseitige Rücksichtnahme konkret bedeutet. Sie schränkt damit zwar unsere individuelle Freiheit ein, schützt aber zugleich unser Leben – außer wenn uns ein Falschfahrer entgegenkommt.

Ein Drachenflieger kann sich nur in der Luft halten, wenn er die Gesetze von Wind und Schwerkraft strikt beachtet. Unser Leben kann nur gelingen, wenn wir uns an die „Spielregeln" des Lebens – Gottes Gebote – halten.

In ähnlicher Weise hat Gott uns Menschen eine verbindliche Grundordnung gegeben, die uns nicht einengen, sondern unsere Freiheit bewahren, Leib und Leben schützen soll – die Zehn Gebote, das Grundgesetz der Menschheit. Fernsehpfarrer Jürgen Fliege schreibt darüber: „Es sind die wohl wichtigsten und schwersten Sätze der Menschheitsgeschichte. Sie sind für jeden einzelnen Menschen formuliert. Sie sind nicht auszulöschen. Von niemandem. Als ob das ewige Feuer selbst sie in die Steine der Berge am Sinai gebrannt hätte. Sie sind von Ewigkeit zu Ewigkeit. Es gibt keinen anderen Weg zu einem gelungenen Leben." („Die Ordnung des Lebens: Die Zehn Gebote", 2005, S. 13)

In der Tat. Die Zehn Gebote sind im Grunde genommen zehn Angebote, die unser Leben nachhaltig bereichern. Sie sind keine Schlagbäume, die uns am Vorwärtskommen hindern, sondern Leitplanken, die uns vor Risiken und Gefahren des Lebens in Freiheit bewahren. Das Neue Testament nennt den Dekalog deshalb „das vollkommene Gesetz der Freiheit" (Jak 1,25). Wie ein Drachensegler sich nur bei strikter Beachtung der Gesetze von Wind und Schwerkraft in der Luft halten kann, so kann auch unser Leben nur gelingen, wenn wir uns an diese ewige Ordnung – die „Spielregeln" des Lebens – halten. Nur wer sich an das Gesetz Gottes bindet, kann seine Freiheit voll genießen! Adventisten lehren deshalb:

Das Gesetz Gottes | 19

Die grundlegenden Prinzipien des Gesetzes Gottes sind in den Zehn Geboten zusammengefasst und im Leben Jesu Christi beispielhaft dargestellt. In den Geboten kommen Gottes Liebe, sein Wille und seine Absichten für das Leben der Menschen zum Ausdruck – für ihr Verhalten und für die zwischenmenschlichen Beziehungen. Die Zehn Gebote sind bindend für die Menschen aller Zeiten, Grundlage für Gottes Bund mit seinem Volk und Maßstab in Gottes Gericht. Durch das Wirken des Heiligen Geistes decken sie Sünde auf und wecken das Verlangen nach einem Erlöser. Die Erlösung geschieht allein aus Gnade, nicht durch Werke; ihre Frucht jedoch ist Gehorsam gegenüber den Geboten. Dieser Gehorsam trägt dazu bei, einen christlichen Charakter zu entfalten und führt zu innerem Frieden. Er bekundet unsere Liebe zum Herrn und unsere Verantwortung für die Mitmenschen. Im Gehorsam des Glaubens erweist sich Christi Macht, das Leben eines Menschen zu ändern, und bekräftigt so das christliche Zeugnis.

(Glaubensüberzeugungen der Siebenten-Tags-Adventisten, Nr. 19)

Ein unübertroffenes Vorbild

Wie ein Leben nach Gottes Willen aussieht, wird nirgendwo deutlicher als bei Jesus. Wie David konnte er sagen: „Deinen Willen, mein Gott, tue ich gern, und dein Gesetz hab ich in meinem Herzen." (Ps 40,9; vgl. Hbr 10,7-9) Sein Leben war die Verkörperung der wahren Intention aller Gesetze, die Gott gegeben hatte. Es war der sichtbare Ausdruck der Liebe zu Gott und zum Nächsten. Kein Mensch hat jemals Gott inniger und seine Freunde wie Feinde konsequenter geliebt als er. Man kann ihn deshalb als das personifizierte Gesetz Gottes bezeichnen, dessen einzigartiges Beispiel uns zur Nachahmung einlädt (Phil 2,1ff.; 1 Ptr 2,21ff.). „Das Kriterium christlicher Ethik ist also die Nachfolge Christi." (Hans Küng)

Für Christen ist es deshalb von großer Bedeutung, dass Jesus den Dekalog nicht aufgehoben, sondern bestätigt und vertieft hat. In der Bergpredigt radikalisierte er die Zehn Gebote, indem er nicht erst die Taten, sondern bereits die Gedanken einer

In welchem Verhältnis stehen Gesetz und Evangelium zueinander?

Es gibt eine Reihe scheinbar widersprüchlicher Aussagen zum Gesetz im Neuen Testament. Viele Christen berufen sich entweder auf die bejahenden Texte („Das Gesetz gilt!") oder auf die abwertenden Äußerungen („Das Gesetz ist abgeschafft!"). Wer jedoch die Bibel in ihrer Gesamtaussage ernst nehmen will, wird sich damit nicht zufriedengeben.

Die Wahrheit liegt, wie so oft, in der Verbindung zweier gegensätzlicher Einsichten. Wie die beiden Pfeiler einer Brücke an gegenüberliegenden Ufern stehen, so ergeben erst die ganz unterschiedlichen – teils positiven, teils negativen – Bewertungen des Gesetzes die Gesamtschau der Bibel.

These:
Das Gesetz Gottes bedeutet Leben

Das Gesetz ist „heilig, gerecht und gut" (Röm 7,12.14.16). Es ist göttlichen Ursprungs und Ausdruck des Charakters Gottes. Wer das „Gesetz der Freiheit" (Jak 1,25; 2,8.12) beachtet, wird leben (Röm 2,13; Gal 3,12). Jesus hat das Gesetz nicht abgeschafft, sondern bestätigt und vertieft (Mt 5,17-20). Gesetz und Evangelium stimmen miteinander überein (Harmonie).

Antithese:
Das Gesetz Gottes bringt den Tod

Das Gesetz lastet wie ein Fluch auf uns, denn es verurteilt jeden, der es missachtet – uns alle –, zum Tod (Röm 4,15; 6,23; Gal 3,13). So wird die unwiderstehliche Macht der Sünde deutlich, die uns versklavt und tötet (Röm 7,7ff.; 1 Kor 15,56). Das Gesetz kann uns davon nicht erlösen. Das Evangelium dagegen befreit von der Herrschaft des Gesetzes und aus der Gewalt des Todes durch die Lebenskraft Christi (Röm 6,14; 7,6; Gal 3,23 - 5,1; Eph 2,14f.). Der Buchstabe des Gesetzes tötet, der Geist Gottes jedoch macht lebendig (2 Kor 3,5-11). Gesetz und Evangelium stehen im Widerspruch zueinander (Gegensatz).

Synthese:
Das Gesetz Gottes zielt auf Christus

Christus ist das „Ziel" (nicht das „Ende") des Gesetzes (Röm 10,4). Wie Paulus zeigt, weist bereits die Thora auf die Gerechtigkeit hin, die „allein durch den Glauben" kommt (Röm 3,21-4,25). Somit ist das Evangelium das eigentliche Anliegen des Gesetzes. Es offenbart nicht nur unsere Verlorenheit, sondern auch den einzigen Weg zum Heil – Jesus Christus. Wer an ihn glaubt und deshalb gerechtfertigt ist, kann die Forderungen des Gesetzes erfüllen (Röm 8,1ff.). Gesetz und Evangelium haben beide ihren Platz (Joh 1,17), sie ergänzen einander.

Fazit: Das Gesetz hat keine erlösende Kraft (Rechtfertigung), aber eine lebensfördernde und -erhaltende Wirkung (Heiligung). „Keiner wird gerecht, indem er tut, was recht ist, sondern wer gerecht geworden ist, der tut, was recht ist." (Martin Luther)

moralischen Bewertung unterzog und das Gebot der Nächstenliebe auf die Feinde ausdehnte (Mt 5-7). Die sog. „goldene Regel" bringt dieses Prinzip einzigartig auf den Punkt: „Behandelt die Menschen so, wie ihr selbst von ihnen behandelt werden wollt." (Mt 7,12 GNB)

Damit entlässt uns Gott nicht aus der Verantwortung für das, was wir in einer konkreten Situation tun oder lassen. Als mündige Christen sollen wir stets nach bestem Wissen und Gewissen entscheiden und handeln. Auf diese Weise nehmen wir sowohl unsere Freiheit als auch unsere Verantwortung ernst. Unveränderliche Werte und Prinzipien sowie Gottes Gebote und Ordnungen – vornehmlich der Dekalog und die Bergpredigt – helfen uns dabei.

Es kommt diesbezüglich nicht so sehr darauf an, was die Gesellschaft denken mag. Was zählt, ist nicht die Meinung anderer Menschen, sondern der erklärte Wille Gottes – also das, was er selbst für uns tun und was er von uns haben will. Die Bindung an sein Gesetz befreit uns von menschlichen Zwängen und der Abhängigkeit von dem, was selbst die Mehrheit oder die Meinungsmacher für richtig oder opportun halten mögen. Wer sich an den göttlichen Maßstab hält, liegt immer richtig – auch wenn er zuweilen gegen den Strom schwimmt.

➥ Siehe auch „Was meint die Bibel mit ‚Gesetz'" auf Seite 210f. im Anhang.

Die Straßenverkehrsordnung regelt für alle Verkehrsteilnehmer, was gegenseitige Rücksichtnahme konkret bedeutet. Sie schränkt damit zwar unsere individuelle Freiheit ein, schützt aber zugleich unser Leben.

Buchempfehlung:
Michael Mainka, „AnGebote für ein Leben mit Profil",
Advent-Verlag Lüneburg, 2004, 112 Seiten, 6,50 €, Bestell.-Nr. 1874.

Sabbat –
„um des Menschen willen"

Ein ganz besonderes Geschenk

Montagmorgen, 8 Uhr. Die erste von fünf schriftlichen Prüfungen hat begonnen und mit ihr der „Härtetest", mit dem mein Theologiestudium seinen Abschluss finden soll. Nach acht langen Stunden ist es geschafft – fürs erste jedenfalls. Denn am nächsten Montag wird es weitergehen, am übernächsten ebenso, und so weiter. Fünf Wochen lang gibt es für mich nur noch Lernen und Studieren – bis zur letzten Minute. Schlafen und Essen werden zur Nebensache. In der Nacht vor den Prüfungen drücke ich kein Auge zu. Vielleicht werden die Fragen ja gerade aus dem Bereich kommen, auf den ich noch nicht gut vorbereitet bin? Bei der letzten Prüfung bin ich dann so geschafft, dass das Blatt mit den Fragen vor meinen Augen zu verschwimmen beginnt, ich die Konzentration verliere und beinahe einschlafe.

Was mich in jenen Wochen über Wasser gehalten hat, ist ein ebenso einfaches wie wirksames Anti-Stress-Programm, das so alt ist wie die Menschheit selbst: der wöchentliche Ruhetag. Entsprechend meiner Gewohnheit legte ich am Freitagabend Bücher und Unterrichtsskripte beiseite, um jenes paradiesische Geschenk, das Gott uns Menschen gemacht hat, zu empfangen.

Die nächsten 24 Stunden gehörten ganz mir und dem, was mir sonst noch wichtig ist: Muße und Erholung, Gemeinde und Gottesdienst, die Familie – und natürlich Gott. Zugegeben, meine Gedanken wanderten immer wieder zum Prüfungsstoff der kommenden Woche. Doch einen ganzen Tag lang hatte ich Pause – notwendige Auszeit für Körper, Seele und Geist. Seit jener Zeit habe ich Jesus besser verstanden: „Der Sabbat ist um des Menschen willen gemacht ..." (Mk 2,27).

Kapitel 20

Viele Menschen haben ähnliche Erfahrungen gesammelt. Nach einer anstrengenden und hektischen Arbeitswoche erleben sie den Sabbat wie ein erfrischendes Getränk nach langer Wanderung, eine Raststätte auf der verstopften Autobahn, einen Kurzurlaub im Räderwerk des Alltags. Hier kommt die ursprüngliche Bedeutung des hebräischen Wortes „Sabbat" zum Tragen: „loslassen, aufhören, ruhen"; und „untätig sein, still sitzen". Ein Theologe hat es provozierend ausgedrückt: „Gott will, dass wir ihn durch Nichtstun ehren." (O. H. Pesch) Nichtstun? Manchen von uns fällt das schwer, sehr schwer. Wer sein Leben nur durch die Arbeit definiert, seinen Wert von der eigenen Leistung abhängig macht, hat hier ein Problem. Er wird auch am Sabbat rastlos sein, sich nützlich machen wollen und dabei – äußerlich und/oder innerlich – nicht wirklich zur Ruhe kommen.

Mehr als eine Atempause

Gerade das aber will uns der Sabbat lehren: dass uns Gott nicht mit den berechnenden Augen eines Arbeitgebers betrachtet, der seine Angestellten nach Leistung entlohnt und bei mangelndem wirtschaftlichen Nutzen auf die Straße setzt. Der Sabbat ist kein Lohn für die getane Arbeit, auch nicht die verdiente Ruhepause für geschundene Sklaven. Der Sabbat kommt regelmäßig zu allen Menschen, ganz gleich, ob sie etwas geleistet haben oder nicht: Arbeitnehmer und Arbeitslose, Rentner, Kinder, Kranke. „Der Sabbat ist für den Menschen da" – für jeden. Wir brauchen ihn also nicht nur zur Erholung von Mühe und Arbeit, so wichtig und notwendig das auch ist. Gott selbst war ja nicht erschöpft, als er den siebten Tag zum Ruhetag machte, segnete und heiligte und so für immer von den anderen Wochentagen unterschied (1 Mo 2,2-3). Gott brauchte den Sabbat nicht – er wollte ihn. Aber wofür?

Gott will mit uns Menschen zusammen sein, möchte tiefe Gemeinschaft pflegen mit dem einzigen seiner irdischen Geschöpfe, das eine persönliche Beziehung zu ihm eingehen kann. Schließlich hat uns Gott zu seinem „Bild" geschaffen (1 Mo 1,26f.). Deshalb sind wir alle eingeladen, ja aufgefordert, Gott „von ganzem Herzen, mit ganzem Willen und mit ganzem Verstand" zu lieben. Dies ist das höchste und größte Gebot, das Allerwichtigste also, das der Mensch überhaupt tun kann (Mt 22,37). Für Gott und mit ihm zu leben und wie er für andere da zu sein, ist der wahre Sinn des Lebens, unsere eigentliche Bestimmung. Leben heißt lieben. Liebe aber lebt von Kommunikation, Begegnung und Gespräch. Das braucht Zeit – Zeit zum Hören und Reden, Entspannen und Nachdenken. Darum geht es am Sabbat!

Der jüdische Philosoph Abraham Heschel hat diese Einsicht so zusammengefasst: „Der Sabbat ist nicht um der Wochentage willen da. Er ist kein Intermezzo [kurzes Zwischenspiel], sondern Höhepunkt des Lebens." Wir brauchen den Sabbat also nicht in erster Linie, um uns von der täglichen Arbeit zu erholen (und anschließend rastlos weiterzuschuften), sondern um Zeit für das Wesentliche zu finden: für Gott, den Nächsten und uns selbst. „Was wir in der Arbeitszeit tun, macht uns zu dem, was wir haben. Was wir in den Mußestunden tun, macht uns zu dem, was wir sind." (Verfasser unbekannt)

Der Ruhetag ist also nicht nur die Pause, die uns für einen Moment Atem holen lässt für das eigentliche „Spiel" des Lebens (häufig ein harter Überlebenskampf!). Vielmehr will er uns zum erfüllten Leben führen, das jenseits der Arbeit (aber auch fern von bloßem Zeitvertreib und oberflächlicher Zerstreuung) liegt. Rechte Sabbatheiligung hat darum nichts mit Gesetzlichkeit zu tun, sondern heißt, sich Zeit für die wirklich wichtigen Dinge des Lebens zu nehmen. „Die Kunst des Ausruhens ist ein Teil der Kunst des Arbeitens." (John Steinbeck)

Freiheit für alle

Wer seine Arbeit loslässt, wird frei, um zu sich selbst zu finden, Beziehungen zu pflegen, das Leben zu genießen, Gott zu erleben. Dieses Angebot gilt nicht nur einigen Privilegierten, die über sich (und andere) verfügen können, sondern allen Geschöpfen. Der Dekalog regelt ausdrücklich, dass auch die Abhängigen – Kinder, Sklaven, Ausländer und sogar Tiere – die Sabbatruhe genießen dürfen (2 Mo 20,10). Somit werden alle Standesunterschiede für einen Tag aufgehoben – eine enorme Herausforderung für die altisraelitische (wie für jede) Gesellschaft. Salopp formuliert heißt Sabbat also „leben und leben lassen"; nicht im Sinne gleichgültiger Toleranz, sondern als konsequentes Eintreten für die unveräußerlichen, weil gottgegebenen Rechte anderer. Wer den biblischen Sabbat feiert, genießt deshalb nicht nur die eigene Ruhe, sondern lässt auch andere nicht wie **selbstverständlich** am Sabbat für sich arbeiten.

Dass der Sabbat nicht nur der individuellen Frömmigkeit und der eigenen Lebensfreude dient, sondern darüber hinaus eine gesellschaftliche – soziale wie ökologische – Dimension besitzt, wird (außer im Sabbatgebot des Dekalogs) am jüdischen Sabbat- bzw. Erlassjahr deutlich. Alle sieben Jahre nämlich sollten auch die Äcker Sabbat feiern dürfen (Aussaat und Ernte sollten deshalb unterbleiben) und die Tagelöhner in die Freiheit entlassen werden. Nach sieben mal sieben Jahren (also im 50. Jahr) sollte verpfändeter Grundbesitz an die Eigentümer zurückgegeben werden. Dieses Gesetz diente der Überwindung wirtschaftlicher und sozialer Abhängigkeit und damit der Wiederherstellung der Gleichheit unter allen

Volksangehörigen (3 Mo 25). Der Sabbat sollte so das Grundrecht auf Freiheit und Eigentum schützen – eine in der Geschichte der Menschheit bislang unerreichte Idealform sozialer Gerechtigkeit!

Der Sabbat darf deshalb mit Fug und Recht als der Tag der Freiheit bezeichnet werden. Wöchentliche Arbeitsruhe für alle Geschöpfe (soziale Dimension), regelmäßige Erholung für das Land (ökologische Dimension) und die Wiedererlangung der Freiheit für alle Leibeigenen (ökonomische Dimension) – die Sabbatgesetzgebung des Alten Bundes ist weit progressiver als jede moderne Wirtschafts- und Sozialordnung. Leider gibt es keinen Beleg dafür, dass diese göttliche Ordnung jemals erfolgreich umgesetzt worden wäre. So blieb der jüdische Sabbat primär ein Tag der individuellen Ruhe (bzw. der seelischen Erhebung), ohne seine gesellschaftliche Kraft wirksam entfalten zu können.

Zeichen der Nähe Gottes

Doch nicht nur die sozialethischen Implikationen des biblischen Sabbatgebots warten – offenbar vergeblich – auf ihre Verwirklichung. Auch seine individuelle und religiöse Seite hinkt häufig hinter dem angestrebten Ideal her. Schließlich erschöpft sich das Halten des Sabbats ja nicht in äußerer Arbeitsruhe, gewohnheitsmäßigem Gottesdienstbesuch und dem Verzicht auf sog. weltliche Vergnügungen. „Sabbatheiligung, die über das buchstäbliche Beachten des vierten Gebotes hinausgeht, verlangt auch geheiligte Menschen. Durch den Glauben an Christus sind sie zu Teilhabern seiner Gerechtigkeit geworden." (Ellen G. White, „Jesus von Nazareth", S. 205) Auch wer alle Gebote Gottes hält, aber Jesus nicht persönlich nachfolgt und Gottes unverdiente Gnade annimmt, irrt am wahren Leben vorbei (Mt 19,16ff.).

Der Sabbat | 20

Nach sechs Schöpfungstagen ruhte Gott, auf unser Wohl bedacht, am siebenten Tag und setzte den Sabbat für alle Menschen zum Gedenken an die Schöpfung ein. Das vierte Gebot in Gottes unwandelbarem Gesetz gebietet die Heiligung des siebenten Tages der Woche als Tag der Ruhe, der Anbetung und des Dienens, so wie es uns Jesus Christus, der Herr des Sabbats, gelehrt und vorgelebt hat. Der Sabbat ist ein Tag froher Gemeinschaft – mit Gott und untereinander. Er ist ein Sinnbild unserer Erlösung durch Christus, ein Zeichen unserer Heiligung, ein Ausdruck unserer Treue und ein Vorgeschmack ewigen Lebens im Reich Gottes. Der Sabbat ist Gottes bleibendes Zeichen seines ewigen Bundes mit seinem Volk. Wer diese heilige Zeit freudig beachtet, von Abend zu Abend, von Sonnenuntergang zu Sonnenuntergang, feiert Gottes schöpferisches und erlösendes Handeln. (Glaubensüberzeugungen der Siebenten-Tags-Adventisten, Nr. 20)

Von Anfang an haben Siebenten-Tags-Adventisten betont – und manchmal vergessen! – was James White 1850 schrieb: „Wir glauben nicht, dass im Sabbat das Heil liegt, genauso wenig wie wir glauben, dass es in den anderen neun Geboten zu finden ist. Erlösung kommt durch Jesus Christus, unseren Herrn." Man wird diesem überaus wichtigen Satz das Wort „allein" hinzufügen dürfen, so wie Martin Luther dies in Römer 3,28 tat. Damit wird deutlich: Nicht wir halten den Sabbat, sondern der Sabbat hält uns! Als ein Geschenk des liebenden Gottes ist er ein sichtbares Zeichen seiner gnädigen Zuwendung zu uns Menschen, wie dies auch in den adventistischen Glaubensüberzeugungen zum Ausdruck kommt.

Damit gerät die gesamte Heilsgeschichte – die Geschichte des Kommens Gottes zu uns Menschen – in das Blickfeld des Sabbats. Eingesetzt bei der Schöpfung als „ein Tag froher Gemeinschaft mit Gott und untereinander" (vgl. 1 Mo 3,8f.), dient er „zum Gedenken an die Schöpfung" (2 Mo 20,8-11), als „ein Sinnbild unserer Erlösung durch Christus" aus der Sklaverei der Sünde (vgl. 5 Mo 5,12-15) und als „ein Vorgeschmack des ewigen Lebens im Reiche Gottes". „Jede Sabbatfeier ist ein messianisches Intermezzo in der Zeit, und wenn der Messias kommt, bringt er den endgültigen messianischen Sabbat für alle Geschöpfe Gottes. Darum sind die Adventisten die christliche Gemeinschaft, die kraft ihrer Hoffnung den Sabbat hält." (Jürgen Moltmann, „Das Kommen Gottes", S. 158)

Alle drei – Schöpfung, Erlösung und Vollendung – sind einzig und allein Gott-Vater, Sohn und Geist zu verdanken, ohne jedes menschliche Zutun. Im Mittelpunkt des Sabbats steht somit „Gottes schöpferisches und erlösendes Handeln". Zu Recht bezeichnet ihn die Bibel deshalb als den „Tag des Herrn" (Jes 58,13f.) und Christus als den „Herrn des Sabbats" (Mk 2,28). Als Mensch veranschaulichte Jesus die Bedeutung des Sabbats als „Tag der Ruhe, der Anbetung und des Dienens". Im Leben wie im Tod achtete er diese „heilige" Zeit, „vom Abend an bis wieder zum Abend" (3 Mo 23,32). „Jesus hat den Sabbat niemals abgeschafft. Er hat ihn vielmehr ... geehrt", schrieb Prof. Klaus Berger und fügte hinzu: „Wenn die Kirche wirklich den Dekalog bewahren will, dann muss sie auch den Sabbat so ehren, wie es dasteht." („Rheinischer Merkur", 23.9.2004)

Alle sieben Jahre sollten zu alttestamentlichen Zeiten auch die Äcker Sabbat feiern dürfen: Aussaat und Ernte sollten deshalb unterbleiben.

„Gedenke des Sabbattages, dass du ihn heiligest." Der Sabbat ist der Tag des Herrn; er hat ihn gemacht. Der Sabbat ist der Tag des Menschen; er braucht ihn – auch heute noch.

Gilt das Sabbatgebot auch noch im Neuen Bund?

Wenn ja, wie sind dann die folgenden Aussagen des Apostels Paulus zu verstehen?

Röm 14,5: „Der eine hält einen Tag für höher als den andern; der andere aber hält alle Tage für gleich. Ein jeder sei in seiner Meinung gewiss."

Gal 4,10f.: „Ihr haltet bestimmte Tage ein und Monate und Zeiten und Jahre. Ich fürchte für euch, dass ich vielleicht vergeblich an euch gearbeitet habe."

Kol 2,16f.: „So lasst euch nun von niemandem ein schlechtes Gewissen machen wegen Speise und Trank oder wegen eines bestimmten Feiertages, Neumondes oder Sabbats. Das alles ist nur ein Schatten des Zukünftigen; leibhaftig aber ist es in Christus."

Auf der Grundlage dieser ntl. Texte sind Bibelausleger zu dem Schluss gekommen, dass der „siebte Tag" des 4. Gebots für Christen keine Verbindlichkeit mehr besitzt. Wenn nach Paulus ein Tag dem andern gleicht, das Einhalten bestimmter Tage ein Zeichen von Gesetzlichkeit ist, und der Sabbat in Christus seine Erfüllung gefunden hat, dann ist der Schluss zwingend, dass der Samstag-Sabbat hinfällig geworden ist. Dann gilt im Neuen Bund offenbar eine andere Ordnung (die Gnade) als im Alten Bund (das Gesetz).

Nach dem biblischen Bericht wurde der Sabbat bei der Schöpfung von Gott eingesetzt (1 Mo 2,1f.) und bei der Gesetzgebung am Sinai bestätigt („Gedenke des Sabbattages", 2 Mo 20,8-11).

Jesus unterstrich die Schöpfungsordnung („der Sabbat ist um des Menschen willen gemacht", Mk 2,27) und beachtete sie (Lk 4,16). Nun stellt sich die Frage, wieso Paulus – der Gottes Gebote als „heilig, gerecht und gut" bezeichnete (Röm 7,12) und den Dekalog hochhielt (Röm 13,8-10) – gerade in der Frage des Sabbats scheinbar zu völlig anderen Schlussfolgerungen kam.

Die Antwort liegt in der Frage, mit welchen konkreten Problemen die frühe Christenheit konfrontiert war. Aufgrund der ntl. Forschung wissen wir, dass asketische Strömungen aus dem Heidentum in die Gemeinde eindrangen und den Verzicht auf Fleisch- und Weingenuss sowie die strikte Einhaltung diverser Fasttage forderten, um sog. „kosmischen Mächten" zu entsprechen (Engelverehrung). Paulus wandte sich wiederholt gegen den philosophischen Dualismus und Dogmatismus dieser Irrlehrer. Den biblischen Sabbat dagegen hat er zu keiner Zeit angegriffen und wurde bezeichnenderweise auch nie der Missachtung des Sabbatgebots beschuldigt.

Der Sabbat ist Teil des ewigen Bundes (Hbr 13,20), den Gott mit uns Menschen gemacht hat. Es gab stets nur einen einzigen Weg zum Heil: den Glauben. Dies galt für Abraham (1 Mo 15,6) ebenso wie für uns (Röm 3,28). Zu keiner Zeit hatte Gott das Gesetz als Heilsweg vorgesehen. Darum ist Sabbatheiligung kein Zeichen von Gesetzlichkeit, sondern der Treue zu Jesus und zu seinem Wort.

Buchempfehlung:
Clifford Goldstein, „Mach mal Pause: Sabbat!",
Advent-Verlag, Lüneburg, 136 Seiten, 5,00 €, Best.-Nr. 1271.

 Siehe auch www.sabbatinfo.de

„Meinem Gott gehört die Welt ..."

Bewahren – teilen – genießen

„Parents are responsible *to* their children." So las ich erstaunt auf einem Aushang am Zeltplatz. Jemand hatte den Hinweis „Eltern haften für ihre Kinder" ins Englische übersetzt und dabei den Sinn ungewollt verändert. Denn jetzt waren Eltern nicht mehr *für* ihre Kinder verantwortlich, sondern *vor* ihnen! Als Vater kamen mir dabei sofort Bedenken. Deshalb ließ ich den Betreiber des Zeltplatzes wissen, dass das Wörtchen *to* durch *for* zu ersetzen war, um den tatsächlichen Gegebenheiten zu entsprechen.

Man stelle sich einmal vor, alle Eltern hätten während des Aufenthalts auf dem Zeltplatz vor ihren Kindern Rechenschaft abzulegen! Damit wären die Regeln des Familienlebens auf den Kopf gestellt, ganz zu schweigen von den juristischen Auswirkungen einer solchen Zeltplatzordnung. Den Kindern freilich hätte es gefallen ...

Im Nachhinein fragte ich mich: Sind wir nicht tatsächlich in gewisser Weise vor unseren Kindern und allen folgenden Generationen verantwortlich für die Welt, die wir hinterlassen? Können wir es uns leisten, die Erde nach allen Regeln der Kunst bzw. der Technik auszubeuten und der Nachwelt einen ausgelaugten Planeten zu vererben? Eltern wollen doch, dass es ihren Kindern später einmal gut geht; sie sollen es möglichst sogar besser haben. Wie können wir es dann verantworten, ihren künftigen Lebensraum in egoistischer Genusssucht rücksichtslos – oder genauer: vorsichtslos – zu zerstören? Gehört die Erde eigentlich uns oder ihnen?

Besitzer – nicht Eigentümer

Um diese Frage zu beantworten, ist es wichtig, zwischen „Eigentum" und „Besitz" zu unterscheiden. Wenn beispielsweise Eltern ihrer Tochter ein Haus vermachen, aber als Rentner weiter darin wohnen wollen, können sie dies in einem Erbvertrag regeln. Das Haus gehört dann zwar bereits zu ihren Lebzeiten der Tochter, doch besitzen die Eltern weiterhin das sogenannte „Nießbrauchrecht". Es erlaubt ihnen, mit dem Haus zu machen, was sie wollen (außer natürlich es zu verkaufen). Sie können es also gewissenlos ruinieren oder auch sorgfältig restaurieren, es nach Herzenslust verschandeln oder liebevoll verschönern.

Die Tochter ist zwar die rechtliche Eigentümerin des Hauses, hat aber keinen direkten Einfluss auf das, was damit geschieht, solange die elterlichen Besitzer darin wohnen. Liebevolle Eltern sind sich ihrer Verantwortung vor den eigenen Kindern bewusst und gehen deshalb pfleglich mit dem Familienerbe um. Sie werden es verantwortungsbewusst verwalten und in gutem Zustand erhalten.

Dieses Beispiel kann uns helfen, die Rolle des Menschen – unsere eigene Rolle! – auf diesem Planeten besser zu verstehen. Nach biblischem Verständnis sind wir nämlich nicht die Eigentümer, sondern nur die Besitzer der Erde. Gott hat uns am Anfang den „Garten Eden" als Wohnort zum Besitz gegeben, damit wir ihn „bebauen und bewahren" (1 Mo 2,15). Solange wir uns bewusst sind, dass Gott der wahre Eigentümer ist, werden wir die Erde pfleglich behandeln und im bestmöglichen Zustand an unsere Nachkommen weiter- bzw. an Gott zurückgeben. Wenn wir uns dagegen als die Eigentümer fühlen, dann werden wir uns dagegen wehren, von irgendjemand zur Rechenschaft gezogen zu werden. Von wem auch?

„Hausverwalter" Gottes

Von wem? Die Antwort der Bibel ist klar und eindeutig: von Gott! Als Schöpfer der Welt und allen Lebens ist alles Geschaffene Gottes Eigentum – auch wir Menschen (5 Mo 10,14; Ps 24,1; Hag 2,8). Allerdings betrachtet er uns nicht als rechtlose Sklaven, die seiner Willkür unterworfen sind. Vielmehr behandelt er uns als Kinder, die er zu mündigen Menschen machen will.

Mündigkeit aber umschließt zweierlei: Freiheit und Verantwortung. Deshalb gewährt Gott uns alle Freiheit – und erklärt uns gleichzeitig für voll verantwortlich. „Freu dich, junger Mensch! Sei glücklich, solange du noch jung bist! Tu, was dir Spaß macht, wozu deine Augen dich locken! Aber vergiss nicht, dass Gott für alles von dir Rechenschaft fordern wird." (Pred 11,9 GNB)

Diese Sicht findet sich bereits in den ersten Kapiteln der Bibel. So wird bei der Erschaffung des Menschen nach der Vollendung des Lebensraumes Erde mit seinen vielfältigen Planzen- und Tierarten gesagt, dass er sich um den Garten kümmern, ihn pflegen und erhalten soll. Die Schöpfung ist also nicht nur für uns da, sondern wir auch für die Schöpfung. Nach Gottes Willen sollen die Menschen Macht haben über die Natur. „Nehmt sie in Besitz!", lautet seine Anweisung, „Ich ... vertraue sie eurer Fürsorge an." (1 Mo 1,26-28 GNB) Der Mensch wurde somit als Verwalter des göttlichen Eigentums eingesetzt. Gott „übertrug ihm die Aufgabe, den Garten zu pflegen und zu schützen" (1 Mo 2,15 GNB).

Die aus der Lutherbibel vertraute, aber missverständliche Wendung „Machet sie [die Erde] euch untertan und herrschet über sie!" wird in neueren Bibelausgaben zu Recht mit „Fürsorge" wiedergegeben. Herrschaft im Sinne und nach dem Vorbild Gottes bedeutet nämlich nicht Ausbeutung und Willkür, sondern Hilfe und Schutz. Gott, der Herr(scher), ist unser Hirte (Ps 23); genauso sollen auch irdische Herrscher und Herren als „Hirten" liebevoll für ihre „Herde" sorgen (Hes 34).

Damit ist die Aufgabe des Menschen klar umrissen: Wir sollen Gottes Eigentum verwalten und vermehren, den „Haushalt" Erde mit allem, was dazu gehört, versorgen, treue und verlässliche „Haushalter" sein. Was das konkret bedeutet, lässt sich in wenigen Sätzen erklären:

Gottes Haushalter | 21

Wir sind Haushalter Gottes. Er hat uns Zeit und Möglichkeiten, Fähigkeiten und Besitz, den Ertrag der Erde und ihre Güter anvertraut. Für einen vernünftigen Umgang damit sind wir Gott verantwortlich. Wir erkennen Gott als Eigentümer an, wenn wir ihm und den Mitmenschen treu dienen, ihm den Zehnten und Gaben darbringen, um die Verkündigung seines Evangeliums und das Wachstum seiner Gemeinde zu fördern. Mit der Haushalterschaft gibt uns Gott eine Möglichkeit, in der Liebe zu wachsen und Selbstsucht und Habgier zu überwinden. Der Haushalter freut sich über den Segen, den andere durch seine Treue empfangen.

(Glaubensüberzeugungen der Siebenten-Tags-Adventisten, Nr. 21)

Christliche Haushalterschaft

Das neutestamentliche Verständnis der „Jüngerschaft" baut auf der alttestamentlichen Sicht von der „Haushalterschaft" des Menschen auf und führt diese gedanklich weiter. Zur Fürsorge für das irdische Wohl der Geschöpfe Gottes tritt die Sorge um das ewige Heil hinzu. Die Schöpfung leidet ja nicht nur an einem Mangel an Nahrung, Gesundheit und Gerechtigkeit, sondern darüber hinaus an der Vergänglichkeit und scheinbaren Sinnlosigkeit des Daseins (Röm 8,18-25).

Als Nachfolger von Jesus sind sich Christen ihrer Verantwortung für die Welt bewusst. Deshalb kümmern sie sich um das leibliche wie um das geistliche Wohl ihrer Mitmenschen, schenken den Anliegen und Bedürfnissen des Augenblicks gebührende Aufmerksamkeit, ohne dabei den Blick für die von Gott verheißene Zukunft aus den Augen zu verlieren. Gottes ehemals vollkommene Schöpfung wird eine dramatische Neuschöpfung erleben. Nach dem Paradies ist vor dem Paradies.

In Anerkennung von Gottes Eigentumsrecht, im Wissen um ihre Verantwortung als seine irdischen Verwalter und im Bewusstsein der Vorläufigkeit ihres Tuns leben

Christen als freie und mündige Haushalter, die ihren Besitz nutzen und genießen, Gottes Eigentum vermehren und ihren Reichtum mit anderen teilen.

Besitz nutzen und genießen

Was Gott uns in die Hände gelegt hat, das dürfen und sollen wir auch benutzen. Dabei kann es sich um materielle Werte wie Geld, Gegenstände oder Grundbesitz handeln, aber auch um immaterielle Güter wie künstlerische, handwerkliche oder geistige Fähigkeiten. Gott will, dass wir die Dinge einsetzen und nutzen, die wir besitzen, und uns an dem erfreuen, was er geschaffen hat. Die Welt ist kein Museum, durch das wir gehen, ohne etwas anfassen oder berühren zu dürfen.

Eine asketische Haltung, die die Dinge dieser Welt als sündig betrachtet und anderen ein schlechtes Gewissen einredet, wenn sie Spaß am Leben haben, entspricht der Bibel deshalb nicht. Im Gegenteil: „Genieße jeden Tag mit der Frau, die du liebst", schreibt der Prediger und fügt verallgemeinernd hinzu: „Tu, was dir Spaß macht, wozu deine Augen dich locken!" (Pred 9,9; 11,9 GNB) Auch der Apostel Paulus vertrat die Auffassung, dass Gott „uns alles reichlich darbietet, es zu genießen" (1 Tim 6,17). Jesus selber erfreute sich an gutem Essen und Trinken – und wurde dafür von seinen Kritikern der Unmäßigkeit und Völlerei bezichtigt (Mt 11,19).

Auch heute noch gibt es fromme Miesepeter, die aufgrund ihrer weltverneinenden Haltung den Verzicht auf Genuss und Lebensfreude zum Grundsatz erheben und deshalb anderen Vorschriften machen: „Dies sollst du nicht anfassen, das sollst du nicht kosten, jenes sollst du nicht berühren!" Paulus lehnte solche Demutsübungen als verkappten Hochmut ab (Kol 2,16-23). Für ihn dient es vielmehr der Ehre Gottes, wenn Christen die Güter dieser Erde „mit Danksagung genießen" (1 Kor 10,23-33).

Ein Dinner im Gourmet-Restaurant, ein PS-starkes Auto, ein Ferienhaus am Meer, eine Urlaubsreise um die Welt, ein sexuell erfülltes Eheleben, eine Karriere als Künstler oder Professor – nichts davon ist für Christen prinzipiell tabu. Alles dürfen sie genießen, solange sie dabei nicht vergessen, dass sie für ihr Tun und Lassen verantwortlich sind.

Gottes Eigentum vermehren

Eine der eindrucksvollen Erzählungen, mit denen Jesus die Grundsätze seines Reiches erklärte, ist das Gleichnis vom anvertrauten Geld. Es erzählt von einem wohlhabenden Mann, der eine lange Reise unternahm und zuvor sein Vermögen unter seinen Dienern aufteilte. Zwei von ihnen gelang es, den Besitz zu verdoppeln; der dritte vergrub ihn in der Erde. Als der Eigentümer zurückkehrte und Rechenschaft forderte, lobte er die ersten beiden, während er den dritten als unzuverlässigen und faulen Taugenichts auf die Straße setzte (Mt 25,14-30).

Die Botschaft des Gleichnisses liegt auf der Hand: Gott möchte nicht nur, dass wir den uns anvertrauten Besitz benutzen und genießen, sondern dass wir ihn vermehren und vervielfältigen. Wenn wir unser (Grund-)Kapital an Gütern und Gaben, Fähigkeiten und Fertigkeiten vergraben oder verkümmern lassen, dann entehren wir Gott und erweisen uns als untreue Verwalter seines Eigentums. Erfolgreiche Verwalter dagegen holen das Beste aus dem Eigentum heraus, das ihnen zum zeitweiligen Besitz gegeben ist.

Wir würden die Intention des Gleichnisses sicher verkennen, wollten wir es auf den ökonomischen Bereich beschränken oder sein Anliegen gar in der Vermehrung materiellen Wohlstands sehen. Dass selbst Kirchen und Religionsgemeinschaften sich „vom Reichtum verführen lassen" (Mt 13,22), belegt ein Blick auf Geschichte und Gegenwart. Nein, die Botschaft Jesu ist eine andere: Nutze deine Gaben und Fähigkeiten nach besten Kräften; mach etwas aus dir und deinem Leben; sei fleißig und zielstrebig; verschwende nicht deine kostbare (Lebens-)Zeit; entfalte dein künstlerisches, handwerkliches oder geistiges Talent; streng dich an und gib dein Bestes! Auf diese Weise ehrst du Gott, der dich dazu befähigt und beauftragt hat.

Jesus selber hat seinen Jüngern die Radikalität und Konsequenz eines zielbewussten Daseins vorgelebt und sie zu gleicher Hingabe und Konzentration der Kräfte auf die eigentlichen Lebensprinzipien aufgefordert: „Liebe den Herrn, deinen Gott, von ganzem Herzen, mit ganzem Willen und mit deinem ganzen Verstand!" und: „Liebe deinen Mitmenschen wie dich selbst!" (Mt 22,37-39 GNB) Daran wird deutlich, dass es beim Umgang mit Gottes Eigentum und dem Besitz nicht darum geht, uns selbst Vorteile – womöglich auf Kosten anderer – zu verschaffen, sondern vielmehr darum, Gott zu ehren und für unsere Mitmenschen ein Segen zu sein.

Reichtum mit anderen teilen

Damit sind wir beim dritten Kennzeichen christlicher Haushalterschaft angelangt. Als Verwalter von Gottes Eigentum sind wir aufgerufen, unseren Reichtum mit anderen zu teilen. Bei dieser Aussage mag sich mancher vielleicht gar nicht richtig angesprochen fühlen, denn wer keinen Besitz aufzuweisen hat, kann ja auch schwerlich anderen davon abgeben. Bei näherem Hinsehen wird uns allerdings bewusst, wie privilegiert wir auch dann sind, wenn uns keine materiellen Güter zur Verfügung stehen.

„Ich habe so viel empfangen; ich habe keine Zeit, darüber zu grübeln, was mir versagt geblieben ist", sagte die taubstumme Helen Keller einmal. Verglichen mit ihr sind die meisten von uns ohne Frage reich! Sollte es uns da wirklich schwerfallen, dankbar zu sein und mit anderen zu teilen, was wir besitzen? Gerade in den ärmeren Ländern der Welt erlebt man häufig eine Gastfreundschaft und Freigebigkeit, die uns reiche Westeuropäer beschämt. Offenbar hat diese Einstellung nichts mit materiellem Wohlstand zu tun – oder vielleicht doch, aber im umgekehrten Sinn? Nicht die Größe einer Spende entscheidet über den Wert eines Opfers, sondern die Weite des Herzens, das sich anderen helfend zuwendet.

Christliche Ethik folgt dem Vorbild von Jesus. „Er war reich und wurde für euch arm; denn er wollte euch durch seine Armut reich machen." (2 Kor 8,9 GNB) Christen besitzen einen ganz besonderen Reichtum, den andere nicht haben und den sie gern (mit)teilen. Paulus schrieb wiederholt vom überwältigenden Reichtum der Güte und Gnade Gottes, die sich in Jesus zeigte und im Evangelium zum Ausdruck kommt (Röm 2,4; 9,23; Eph 1,7; 2,7; 3,8.16; Kol 1,27; 2,2). Jesu Jünger sind „Verwalter der vielfältigen Gnade Gottes" (1 Ptr 4,10 GNB).

Hier wird auch das eigentliche Motiv sichtbar, das mündige Haushalter beispielsweise dazu veranlasst, den zehnten Teil ihres Einkommens sowie weitere großzügige Gaben für evangelistisch-missionarische und sozial-karitative Zwecke zu spenden, im Gegenzug auf manchen Luxus freiwillig und gern zu verzichten, und ihre Zeit und Kraft ganz für Gott und andere Menschen einzusetzen. Es ist die tiefe Dankbarkeit gegenüber Gott, der sie an seiner Fülle teilhaben lässt!

Wer sich von Gott reich beschenkt weiß, entwickelt eine Haltung des unbedingten Vertrauens und der unerschütterlichen Treue zu Jesus, die selbst unter schwierigen Umständen – beispielsweise in Zeiten wirtschaftlicher Not – den biblischen Grundsätzen treu bleibt. Schließlich „fordert man nicht mehr [und nicht weniger] von den Haushaltern, als dass sie für treu befunden werden" (1 Kor 4,2).

Verantwortlich leben – Rechenschaft geben

Wer sich so vor Gott verantwortlich weiß, ist sich auch bewusst, dass er oder sie eines Tages vor dem Eigentümer der Erde und des Lebens Rechenschaft abgeben wird. „Denn wir alle müssen vor Christus erscheinen, wenn er Gericht hält. Dann wird jeder Mensch bekommen, was er verdient, je nachdem, ob er in seinem irdischen Leben Gutes getan hat oder Schlechtes." (2 Kor 5,10 GNB) Als mündige Menschen, die ihr Leben eigenverantwortlich und frei gestalten, stehen wir auch für das gerade, was wir getan oder unterlassen haben. „Am Tag des Gerichts wird sich erweisen, ob es Bestand hat. Dann wird die Feuerprobe gemacht: Das Werk eines jeden wird im Feuer auf seinen Wert geprüft." (1 Kor 3,13 GNB)

Mündigkeit gibt es nur im „Doppelpack". Wer für sich Freiheit beansprucht, muss auch bereit sein, Verantwortung zu übernehmen. Mit anderen Worten: Niemand redet mir rein – und ich rede mich nicht raus. Das ist die Kurzform des Prinzips der Haushalterschaft. Christen wissen, was ihre Aufgabe in dieser Welt ist und wer sie dazu beauftragt hat. Sie wollen treue und gewissenhafte Verwalter all der Gaben sein, die Gott ihnen anvertraut hat.

Gott will unser Bestes!
Über Mäßigkeit und Mündigkeit

Schon der Anblick lässt einem das Wasser im Mund zusammenlaufen. Das festliche Büfett stellt sogar den prächtig geschmückten Saal in den Schatten. Auf üppig beladenen Tischen stehen köstliche Speisen aller Art: würzige Vorsuppen, kalte Platten mit mundenden Appetithappen, feinste Delikatessen, eine reichhaltige Auswahl warmer Speisen, die keine Wünsche offen lassen, dazu erlesene Getränke, leckere Nachspeisen, exotische Früchte – kurz, ein einzigartiger kulinarischer Genuss! Die Köche haben hervorragende Arbeit geleistet und aus vielen Zutaten phantastische Gerichte gezaubert. Alle werden hier garantiert auf ihre Kosten kommen. Aber was heißt schon Kosten? Keiner der Gäste hat etwas dafür bezahlt; sie wurden alle eingeladen, um das große Fest mitzufeiern. (Wer einlädt, zahlt bekanntlich.)

Handelt es sich hier um eine standesgemäße Hochzeitsfeier in adeligen Kreisen oder um ein Geschäftsessen arabischer Ölmilliardäre, vielleicht auch nur um ein opulentes Mahl im Fünf-Sterne-Hotel? Nichts von alledem. Die Beschreibung ist vielmehr eine in unsere Zeit und Kultur übertragene Wiedergabe des Bildes, das der Prophet

Jesaja einst von der kommenden Heilszeit gezeichnet hat. Wie so häufig in der Bibel verwendete er dafür den Vergleich mit einem Festmahl. „Hier auf dem Berg Zion wird der Herr, der allmächtige Gott, alle Völker zu einem Festmahl mit köstlichen Speisen und herrlichem Wein einladen, ein Festmahl mit bestem Fleisch ..." (Jes 25,6 Hfa)

Auch Jesus war offenbar von dieser prophetischen Vision angetan, jedenfalls verglich er das anbrechende Reich Gottes mit einer großen Hochzeitsfeier, zu der alle Menschen von Gott eingeladen sind: „Hört! Ich habe mein Festessen vorbereitet, meine Ochsen und meine Mastkälber sind geschlachtet, alles steht bereit. Kommt zur Hochzeitsfeier!" (Mt 22,4 GNB)

Im letzten Buch der Bibel wird denen, die Jesus vertrauen und ihm folgen, die Teilnahme am „Hochzeitsmahl des Lammes" versprochen. Wie bei jeder Hochzeit freue ich mich schon auf die bezaubernde Braut – die vollendete Gemeinde Jesu – und auf das Festessen, das der Bräutigam – Jesus Christus selbst – seinen Gästen anbietet. Bei Gott bleibt kein Mensch hungrig oder durstig! (Offb 19,6-9; 22,17)

Zwischen Askese und Ausschweifung

Das ist eine gute Nachricht für alle, die in dieser Welt auf der Schatten- und Verliererseite leben und nicht damit rechnen können, jemals ohne Sorgen um das tägliche Leben zu sein. Das ist wohl auch ein Grund, warum viele Menschen in wirtschaftlich schwächeren Regionen an Gottes Verheißungen festhalten, während in wohlstandsverwöhnten Ländern nur noch wenige nach Gott fragen. Welch ein Paradox! Während die einen nicht wissen, wo sie ihr Essen für den Tag hernehmen sollen, kostet es andere viel Zeit, Geld und Mühe, die überflüssigen Pfunde wieder loszuwerden. Täglich gehen Zehntausende in Hunger und Elend zugrunde, Tausende andere dagegen sterben an Zivilisationskrankheiten. Eigentlich könnten doch alle ganz gut leben, wenn man nur die Extreme vermeiden und ein gesundes Maß zwischen Mangel und Überfluss finden könnte.

Maßhalten ist angesagt! Praktisch bedeutet das, eine ausgewogene Lebensweise zu kultivieren, die extreme Haltungen und Verhaltensweisen meidet und auf eine gute Balance in allen Dingen achtet: Essen und Trinken, Arbeit und Freizeit, Körperpflege und Kleidung – ja, auch Religion und Ethik. Zuviel ist zuviel, auch vom Guten. „Sei nicht allzu gerecht und nicht allzu weise", heißt es in der Bibel (Pred 7,16), was wohl so viel bedeutet wie: „Übertreib es nicht mit der Rechtschaffenheit und bemühe dich nicht zu sehr um Wissen!" (GNB) Gerechtigkeitsfanatiker oder Leute, die die

Relativitätstheorie erklären, aber keinen Nagel in die Wand schlagen können, sind kein Musterbeispiel für Ausgewogenheit. Auch ihnen gilt der weise Rat: „Halte dich in der Mitte, wenn du das Maß nicht verlieren willst; der Platz in der Mitte ist sicher." (Bernhard von Clairvaux)

Auch Christen stehen in der Gefahr, in extreme Einstellungen und Gewohnheiten zu verfallen. Bereits in biblischer Zeit gab es Menschen, die den Glauben an Gott vergeistigten und alles Irdische und Materielle – darunter auch den eigenen Körper – geringschätzten oder sogar verachteten. Dieses Denken prägte das Christentum über viele Jahrhunderte hinweg – teilweise bis zum heutigen Tag. Genuss und Lebensfreude, Schönheit und Anmut, Lust und Verlangen gelten in manchen Kreisen als mehr oder weniger sündig.

Was Spaß macht, gut tut oder gefällt, wird mit dem Makel des „Weltlichen" behaftet. Wer dagegen ein „heiliges" Leben führen will, übt sich in strenger Askese und Verzicht (Kol 2,20-23; 1 Tim 4,3).

Paradoxerweise kann Leibfeindlichkeit aber auch dazu führen, dass der Körper aus der Zuständigkeit des Glaubens gelöst und sich selbst – also der Triebhaftigkeit des Menschen – überlassen bleibt. Körperlicher Raubbau aus Mangel an Schlaf oder Bewegung, Unmäßigkeit im Essen und Trinken, Konsum von Rausch- und Suchtmitteln sowie sexuelle Freizügigkeit werden einer moralischen Bewertung entzogen oder als „lässliche Sünden" angesehen. Statt Zucht regiert Zügellosigkeit, Askese weicht der Ausschweifung, Körperpflege mutiert zum Körperkult, Leibverachtung schlägt um in Leibvergötterung (1 Kor 6,9-20).

Ein Tempel zur Ehre Gottes

Diese beiden Haltungen sind bestenfalls Karikaturen, verzerrte Widerspiegelungen eines christlichen Lebensstils, wie er sich aus dem biblischen Zeugnis ergibt. Demnach ist unser Körper weder eine wertlose Ruine noch das Ziel selbstverherrlichender Rituale, sondern ein Tempel, in dem der Heilige Geist residieren möchte. „Wisst ihr nicht, dass euer Leib ein Tempel des Heiligen Geistes ist, der in euch wohnt?" fragte Paulus die Gläubigen in Korinth, die ihre exzessive Lebensweise mit dem Hinweis auf ihre christliche Freiheit rechtfertigen wollten. Nein, sagt der Apostel, ihr könnt mit eurem Körper nicht einfach machen, was ihr wollt. „Gott hat euch seinen Geist gegeben und ihr gehört nicht mehr euch selbst." (1 Kor 6,19 GNB)

„Ich habe einen einfachen Geschmack – Ich bin mit dem Besten zufrieden." (Oscar Wilde)

Der beste Schutz vor dem Bösen ist das Gute. Darum heißt es: Denkt über das nach, was rein und liebenswert und bewunderungswürdig ist.

Der Vergleich ist so treffend wie tiefgründig. Unser Körper ist ein heiliger Ort, ein Tempel, eine Wohnung für Gott! Deshalb werden wir ihn weder beschädigen noch zweckentfremden, missbrauchen oder gar zerstören. Vielmehr tun wir alles, um ihn im bestmöglichen Zustand zu erhalten, liebevoll zu pflegen und vor Schaden zu bewahren. Schließlich ist er nicht unser Privateigentum, sondern gehört jetzt Gott, der über ihn verfügt. „Er hat euch freigekauft und als sein Eigentum erworben. Macht ihm also Ehre an eurem Leib!" (1 Kor 6,20 GNB) Wer für seinen Körper und dessen Bedürfnisse sorgt, dient Gott. Gesunde Ernährung, ein geregelter Tagesablauf, angemessene Körperpflege, Bewegungstraining oder ein Fitnessprogramm, regelmäßige Gesundheitsvorsorge, selbst der Kauf passender Schuhe – all das können wir zur Ehre Gottes tun. „Ob ihr nun esst oder trinkt oder sonst etwas tut, tut alles zur Ehre Gottes!" (1 Kor 10,31 EB)

Dabei geht es nicht nur um unser körperliches Wohl. Als ganzheitliche Wesen erleben wir zwischen der körperlichen, seelischen und geistigen Ebene unseres Menschseins eine enge Beziehung (der Bibel ist die dualistische Vorstellung vom Menschen fremd). Der berühmte Satz „Mens sana in corpore sano" bringt die Wechselwirkung zwischen (einem gesunden) Körper und (einem gesunden) Geist zum Ausdruck. Gott will, dass wir ganz heil(ig) werden.

Zu einem christlichen Lebensstil gehört deshalb auch die geistige Hygiene. Wer das Einfallstor zu seiner Gedankenwelt – Augen und Ohren – keiner Selbstkontrolle unterzieht, seine Phantasie auf geistigen Müllhalden ernährt oder negativen Gefühlen freien Lauf lässt, verunreinigt und entweiht Gottes heiligen Tempel. „Jeden Gedanken, der sich gegen Gott auflehnt, nehme ich gefangen und unterstelle ihn dem Befehl von Christus." (2 Kor 10,5 GNB)

Der beste Schutz vor dem Bösen ist das Gute. Darum heißt es: „Konzentriert euch auf das, was wahr und anständig und gerecht ist. Denkt über das nach, was rein und liebenswert und bewunderungswürdig ist, über Dinge, die Auszeichnung und Lob verdienen." (Phil 4,8 NL)

Freiheit – Mündigkeit – Verantwortung

Wer meint, die Anerkennung des Herrschafts- und Besitzanspruchs Gottes auf unser Denken und Tun sowie die Beachtung biblischer Lebensregeln und Grundsätze beschneide die menschliche Freiheit, irrt sich. Niemand ist wirklich frei, der sich oder anderen Schaden zufügt. Was auf den ersten Blick als ein Gewinn an persönlicher Freiheit erscheinen mag, entpuppt sich im Nachhinein oft genug als leeres Versprechen, wenn nicht gar als arglistige Täuschung. Kein Mensch wollte jemals alkohol-, drogen- oder tablettensüchtig werden, ein Raucherbein bekommen oder an Lungenkrebs sterben. Niemand möchte sein Vermögen verspielen, eine glückliche Ehe zerstören oder an AIDS zugrunde gehen. Trotzdem ist das der millionenfach bezahlte Preis unserer Freiheit – oder was wir Menschen dafür halten.

Doch „Freiheit ist nicht die Willkür, *beliebig* zu handeln, sondern die Fähigkeit, *vernünftig* zu handeln" (Rudolf Virchow). Um diese Freiheit geht es Gott. Weil er unser Bestes will, gab er uns Ordnungen und Regeln, die unser Leben und unsere Gesundheit schützen. Nicht weil sie falsch oder schädlich sind, missachten wir sie, sondern weil uns Einsicht und Kraft fehlen, konsequent danach zu leben. Wohnt aber der Geist Gottes in uns und räumen wir ihm das „Hausrecht" in seinem Tempel ein, dann wird er unser Denken und Handeln so prägen, dass wir unseren besten Überzeugungen und Werten folgen. Wir können dann sagen: „Jetzt habe ich ein neues Leben! Es wird nicht mehr von meinem alten Ich bestimmt, sondern von dem auferstandenen Christus, der in mir lebt." (Gal 2,20) Das ist attraktiver christlicher Lebensstil!

So sehr sich Gott auch danach sehnt, in eine Lebensgemeinschaft mit uns einzutreten, so wenig drängt er sich uns dabei auf. Liebe vermeidet jeden Zwang, denn sie kann nur auf dem Boden freiwilliger Hingabe wachsen. Sie verzichtet lieber auf ihr Recht (und Glück), als andere zu ihrem Glück zu zwingen. Dieser Grundsatz gilt nicht nur bei Gott, sondern auch bei seinen Nachfolgern. „Niemand ist berechtigt, eines Anderen Denken zu beherrschen, für ihn zu entscheiden, oder ihm seine Pflichten vorzuschreiben. Gott gibt jedem Menschen die Freiheit, selbst zu denken und seiner Überzeugung zu folgen." (Ellen G. White) Während Johannes streng asketisch in der Wüste lebte, mischte sich Jesus unter seine Zeitgenossen und feierte mit ihnen (Mt 3,4; 9,10-15; 11,18f.; Joh 2,1ff.). Jeder folgte dabei seiner Berufung!

Wer nicht nur Freiheit fordert, sondern auch die Verantwortung für sein Tun und Lassen übernimmt, ist ein mündiger Mensch. „Mündige Christen sind Gläubige, die nach den Maßstäben des Wortes Gottes selbstständig und verantwortlich denken, reden und handeln." (Joachim Hildebrandt) Sie informieren sich über wissenschaftliche Erkenntnisse, gebrauchen ihren gesunden Menschenverstand, bilden sich ein eigenes Urteil, und handeln dann nach bestem Wissen und Gewissen in christlicher Freiheit. „Christlicher Lebensstil" heißt für Adventisten:

Christlicher Lebensstil | 22

Wir sind berufen, ein gottesfürchtiges Volk zu sein, das in Übereinstimmung mit den Grundsätzen des Wortes Gottes denkt, fühlt und handelt. Damit der Heilige Geist in uns einen Christus ähnlichen Charakter ausprägen kann, beschäftigen wir uns bewusst mit dem, was in uns Reinheit, Gesundheit und Freude fördert. Freizeitgestaltung und Unterhaltung sollen dem hohen Anspruch von Geschmack und Schönheit entsprechen, wie sie christlichem Glauben angemessen sind. Während wir durchaus kulturelle Unterschiede berücksichtigen, sind wir darauf bedacht, uns schlicht, anständig und geschmackvoll zu kleiden; denn wahre Schönheit besteht nicht in Äußerlichkeiten, sondern in dem unvergänglichen Schmuck der Freundlichkeit und Herzensgüte. Das schließt auch ein, dass wir für unseren Leib, der ein Tempel des Heiligen Geistes ist, in vernünftiger Weise Sorge tragen. Neben ausreichender körperlicher Bewegung und Ruhe wollen wir uns so gesund wie möglich ernähren und uns der Speisen enthalten, die in der Heiligen Schrift als unrein bezeichnet werden. Weil wir uns nicht schaden wollen, enthalten wir uns auch alkoholischer Getränke, des Tabaks, jeglicher Drogen und lehnen den Missbrauch von Medikamenten ab. Stattdessen befassen wir uns mit dem, was unsere Gedanken und unseren Körper unter den Einfluss Christi stellt. Er wünscht uns Freude, Gesundheit und Wohlergehen.

(Glaubensüberzeugungen der Siebenten-Tags-Adventisten, Nr. 22)

▶ *Siehe auch „Worauf ich gern verzichte" und „Wie man mit Gesundheitsratschlägen umgehen sollte" auf Seite 212f. im Anhang.*

„Was Gott zusammengefügt hat ..."

Partnerschaft ist schwer – und schön!

Es gibt kaum eine Aktivität, kaum ein Unternehmen, das mit derartig ungeheuren Hoffnungen und Erwartungen begonnen wird und mit derartig großer Regelmäßigkeit fehlschlägt." Mit diesem ernüchternden Satz beschrieb Erich Fromm, einer der führenden Humanwissenschaftler des 20. Jahrhunderts, die Institution Ehe. Die objektiven Zahlen der Scheidungsstatistiken sprechen eine deutliche Sprache. In Deutschland bricht jede dritte Ehe wieder auseinander – ganz zu schweigen von denen, die nur noch auf dem Papier bestehen, aber lieb- und leblos geworden sind. Und dennoch: Liebe, Treue und Partnerschaft stehen immer noch und wieder hoch im Kurs. Wer jung ist, träumt den Traum von der großen Liebe.

Christen bilden hier keine Ausnahme. Von den Ehen, die ich als Pastor kirchlich getraut habe, sind mehrere inzwischen auseinandergebrochen – trotz bester Absicht und gründlicher Ehevorbereitung. Selbst das ehrliche Versprechen „... bis dass der Tod uns scheidet" kann keinen Erfolg garantieren. Wie bei allen menschlichen Unternehmungen findet sich – meist versteckt im Kleingedruckten – der warnende Hinweis „Änderungen vorbehalten". Doch darüber werde ich bei der nächsten Trauung wohl nicht reden. Passender erscheint mir der ebenso faktische wie faszinierende Satz aus der biblischen Schöpfungsgeschichte: „Deshalb verlässt ein Mann Vater und Mutter, um mit seiner Frau zu leben. Die zwei sind dann eins, mit Leib und Seele." (1 Mo 2,24 GNB) Oder wie Luther wörtlich übersetzte: „ein Fleisch".

Bezeichnenderweise ist die Ehe neben dem Sabbat die zweite Institution, die aus dem Paradies stammt. Damit will die Bibel offenbar auf den besonderen Charakter

Kapitel 23

Gegenseitige Liebe, Wertschätzung, Achtung und Verantwortung sind die Grundlage der Ehe.

dieser beiden Einrichtungen aufmerksam machen. Während der Sabbat uns zur Ruhe in Gott führen will, soll die Ehe wie ein Hafen sein, in dem unser Lebensschiff vor Anker gehen, Geborgenheit und Schutz finden kann. „Zwei haben es besser als einer allein, denn zusammen können sie mehr erreichen. Stürzt einer von ihnen, dann hilft der andere ihm wieder auf die Beine." (Pred 4,9.10 Hfa)

Nicht nur unser Lebenspartner ist ein Geschenk des Himmels, sondern auch, was aus dieser Liebesbeziehung erwächst. „Kinder sind ein Geschenk des Herrn; wer sie bekommt, wird damit reich belohnt." (Ps 127,3 Hfa) Christen haben eine hohe Auffassung von Ehe und Familie. Adventisten formulieren es so:

Ehe und Familie | 23

Die Ehe, von Gott im Garten Eden eingesetzt und von Jesus Christus bestätigt, soll eine lebenslange Verbindung zwischen einem Mann und einer Frau in einer von Liebe erfüllten Gemeinschaft sein. Für den Christen gilt das Eheversprechen sowohl Gott als auch dem Ehepartner gegenüber. Eine Ehe sollte nur zwischen Partnern gemeinsamen Glaubens geschlossen werden. Gegenseitige Liebe, Wertschätzung, Achtung und Verantwortung sind die Grundlage der Ehe. Sie soll die Liebe, Heiligkeit, Innigkeit und Beständigkeit der Beziehung zwischen Christus und seiner Gemeinde widerspiegeln. Jesus hat gelehrt, dass Ehebruch begeht, wer sich von seinem Ehepartner scheiden lässt – es sei denn wegen Unzucht – und einen anderen heiratet. Selbst wenn manche ehelichen und familiären Verhältnisse nicht ideal sind, können dennoch Ehepartner, die in Christus zueinanderhalten, durch die Führung des Heiligen Geistes und den Beistand der Gemeinde ihre Liebe erneuern und miteinander verbunden bleiben. Gott segnet die Familie und möchte, dass die Familienangehörigen auf dem Weg zur völligen Reife einander beistehen. Eltern sollen ihre Kinder so erziehen, dass sie den Herrn lieben lernen und ihm gehorchen. Durch Wort und Vorbild sollen Eltern ihre Kinder zu der Erkenntnis führen, dass Christus ein liebevoller Erzieher ist, voll Güte und Fürsorge, der sie zu Gliedern seines Leibes, der Familie Gottes, machen möchte. Den Zusammenhalt der Familie zu stärken ist ein besonderes Anliegen der Verkündigung des Evangeliums in der Endzeit.

(Glaubensüberzeugungen der Siebenten-Tags-Adventisten, Nr. 23)

„Zweimal lebenslänglich!"
Wer ein solches Urteil erhält, hat seine Freiheit für immer verspielt. Mancher hat auch die Ehe als ein Gefängnis erlebt. Ein autoritärer, aggressiver Mann oder eine herrschsüchtige, ständig nörgelnde Frau können das eheliche Paradies in eine Hölle verwandeln. Lieblosigkeit und Gewalt können die Familie auch für Kinder zu einem Ort der Angst und des Schreckens werden lassen, anstatt eine wohltuende Oase der Annahme und Geborgenheit zu bilden.

Auf der anderen Seite liegt gerade in der Dauer und Beständigkeit einer Beziehung ihre große Chance. Im Gegensatz zur „Lebensabschnittspartnerschaft" ist die Ehe prinzipiell auf unbestimmte Zeit angelegt. Ihre quantitative Unbegrenztheit ermöglicht qualitativen Tiefgang. Kalorienarme Nahrung ja – leichte Beziehungen dagegen nein: „Ehe satt" statt „Ehe light".

Wer mit dem anderen „durch dick und dünn" geht, erweist sich als echter, verlässlicher Freund und wird zum unersetzlichen Begleiter in Lebenskrisen wie Arbeitslosigkeit, Krankheit, Alter und Tod. Wer dagegen vor den Schwierigkeiten und Problemen, die in einer Beziehung üblicherweise auftauchen, wegläuft, lässt nicht nur den Partner im Stich. Er oder sie verpasst damit auch die Gelegenheit, den eigenen Charakter weiterzuentwickeln, Eigenschaften wie Ausdauer und Selbstdisziplin, Fürsorglichkeit und Verantwortungsgefühl, Achtung und Verzichtsbereitschaft einzuüben. In seinem Buch „Die Kunst des Liebens" (erschienen 1956) erklärte Erich Fromm, dass Liebe nur gelingen kann, wenn wir dabei unsere ganze Persönlichkeit entwickeln. Und das ist ohne Frage eine lebenslange Aufgabe und echte Herausforderung.

Allerdings ist nicht jeder dazu berufen oder in der Lage, Lebenserfüllung im Rahmen einer Ehe zu finden. Der Tod des Ehepartners, Trennung oder Scheidung, das Fehlen eines passenden Partners oder die bewusste Entscheidung, als Single zu leben – es gibt viele Gründe, um ehelos zu sein bzw. zu bleiben. Für manche ist dies die geeignete Lebensform; andere müssen lernen, mit unerfüllten Wünschen zu leben – wie Ehepartner übrigens auch. Für alle aber gilt: „Es ist nicht gut, dass der Mensch allein sei." (1 Mo 2,18) Wir sind zur Gemeinschaft berufen, und nur in Gemeinschaft mit anderen können wir zu gesunden und reifen Persönlichkeiten heranwachsen. Ob enge Freundschaft, geistliche Bruderschaft oder eheliche Partnerschaft – stabile Beziehungen sind wichtige Bausteine gelingenden Lebens.

Versprochen ist versprochen

Was die Ehe von anderen zwischenmenschlichen Beziehungen unterscheidet, ist ihre ausschließliche, den ganzen Menschen umfassende und zeitlich unbegrenzte Ausrichtung auf *eine* Person. Doch auch das Eheversprechen ist nicht dazu da, einen

Menschen an sich zu binden, quasi zu fesseln und ihm oder ihr damit die Freiheit zu rauben. Vielmehr ist es die vor Gott und den Menschen als Trauzeugen gegebene Zusage, den anderen nicht im Stich zu lassen – egal, was kommt. Nach Erich Fromm ist Liebe ein Akt des Willens – der Entschluss, mein Leben an das eines anderen zu binden. „Jemanden zu lieben, ist nicht nur ein starkes Gefühl, es ist auch eine Entscheidung, ein Urteil, ein Versprechen." Gefühle – wie stark sie auch augenblicklich sein mögen – taugen nicht als Grundlage für das Versprechen, sich für immer zu lieben. Gefühle kommen und gehen, echte Liebe dagegen bleibt.

Diese Liebe – und nur sie verdient den Namen wirklich – ist menschlich und göttlich zugleich. Sie ist *menschlich*, weil sie den Menschen mit seinen tiefsten Sehnsüchten und Bedürfnissen ernst nimmt, nämlich bedingungslos angenommen und geliebt zu werden. Einen Menschen zu „lieben" und ihn anschließend fallen zu lassen, ist unmenschlich und unfair. „Du bist zeitlebens für das verantwortlich, was du dir vertraut gemacht hast", erfährt der kleine Prinz vom Fuchs in dem gleichnamigen Buch von Antoine de Saint-Exupéry.

Wer die Liebesbeziehung zu seinem Ehepartner auflöst, begeht somit Ehebruch (Mt 19,9). Dies kann durch sexuelle Beziehungen außerhalb der eigenen Ehe geschehen, aber auch durch körperliche Misshandlung, emotionalen Liebesentzug oder Vernachlässigung des Partners. Alles, was die eheliche Beziehung zerstört, bedeutet Ehebruch. Er steht unter dem (Gerichts-)Urteil Gottes – doch ebenso unter seinem Angebot der Vergebung und des hoffnungsvollen Neuanfangs. Auch hier gilt: Gelingendes Leben ist Gnade, nicht Verdienst.

Diese Liebe ist zugleich *göttlich*, weil sie ein Abbild und Echo der Liebe ist, die Gott uns Menschen erweist. Gottes (Bundes-)Treue angesichts menschlicher Untreue ist ein Grundmotiv der biblischen Theologie. So ist Jahwe, der Gott Israels, seinem Volk in ewiger Liebe zugetan, die selbst in Verbannung und Gericht durchscheint und einen Neubeginn ermöglicht (z. B. die Rückkehr aus dem Exil). „Ich schließe die Ehe mit dir für alle Zeiten; mein Brautgeschenk für dich sind meine Hilfe und mein Schutz, meine Liebe, mein Erbarmen und meine unwandelbare Treue", lässt Gott durch den Propheten Hosea sagen – und zeigen (Hos 2,21-22 GNB). Als Ehemann liebt auch Jesus seine Gemeinde mit selbstloser Hingabe und wird auf diese Weise zum Vorbild für alle Ehepartner und Eltern (Eph 5,21 bis 6,4).

Familiärer Beistandspakt

Die Vorbereitung auf die Ehe beginnt nicht erst dann, wenn zwei Verliebte ans Heiraten denken. Die Fähigkeit, eine Partnerschaft einzugehen, ist uns auch nicht einfach angeboren; vielmehr wird sie im Laufe der Kindheit und Jugend nach und nach entwickelt. Deshalb gilt das Wort von Immanuel Kant, „der Mensch kann nur

Es ist die Aufgabe der Eltern, ihren Kindern durch liebevolle Fürsorge und gutes Vorbild zu helfen, selbstständige und verantwortliche Persönlichkeiten zu werden, die von Vertrauen geprägte Beziehungen zu anderen Menschen und zu Gott aufbauen können.

Mensch werden durch Erziehung", auch für zukünftige Ehepartner. Ehefähigkeit ist eine Frage der Erziehung – die beste Erziehung aber ist ein gutes Vorbild. Auch deshalb sind die hohen Scheidungszahlen so bedrückend. Das Scheitern einer Ehe ist für die Beteiligten schmerzhaft genug, für die betroffenen Kinder ist es oft eine Katastrophe. Gerade sie benötigen den Schutzraum einer intakten Familie und sollen Gottes Liebe in der Form der elterlichen Zuwendung quasi am eigenen Leibe erfahren.

Es ist die Aufgabe der Eltern, ihren Kindern durch liebevolle Fürsorge und gutes Vorbild zu helfen, selbstständige und verantwortliche Persönlichkeiten zu werden, die von Vertrauen geprägte Beziehungen zu anderen Menschen und zu Gott aufbauen können. Dazu gehört, dass Kinder nicht nur dazu erzogen werden, „Ja" zu sagen; ebenso wichtig ist ihre Fähigkeit, „Nein" zu sagen, wenn sie mit Sünde und Unrecht in ihren zahllosen Spielarten konfrontiert werden. Freiwilliger und bewusster, nicht erzwungener oder blinder Gehorsam kennzeichnet deshalb eine gesunde Kind-Eltern-Beziehung. Verantwortliche Eltern achten die Würde ihrer Kinder.

Die Familie ist der Ort, wo wir lernen, einander zu vertrauen und füreinander da zu sein. Als kleinste Zelle der Gesellschaft besitzt sie deshalb eine überragende Funktion. Auch die Gemeinde benötigt stabile Familien, die dazu beitragen, dass das Leben in Gottes Familie gelingt. Dazu gehört die Bereitschaft, eigene Fehler und Schwächen einzugestehen und mit anderen nachsichtig umzugehen. Wer möchte, dass andere sich ändern, muss selber bereit sein, den ersten Schritt zu tun. Nur so lassen sich Partnerschafts- und Generationskonflikte nachhaltig lösen. Eindrucksvoll wird das im letzten Satz des Alten Testaments zum Ausdruck gebracht, der vom Wirken eines endzeitlichen Propheten Elia sagt: „Er wird das Herz der Eltern den

Kindern zuwenden und das Herz der Kinder den Eltern. Er wird beide miteinander versöhnen." (Mal 3,24 GNB) Geistgewirkte Familienzusammenführung – eine aktuelle Botschaft!

Für Ehe und Familie gilt, was Jesus seinen Jüngern sagte: „Was Gott zusammengefügt hat, soll der Mensch nicht scheiden." (Mk 10,9) Christliche Ehepartner und Eltern wissen um den Segen, den Gott auf Ehe und Familie gelegt hat. Sie wissen auch um die – geistliche wie fachliche – Hilfe, die ihnen dafür zur Verfügung steht: Eheberater und Familientherapeuten, Seelsorger und Freunde, die Bibel und andere Bücher, Gespräch und Gebet. Solche Hilfe ist nötig, um „die Kunst des Liebens" (Fromm) zu erlernen. Es lohnt sich, denn „Liebe zu lernen ist nach wie vor das größte Abenteuer, das diese Welt zu bieten hat." (Mary Hathaway)

Die konfessionsverschiedene Ehe („Mischehe")

„Eine Ehe sollte nur zwischen Partnern gemeinsamen Glaubens geschlossen werden", heißt es in den adventistischen Glaubensüberzeugungen. Dennoch sind manche Gemeindeglieder mit anders- oder nichtgläubigen Partnern verheiratet. Was ist zur sogenannten „Mischehe" zu sagen?

Nach biblischem Verständnis hat Gott selber die Ehe gestiftet; sie steht unter seinem Segen und Schutz. Ein Christ wird deshalb eine Ehe nur dann eingehen, wenn auch der Partner sie nach Gottes Ordnung gestalten und dafür um seinen Beistand bitten will. Vor einer Heirat mit einem bzw. einer Andersgläubigen sollten deshalb folgende Fragen positiv beantwortet sein:

(1) Sind sich beide Partner der besonderen Schwierigkeiten und Belastungen der Mischehe bewusst und entschlossen, diese in gegenseitiger Liebe und Treue zu meistern?

(2) Sind beide Partner bereit, die religiösen Überzeugungen des andern zu respektieren und sich gegenseitig die ungehinderte Ausübung des Glaubens zuzubilligen? Für adventistische Christen zählen dazu u. a. der wöchentliche Ruhetag, der Einsatz für die Gemeinde (auch in finanzieller Hinsicht), ein maßvoller Lebensstil sowie die christliche Erziehung der Kinder.

(3) Haben beide Partner den Wunsch, Gottes Segen für ihre Ehe zu erbitten? Ist dies für den nicht-adventistischen Ehepartner ein Zeichen der Achtung vor den Überzeugungen und Werten des adventistischen Partners sowie der Bereitschaft, sie aufrichtig zu respektieren?

„Die Erfahrung lehrt uns, dass Liebe nicht darin besteht, dass man einander ansieht, sondern dass man gemeinsam in die gleiche Richtung blickt." (A. de Saint-Exupéry)

„Wir haben einen großen Hohenpriester"

Die Tür zu Gott steht immer noch weit offen

Als die Uhr Mitternacht schlug, war die Enttäuschung riesengroß. Nicht nur in Port Gibson im Bundesstaat New York, wo Hiram Edson lebte, sondern überall, wo die Adventgläubigen fest mit dem Erscheinen des himmlischen Bräutigams gerechnet hatten. In nur knapp fünf Jahren hatte die Nachricht vom unmittelbar bevorstehenden Ende der Welt und vom Kommen des Reiches Gottes die Menschen auf dem Land wie in den Städten im Nordosten Amerikas aufgerüttelt. Auch in Europa und anderswo warteten viele Christen mit Spannung auf den Tag, an dem Jesus wiederkommen würde. In der Miller-Bewegung – der Baptistenprediger William Miller (1782-1849) hatte sie 1839/40 durch seine Verkündigung vom nahen Advent Christi ausgelöst – hatte sich die Erwartung schließlich auf einen bestimmten Tag konzentriert, den man durch das Studium der biblischen Prophezeiungen und des jüdischen Festkalenders herausgefunden hatte: Dienstag, den 22. Oktober 1844. Doch der Tag kam und ging – und nichts geschah.

Wie alle anderen Adventisten der ersten Stunde erlebte auch der Farmer Hiram Edson in jener Nacht die bitterste und schmerzlichste Enttäuschung seines Lebens. Jahre später hielt er seine Erinnerungen daran schriftlich fest: „Unsere Erwartungen waren hochgespannt, und so hielten wir Ausschau nach unserem wiederkommenden König, bis die Uhr um Mitternacht zwölfmal schlug. Der Tag war nun vergangen und unsere Enttäuschung wurde zur Gewissheit. Unsere sehnlichsten Hoffnungen und Erwartungen waren in einem Augenblick zerstört und solch ein Geist des Weinens kam über uns, wie ich es noch nie zuvor erlebt hatte. Es schien, als könne der Verlust aller irdischen Freunde in keinem Vergleich dazu stehen. Wir weinten und weinten, bis der Morgen dämmerte."

Kapitel 24

Wieder aufzubauen, was seit langem in Trümmern liegt – auch das gehört zum Auftrag der Gemeinde Jesu.

Die geschlossene Tür

Die Adventbewegung brach nach kurzer Zeit in sich zusammen. Manche gaben ihren Glauben auf oder kehrten still in die Kirchen und Gemeinschaften zurück, die sie um der Adventbotschaft willen verlassen hatten. Andere jedoch hielten an der Überzeugung fest, dass Christus bald wiederkommen werde, und begannen erneut, davon zu predigen – ohne viel Erfolg. Das Interesse der Menschen für diese Botschaft war erloschen. Eine kleine Gruppe von Adventisten zog daraus den Schluss, dass die Tür der Gnade verschlossen (Mt 25,10) und die Zeit für Bekehrungen unwiderruflich vorbei sei. Die sog. „Lehre von der geschlossenen Tür" löste mancherorts extreme Einstellungen und Verhaltensweisen aus, da man glaubte, Jesus habe seinen Mittlerdienst im Himmel beendet und das Schicksal aller Menschen sei deshalb bereits besiegelt. Aus dieser Fehleinschätzung gab es kein Entrinnen – oder doch?

Hiram Edson erinnert sich weiter: „Nach dem Frühstück sagte ich zu einem meiner Brüder: ‚Lass uns gehen und nach einigen unserer Brüder schauen und sie ermutigen.' Wir machten uns auf den Weg, und während wir durch ein großes Maisfeld gingen, wurde ich mittendrin angehalten. Der Himmel schien für meinen Blick geöffnet zu sein, und ich sah deutlich und klar, dass unser Hohepriester, statt ... aus dem Allerheiligsten des himmlischen Heiligtums auf diese Erde zu kommen, an jenem Tag zum ersten Mal die zweite Abteilung jenes Heiligtums betrat, und dass er eine Aufgabe im Allerheiligsten zu verrichten hatte, bevor er auf diese Erde kommen würde."

„Ich habe euch eine Tür geöffnet ..."

Die Einsicht, die Hiram Edson in diesem Augenblick durch den Kopf schoss, fand Ausdruck in einem längeren Aufsatz, den sein Freund O. R. L. Crosier 1846 in einer Zeitschrift veröffentlichte. Darin wurde unter Bezugnahme auf Hebräer 8-9 erklärt, dass Jesus noch immer im himmlischen Heiligtum für die Gläubigen tätig sei.

Als Ellen White sich 1847 hinter diese Erklärung stellte – „Bruder Crosier hatte die richtige Erkenntnis über die Reinigung des Heiligtums etc." –, war der entscheidende Durchbruch geschafft. Die Heiligtumslehre bildete fortan den Schlüssel, der den sabbathaltenden Adventisten ermöglichte, aus der Sackgasse der Theorie der „geschlossenen Tür" herauszukommen und das Wort Jesu an seine Gemeinde neu zu hören: „Ich habe euch eine Tür geöffnet, die niemand zuschließen kann." (Offb 3,8 GNB) Diese Entwicklung dauerte einige Jahre und Jahrzehnte – ja, sie hält in gewisser Weise bis heute an (siehe „Die Entwicklung der adventistischen Heiligtumslehre" auf Seite 215 im Anhang).

Diente die Heiligtumslehre ursprünglich vor allem dazu, die Miller'sche Adventbewegung auch im Nachhinein als eine echte, geistgeleitete Erweckung zu bewerten, so richtete sich die Aufmerksamkeit der Sabbat haltenden Adventisten zunehmend auf die Frage, welche Aufgabe Christus denn jetzt im Himmel ausübt, bevor er seine wartende Gemeinde für immer zu sich holt. Die Antwort darauf suchte und fand man durch ein erneutes Studium der Heiligen Schrift, vornehmlich der prophetischen Bücher Daniel und Offenbarung sowie des Hebräerbriefes. Das Ergebnis dieses Studiums lässt sich folgendermaßen zusammenfassen:

Christi Dienst im himmlischen Heiligtum | 24

Es gibt ein Heiligtum im Himmel, die wahre Stiftshütte, die Gott aufgerichtet hat und nicht ein Mensch. Dort dient Christus für uns und macht den Gläubigen das Angebot seines versöhnenden Opfers, das ein für alle Mal am Kreuz vollbracht wurde, zugänglich. Mit seiner Himmelfahrt wurde er als unser großer Hoherpriester eingesetzt und nahm seinen Mittlerdienst auf. Am Ende der prophetischen Zeit der 2300 Tage, im Jahr 1844, begann die zweite und letzte Phase seines Versöhnungsdienstes. Sie leitet das Gericht vor dem zweiten Kommen Christi ein und gehört zur endgültigen Beseitigung der Sünde, wie sie durch die Reinigung des alttestamentlichen Heiligtums am Versöhnungstag vorgebildet war. Das irdische Abbild des himmlischen Heiligtums wurde mit dem Blut von Tieropfern gereinigt; für das wirkliche, das himmlische Heiligtum war ein besseres Opfer nötig: das vollkommene Opfer Jesu Christi. Das Gericht vor der Wiederkunft Jesu offenbart den himmlischen Wesen, wer im Glauben an den Herrn gestorben und durch ihn würdig ist, an der ersten Auferstehung teilzuhaben. Es zeigt auch auf, wer von den Lebenden Gemeinschaft mit Christus hat, an den Geboten Gottes festhält und den Glauben an Jesus bewahrt – also bereit ist für die Umwandlung zum Eingang in Gottes ewiges Reich. Dieses Gericht erweist die Gerechtigkeit Gottes, der alle rettet, die an Jesus Christus glauben. Es bestätigt, dass alle, die Gott treu geblieben sind, das Reich empfangen werden. Wenn Christus diesen Dienst vor seiner Wiederkunft vollendet, ist für die Menschen die Zeit der Gnade abgelaufen.

(Glaubensüberzeugungen der Siebenten-Tags-Adventisten, Nr. 24)

Diese adventistische Sicht vom Heiligtum und vom Gericht ist gleichermaßen von den Erlebnissen der Gründerzeit wie von den Ergebnissen des Bibelstudiums vor und nach 1844 geprägt. Um den theologischen Ertrag dieser Entwicklung nachvollziehen zu können, ist es deshalb erforderlich, sich gedanklich auf die Erfahrungen jener Zeit einzulassen, die damals gestellten Fragen nachzuvollziehen und die gefundenen Lösungswege innerlich mitzugehen. Gleichzeitig wird eine Kirche, die die Bibel als Maßstab ihres Glaubens betrachtet, dabei nicht stehenbleiben. Vielmehr wird sie die Heilige Schrift immer wieder neu danach befragen, was die biblischen Aussagen über das himmlische Heiligtum und das göttliche Gericht uns heute zu sagen haben.

„Eintritt frei"

Die neutestamentliche Sicht vom Dienst Jesu im himmlischen Heiligtum wird nirgendwo ausführlicher entfaltet als im Hebräerbrief. Hier erläutert der Verfasser die überragende und einzigartige Bedeutung des Erlösungswerkes Christi anhand des israelitischen Opferkults. Wie der Hohepriester einmal im Jahr das Allerheiligste – den inneren Raum der Stiftshütte – mit Opferblut betrat, um die Versöhnung für sich und das ganze Volk zu vollziehen, so ist Jesus nach seiner Auferstehung „durch sein eigenes Blut ein für allemal in das [himmlische] Heiligtum eingegangen und hat eine ewige Erlösung erworben" (Hbr 9,12). Dort wirkt er nun als unser Mittler (1 Tim 2,5) und Fürsprecher beim Vater (1 Joh 2,1). „Wir haben einen [großen] Hohenpriester, der auf dem Thron zur Rechten des allmächtigen Gottes sitzt." (Hbr 8,1 Hfa; vgl. 2,17; 4,14) Deshalb können wir „frei und ungehindert in das Heiligtum eintreten und zu Gott selbst kommen" (Hbr 10,19 Hfa).

Was einmal jährlich am großen Versöhnungstag im Alten Bund geschah, sollte das einmalige Erlösungswerk Christi im Neuen Bund gleichnishaft darstellen (Hbr 9). Sein Tod am Kreuz öffnete den Zugang zu Gott für alle, die sich ihm „mit aufrichtigem Herzen

> ### Struktur/Kernaussage von Daniel 8,9-14
>
> **Die Vision:** Eine gottfeindliche Macht (das „kleine Horn") wächst, wird übermäßig groß und startet einen sechsfachen Angriff:
> (1) Sie erobert das Heilige Land (wörtl.: „die Pracht/Zierde").
> (2) Sie wirft die Sterne auf die Erde hinunter und zertritt sie.
> (3) Sie wendet sich gegen den Herrn des Himmelsheeres.
> (4) Sie unterbindet die Abend- und Morgenopfer („tamid").
> (5) Sie verwüstet das Heiligtum und entweiht den Tempel („miqdasch", heiliger Ort, das Heiligtum, der Tempel).
> (6) Sie wirft die Wahrheit zu Boden und tritt sie mit Füßen.
>
> **Die Frage:** Bis wann soll das Gezeigte dauern, diese Vision
> ... vom täglichen Opfer („tamid"), das unterbunden wird?
> ... vom verwüstenden Frevel (frevelhafte Entweihung)?
> ... vom Heiligtum („qodäsch", das Heilige, die Heiligkeit) und vom Heer (des Himmels), die zertreten werden?
> (Beispielhaft wird ein Teil der sechs Angriffsziele genannt.)
>
> **Die Antwort:** Bis 2300 Abende-Morgen ohne „tamid" vergangen sind, dann wird das Heiligtum („qodäsch", alles, was Gott heilig ist) wieder gereinigt, geweiht, gerechtfertigt und wiederhergestellt. (Das Wort „qodäsch" steht für alle sechs zuvor genannten Ziele und meint die umfassende Wiederherstellung des „Heiligen", das „zertreten" wurde.)

und im festen Glauben" nähern (Hbr 10, 19-22 Hfa; Mt 27,51).

Wie der Hohepriester nach vollbrachter Versöhnung das Heiligtum wieder verließ (3 Mo 16) und das wartende Volk segnete, so wird Christus eines Tages seine priesterliche Fürsprache beenden und zur Erde zurückkommen, „um alle, die auf ihn warten, in sein Reich aufzunehmen" (Hbr 9,28 Hfa). Dann wird der große Versöhnungstag und damit die Zeit der Gnade enden, an dem Jesus sowohl die Opferrolle als auch die Priesterfunktion innehat.

Was für Hiram Edson und die frühen Adventisten zum Schlüsselerlebnis wurde – nämlich die befreiende Einsicht in das Versöhnungswerk Jesu im Allerheiligsten – diente also bereits dem Verfasser des Hebräerbriefs dazu, den ersten Christen die unvergleichliche Bedeutung Jesu zu erläutern, der uns von unserer Schuld befreit hat (Hbr 9,12ff.). Dagegen verstanden die frühen Adventisten diesen Brief als eine aktuelle prophetische Botschaft für ihre Zeit und entdeckten darin Antworten auf brennende Fragen. Bis heute hat die biblische Wahrheit vom Priesterdienst Jesu nichts von ihrer Aktualität und Bedeutung verloren. Adventisten wollen ihr bleibenden Ausdruck verleihen, wenn sie vom Dienst Jesu im himmlischen Heiligtum reden.

Das Heiligtum erhält sein Recht

Neben dem Hebräerbrief spielt noch ein weiteres Buch der Bibel eine Schlüsselrolle für die adventistische Heiligtumslehre. In Daniel 8 findet sich eine wichtige Prophezeiung über eine geheimnisvolle Macht, die in einem Rundumschlag alles attackiert, was zu Gott und seinem Volk gehört: das gelobte Land, das Heer des Himmels, den Fürsten des Heeres, das tägliche Opfer, das Heiligtum sowie die Wahrheit (Dan 8,9-13). Auf die Frage, wie lange dieser „verwüstende Frevel" dauern wird, wird eine Frist von „2300 Abenden und Morgen" genannt, nach deren Ablauf „das Heiligtum wieder geweiht" wird (8,14). Es war dieser Satz, der die Hoffnung der Adventisten um Miller beflügelt und sie in der Überzeugung bestärkt hatte, dass Jesus um 1843-44 wiederkommen und die Erde von aller Sünde reinigen werde.

Auch für die späteren Siebenten-Tags-Adventisten blieb dieser Text von entscheidender Bedeutung, verstanden sie ihn doch jetzt als Hinweis darauf, dass das Heiligtum im Himmel von den Auswirkungen der Sünde „gereinigt" und „wieder geweiht" werden solle (vgl. Hebr 9,23). Diese letzte Phase des Versöhnungsdienstes Christi wurde nun im Sinne von Dan 7,9-14.22-27 als ein Gericht verstanden, in dem „den Heiligen des Höchsten Recht verschafft wird" (Dan 7,22 EÜ) und das der Wiederkunft Jesu vorausgeht. Dieses Gericht macht deutlich, dass Gott in allen seinen Taten und Entscheidungen gerecht ist. Auf diese Weise „wird das Heiligtum wieder gerechtfertigt", es „erhält wieder sein Recht" (Dan 8,14 EB, EÜ), wie es im Grundtext heißt.

Liest man Daniel 8,14 im unmittelbaren Textzusammenhang, dann zeigt sich, dass es hier um die Wiederherstellung all dessen geht, was die gottfeindliche Macht attackiert hatte. Dazu gehört auch der tägliche Opferdienst, der im Morgen- und Abendopfer Ausdruck fand. Mit der Rechtfertigung des Heiligen ist der Zugang zu Gott wieder frei, die Wahrheit über Jesus Christus – unseren „Hohenpriester für alle Zeiten" (Hbr 6,20 Hfa) – erneut aufgerichtet. Diese Wiederherstellung findet nicht nur im Himmel statt, sondern auch auf der Erde, wo Gottes Volk – die Gemeinde Jesu – wieder aufbauen soll, was seit Langem in Trümmern liegt (vgl. Jes 58,12). Zu diesem Auftrag gehört, dass sie allen Menschen eine „ewig gültige Heilsbotschaft" verkündigt, die in dem Hinweis gipfelt: „Die Zeit ist gekommen: Jetzt hält er Gericht!" (Offb 14,6f. Hfa, GNB)

 Siehe auch „Die Entwicklung der adventistischen Heiligtumslehre" auf Seite 215 im Anhang.

 Siehe den Aufsatz „Das Heiligtum als Gleichnis im Hebräerbrief" im Internet: www.christsein-heute.info/hoffnung

Buchempfehlung:
Edward Heppenstall, „Christus – unser Hoherpriester", Advent-Verlag, Lüneburg, 1994. (Zzt. vergriffen, auf der CD-ROM des Advent-Verlags enthalten.)

„Siehe, ich komme bald!"
Versprochen ist versprochen

Ich sitze bequem auf dem Stuhl – eigentlich liege ich, den Kopf nach hinten geneigt, die Beine erhöht. Mein Blick schweift über die Bilder an der Wand, dann zum Fenster hinaus. Draußen scheint die Sonne, die Vögel zwitschern, es ist ein herrlicher Tag. Eigentlich könnte ich zufrieden sein, nicht jeder hat einen solchen Platz zum Entspannen. Doch mir ist nicht zum Ausruhen zumute. Ich möchte hier am liebsten raus, und zwar möglichst schnell. Mein Gegenüber spürt meine Anspannung. „Wir sind bald fertig", sagt er beruhigend. Also halte ich aus. Zähne zusammenbeißen geht nicht; ich soll den Mund ja weit offen halten. Auf die Betäubung habe ich verzichtet, ein wenig Schmerz bringt mich nicht um. Aber jetzt wird es mir doch zu lang. Was heißt eigentlich „bald"? Sekunden erscheinen wie Minuten, Minuten wie Stunden. Ich versuche an etwas Schönes zu denken. Jetzt lächelt der Zahnarzt. „Das war's. Ging es denn ohne Spritze?" „Na klar", antworte ich entspannt, „war doch halb so schlimm."

Szenenwechsel. Ich sitze bequem auf dem Stuhl – eigentlich liege ich, den Kopf nach hinten geneigt, die Beine erhöht. Mein Blick schweift über die Bilder an der Wand, dann zum Fenster hinaus. Draußen lacht die Sonne, die Vögel zwitschern, es ist ein herrlicher Tag. Ich bin rundum zufrieden, nicht jeder hat einen solchen Platz zum Entspannen. Mir ist nicht zum Aufstehen zumute. Ich möchte am liebsten hier

Kapitel 25

bleiben und zwar möglichst lange. Doch die Stille währt nur kurze Zeit. „Du musst bald aufstehen", sagt eine Stimme im Hintergrund, „die Stunde ist um." Was heißt hier „bald"? Ich habe mich doch gerade erst hingelegt. Das war doch viel zu kurz! Die Stunde verging wie im Flug, sie erschien mir wie Minuten. „Schade", denke ich, „ich hätte es in meinem Ruhesessel noch eine ganze Weile länger ausgehalten."

Albert Einsteins bahnbrechende Erkenntnisse über die Verknüpfung von Materie, Raum und Zeit sind in seiner Relativitätstheorie beschrieben. Doch auch ohne seine geniale Begabung wissen wir alle aus eigener Erfahrung, wie unterschiedlich das Phänomen „Zeit" erlebt werden kann. Manchmal scheint sie geradezu stehenzubleiben, ein anderes Mal rast sie im Eiltempo davon. Zeit ist relativ – relativ zu unseren Gedanken und Empfindungen, unseren Ängsten und Befürchtungen, ebenso wie zu unseren Wünschen und Sehnsüchten. Was dem einen viel zu lange dauert, erscheint dem anderen als viel zu kurz. Der Satz „Bald ist Weihnachten" bedeutet für Kinder eine halbe Ewigkeit, für Erwachsene dagegen, dass die Zeit für nötige Einkäufe knapp geworden und schon wieder ein Jahr beinahe abgelaufen ist.

Versprochen ist versprochen

Solche unterschiedlichen Reaktionen gibt es auch, wenn wir in der Bibel lesen, dass Jesus Christus „bald" auf diese Erde wiederkommen wird und das Ende der Weltzeit „nahe" bevorsteht. Seit fast zweitausend Jahren warten Christen sehnsüchtig und mit Spannung auf diesen Tag. Paulus konnte mit den Gläubigen der ersten Stunde sagen: „Wir warten darauf, dass sich bald erfüllt, was wir sehnlichst erhoffen, dass unser Herr und Erlöser Jesus Christus in seiner ganzen göttlichen Herrlichkeit und Größe erscheinen wird." (Tit 2,13 Hfa) Zu allen Zeiten haben Menschen dieser Zusage vertraut und ihr Leben danach ausgerichtet. Im 19. Jahrhundert beispielsweise rechneten Zehntausende mit dem unmittelbar bevorstehenden Advent Christi (lat. *adventus*; Ankunft, Gegenwart). Man nannte sie deshalb Adventisten. Auch heute glauben zahllose Christen dieser Zusage Jesu, darunter mehr als fünfzehn Millionen Siebenten-Tags-Adventisten. Ihre Adventhoffnung lässt sich so zusammenfassen:

Die Wiederkunft Christi | 25

Das zweite Kommen Christi ist die froh machende Hoffnung der Gemeinde. Mit ihm erreicht die Geschichte ihren Höhepunkt, wie es das Evangelium bezeugt. Der Erlöser wird wirklich, persönlich und weltweit sichtbar erscheinen. Wenn er wiederkommt, werden die verstorbenen Gerechten auferweckt und zusammen mit den lebenden Gerechten verherrlicht in den Himmel aufgenommen; die Ungerechten aber werden sterben. Die Erfüllung der meisten prophetischen Aussagen sowie der gegenwärtige Zustand der Welt weisen darauf hin, dass Christi Kommen nahe bevorsteht. Der Zeitpunkt dieses Ereignisses ist nicht offenbart worden; deshalb sind wir aufgefordert, jederzeit bereit zu sein. (Glaubensüberzeugungen der Siebenten-Tags-Adventisten, Nr. 25)

Doch lässt sich dieser Glaube an eine wirkliche und persönliche Wiederkunft Jesu – so unmissverständlich er auch in der Bibel bezeugt ist und so aufrichtig er auch gelebt werden mag – rational begründen? Spricht nicht allein die Tatsache, dass die Welt bis heute besteht, nachdrücklich gegen diese Hoffnung? Viele Christen – auch Theologen – sehen das so. „Die Hoffnung der Urgemeinde auf ein baldiges Weltende ist durch die Geschichte unrettbar widerlegt worden", schrieb schon vor Jahren Ethelbert Stauffer. „Nach 1900 Jahren ist die Zeit für eine einigermaßen pünktliche Erfüllung der urchristlichen Naherwartung unwiderruflich vorbei." So reden nicht nur Ungläubige, sondern auch überzeugte und denkende Christen.

Ich erinnere mich noch gut an eine Radiosendung im Jahr 1970, in der behauptet wurde: „In der apokalyptischen Naherwartung war die Hoffnung der Christen auf einen Irrweg geraten. Die Hoffnung auf die Wiederkunft ist eine realitätsfeindliche Hoffnung." Diese Sätze hatten meinen jungen Glauben irritiert und infrage gestellt. Dabei enthielten sie eigentlich nichts Neues. Schon zur Zeit der ersten Christen wurde so gefragt und gedacht: „Er hat doch versprochen wiederzukommen! Wo bleibt er denn? Inzwischen ist die Generation unserer Väter gestorben; aber alles ist noch so, wie es seit der Erschaffung der Welt war!" (2 Ptr 3,4 GNB) Wie sollte ich meine „Adventhoffnung" vor meinem eigenen Verstand rechtfertigen?

Die Antwort lautet: Die Wiederkunft Jesu Christi ist so sicher wie die Zusage, die er selbst seinen Jüngern gab. „Wenn alles bereit ist, werde ich wiederkommen und euch zu mir holen. Dann werdet auch ihr dort sein, wo ich bin." (Joh 14,3 Hfa) Die Hoffnung auf den Advent steht und fällt mit der Glaubwürdigkeit der Bibel. Wer Jesus als seinen Erlöser und Herrn bekennt, wer dem biblischen Zeugnis von Tod und Auferstehung Christi glaubt, darf wissen, dass der menschgewordene und verherrlichte Sohn Gottes eines Tages wiederkommen wird. Wer „A" sagt, muss auch „B" sagen. Versprochen ist versprochen. Undenkbar, dass Gott uns einfach vergisst oder sein einmal gegebenes Wort bricht. Die Zusage Jesu, sein leeres Grab und das übereinstimmende Zeugnis der Apostel, die ihn persönlich gesehen und gehört haben, sind die Garanten dafür (Apg 1,9-11; Offb 1,7.8.17.18). Jesus lebt – und er kommt wieder!

Ende gut, alles gut

Ohne die Wiederkunft Jesu in Herrlichkeit bliebe die Botschaft des Evangeliums vom Heil für die Welt eine unvollendete Sinfonie. Die Erlösung ist erst dann endgültig, wenn das Ende da ist, wenn die Vollendung geschieht. Ohne Parusie (griech. *parousia*; Ankunft, Gegenwart) gibt es keine Auferstehung und Verwandlung, keinen neuen Himmel und keine neue Erde (Offb 21,1).

Erst mit dem „jüngsten Tage" (Joh 6,39f.) und „der Wiederherstellung aller Dinge" (Apg 3,21 EÜ), erreicht die Geschichte ihren abschließenden Höhepunkt, erst dann findet die Frage nach

Zeit ist relativ: Der Satz „Bald ist Weihnachten" bedeutet für Kinder eine halbe Ewigkeit, für Erwachsene dagegen, dass die Zeit für nötige Einkäufe knapp geworden ist.

Gottes Güte und Gerechtigkeit ihre letzte, befriedigende Antwort (Offb 6,9-11). Ein Glaube, dem die Hoffnung auf die letzte Vollendung abhanden gekommen ist, ist ein Torso; ihm fehlt der Schlussstein, der alles zusammenhält. „Ein Christusglaube ohne Parusieerwartung ist wie eine Treppe, die nirgendwohin führt, sondern im Leeren endet." (Emil Brunner)

Dagegen ist das Zeugnis der Bibel vom (Wieder-)Kommen Gottes in der Gestalt des verherrlichten Christus deutlich und klar. Er kommt für alle, die ihn erwarten, zum Heil (Hbr 9,28). Die verstorbenen Gläubigen werden zu neuem, ewigem Leben erweckt, die Lebenden verwandelt; gemeinsam werden sie Christus entgegengeführt, um für immer bei ihm zu sein (1 Ths 4,13ff.; 1 Kor 15,51ff.). Die andern werden sterben (2 Ths 1,6-10; 2,8; Offb 19,11ff.). Die wechselvolle Geschichte der Menschheit mit ihren Höhen und Tiefen, unvergesslichen Meilensteinen und unfassbaren Abgründen hat einen vorläufigen Schlusspunkt erreicht. Der leidgeprüfte Planet Erde kommt endlich zur Ruhe. Leid, Unheil und Unrecht sind vorbei. Für die Gläubigen beginnt jetzt das Leben, das keinen Tod mehr kennt und das sich an Gottes ungetrübter Gegenwart erfreuen darf. Wahrlich eine „froh machende Hoffnung" (Tit 2,13)!

Wie bald ist bald?

Hoffnung beflügelt. Sie macht Mut zum Leben im Hier und Heute, sie gibt erstaunliche Kraft zum Ertragen des Unerträglichen, und sie stärkt die Sehnsucht nach dem schöneren Morgen. Es ist diese Sehnsucht nach dem „Danach", die immer wieder tiefgläubige Christen veranlasst hat, den „Tag des Herrn" nicht nur herbeizuwünschen, sondern gewissermaßen auch herbeizurechnen. Kirchenväter (Hippolyt von Rom), Theologen (Joachim von Floris, Martin Luther, Johann A. Bengel) und andere begierige Leser der Bibel waren gleichermaßen versucht, Näheres über den Zeitpunkt der Parusie herauszufinden und weiterzugeben. Aber hatte nicht Jesus selbst gesagt: „Von dem Tage aber und von der Stunde weiß niemand" (Mt 24,36)?

Auch den Adventisten um William Miller war dieser warnende Hinweis gut bekannt, doch die Prophezeiungen der Bibel (Dan 7-12, Offb 10-14) und die „Zeichen der Zeit" schienen so eindeutig und unübersehbar, dass sie ganz fest mit der Wiederkunft Jesu rechneten – und bitter enttäuscht wurden. Die Christen, die sich später als Siebenten-Tags-Adventisten formierten, haben nie mehr einen Zeitpunkt für den Advent verkündet. Dennoch gab und gibt es immer wieder Menschen, die den Schleier der Zukunft lüften und das unbestimmte „bald" genauer definieren wollen. Doch damit begeben sie sich auf verbotenes Terrain (Apg 1,6.7).

Im Neuen Testament selbst finden sich zweierlei Aussagen. Einerseits betont es die Nähe der Parusie Christi und rechnet mit ihr innerhalb kurzer Zeit (Mt 10,22f.; 16,27f.; 24,33f.; Röm 13,12; 1 Ths 4,15ff.; 1 Ptr 4,7; Hbr 10,25). Auch das dreifache „Ich komme bald!" auf der letzten Seite der Bibel meint „ohne Verzug, in kurzer Frist" (Offb 1,3; 3,11; 22,6.7.12.20). Andererseits jedoch warnen Jesus und die Apostel davor, mit einem raschen Weltende zu rechnen, und reden von „langer Zeit" und „nicht so bald" (Mt 24,6ff.; 25,5.19; Lk 21,9; 2 Ths 2,1ff.). Niemand kann deshalb sagen, wie bald „bald" wirklich ist. Die Bibel betont sowohl die Gewissheit des *dann* (Mt 24,14) als auch die Ungewissheit des *wann* (Mt 24,36). Der genaue Zeitpunkt der Wiederkunft bleibt uns verborgen – und das ist auch gut so. Diesen Tag im Voraus zu kennen, wäre ebenso wenig hilfreich wie das Wissen um unser „letztes Stündlein".

Warten oder erwarten?

Was bleibt also denen, die weiter an die Wiederkunft Jesu glauben, aber nicht wissen, ob sie noch zu ihren Lebzeiten geschieht? Wie lebt man als Wartender, wenn das erhoffte Ereignis nicht eintrifft, der angekündigte Besuch nicht erscheint? In seinem Buch „Warten, Erwartung" unterscheidet Lothar Pikulik bloßes Verharren (passives Warten) von zielgerichtetem Streben (aktive Erwartung). Wenn das Neue Testament vom Kommen Jesu redet, verbindet es damit regelmäßig die Aufforderung zum Tun des Guten und zum tatkräftigen Einsatz für andere (Mt 24,45ff.; 25,1ff.; Röm 13,11ff.;

1 Ths 5,6-8; 2 Ptr 3,11ff.). Echte Adventhoffnung führt weder zu frommer Spekulation noch in weltfremde Isolation, sondern motiviert zur Solidarität mit und zum Dienst an der Welt. Das Wissen um die letzten Dinge befreit uns zum mutigen Engagement für das Vorläufige und zur Akzeptanz des Unvollkommenen, bis Jesus kommt.

Wenn es so weit ist, werden manche überrascht sein; sie hätten es hier auch noch länger ausgehalten. Andere dagegen können den Tag kaum erwarten, der die entscheidende Wende bringt. Sie sehnen sich nach Freiheit und Gerechtigkeit für alle (Röm 8,18-25; 2 Ptr 3,13). Es gilt, in allen Lebenslagen wachsam und für den lange erwarteten und doch überraschenden Einbruch Gottes in die Zeit bereit zu sein (Mt 24,42.44). Von dem Kirchenvater Augustinus stammt der Satz: „Nicht derjenige liebt die Wiederkunft des Herrn, der sagt, sie liegt noch in weiter Ferne; auch nicht der, der sagt, sie steht unmittelbar bevor; sondern derjenige, der sie mit ernstem Glauben, fester Hoffnung und brennender Liebe erwartet, ganz gleich, ob sie fern oder nah ist." Wer so lebt, ist jederzeit bereit, wann immer Christus wiederkommt. „Amen, ja, komm, Herr Jesus!" (Offb 22,20)

➡ *Siehe auch „‚Das Zeichen des Endes' und ‚die Zeichen der Zeit'" auf Seite 216 im Anhang.*

„Man lebt nur zweimal"
Es gibt ein Leben nach dem Leben

Es ist erstaunlich: Nichts ist so gewiss wie der Tod – und doch gibt es nichts, das wir Menschen so nachhaltig ignorieren, so geschickt verdrängen und mit allen denkbaren Mitteln bekämpfen. Obwohl wir um die Unerbittlichkeit von Sterben und Tod wissen, setzen wir alles daran, diesen unausweichlichen Prozess so lange wie möglich hinauszuzögern, eines Tages vielleicht sogar ganz zu überwinden. Angefangen von unzähligen Cremes und Tinkturen über Wellness-Center und Schönheitsoperationen bis hin zu genetischen Eingriffen und Klonen – alles soll den Traum der ewigen Jugend so lange wie möglich am Leben erhalten, bevor er wie eine Seifenblase zerplatzt oder allmählich in die dunkle Nacht des Todes übergeht.

Was unseren Vorfahren nicht gelang – nämlich den Jungbrunnen zu finden, der den natürlichen Alterungsprozess umkehrt und unsere Endlichkeit überwindet –, das sollen jetzt Wissenschaft und Technik ermöglichen. Wer weiß, ob nicht steter Fortschritt und unbändiger Forschergeist auch diese letzte Grenze eines Tages durchbrechen werden? Manche lassen sich ja bereits einfrieren und warten auf den Tag ihrer „Auferstehung"! Was veranlasst uns Menschen, der Vergänglichkeit des Lebens so hartnäckig zu trotzen, anstatt nüchtern und gelassen der Realität ins Auge zu sehen? Woher kommt die Sehnsucht nach ewigem, unvergänglichem Leben und einer leibhaftigen Auferstehung vom Tod?

Rendezvous mit dem Tod

„Der Mensch heißt Mensch, weil er vergisst, weil er verdrängt, weil er schönt, weil er irrt und weil er kämpft, weil er hofft und weil er lebt" – so beschreibt Herbert Grönemeyer unsere widerspruchsvolle Situation in seinem Lied „Mensch". Es scheint, dass in uns ein unstillbares Verlangen nach Leben steckt, das eng mit der Frage nach dem Sinn verbunden ist. Wird ein blühendes Leben jäh beendet oder ein

Kapitel 26

erfülltes und produktives Dasein unwiderruflich zum Stillstand gebracht, empfinden wir das oft als unfair und sinnlos. Wofür leben wir eigentlich, wenn am Ende doch alles vergeht und sich in Nichts auflöst? Kein Wunder, dass wir dem Tod so lange wie möglich zu entkommen, seine Macht irgendwie zu bändigen versuchen.

Eine arabische Legende erzählt von einem Kaufmann, der seinen Diener auf den Marktplatz von Damaskus schickte. Kreidebleich kehrte er von dort zurück. „Jemand hat mich in der Menge angerempelt, und als ich mich umdrehte, sah ich dem Tod ins Auge. Er machte eine drohende Handbewegung. Bitte, Herr, leih' mir dein Pferd, damit ich nach Samarra fliehen und mich verstecken kann!" Einige Stunden später ging der Kaufmann selbst auf den Markt, wo er ebenfalls dem Tod begegnete. „Warum hast du meinen Diener erschreckt?", fragte er. „Ich habe ihn nicht bedroht", antwortete der Tod. „Ich war nur überrascht, ihn in Damaskus zu treffen. Ich habe nämlich heute Abend eine Verabredung mit ihm in Samarra!"

Kein Mensch kann dem Tod entrinnen, ihm dauerhaft „von der Schippe springen". Der Tod folgt dem Leben so sicher wie die Nacht dem Tag. Deshalb kommt alles darauf an, das Leben so zu führen, dass es in der Rückschau nicht als verfehlt erscheint, sein Wert durch den Tod nicht nachträglich zunichte gemacht wird. „Lehre uns bedenken, dass wir sterben müssen, auf dass wir klug werden", betete Mose (Ps 90,12). Doch – was kann der Tod uns Lebende lehren? Wie beeinflusst unsere Sicht vom Sterben unser Leben hier und jetzt?

Freund oder Feind?

Manche Religionen versuchen, den ängstigenden und bedrohlichen Charakter des Todes dadurch abzumildern, dass sie ihn als Durchgangsstation zu einem neuen, besseren Leben verstehen. Als Sokrates den Giftbecher leerte, tat er es in der Überzeugung, damit in eine andere, rein geistige Welt einzutreten, die ihn Gott und dem wahren Sein näher bringen würde. Beeinflusst von der griechischen Philosophie glauben viele Christen auch heute, dass der Mensch sofort nach seinem Tod in den „Himmel" kommt (oder aber in der „Hölle" landet).

Andere halten es mehr mit den asiatischen Religionen, die eine sog. „Seelenwanderung" (Reinkarnation) lehren. Im Buddhismus hofft man, diesen ewigen Kreislauf im sog. „Nirwana" zu beenden. Wieder andere versuchen, direkten Kontakt mit Verstorbenen aufzunehmen, um auf okkulten Wegen die Mauer zwischen der sichtbaren und der unsichtbaren Welt zu durchbrechen (Spiritismus). All diesen Vorstellungen gemeinsam ist der Glaube an die Unzerstörbarkeit bzw. Unsterblichkeit der menschlichen „Seele", die nach dem physischen Tod vom Körper getrennt für immer weiterexistiert (siehe „Die drei bekanntesten Denkmodelle über das Leben nach dem Tod" unten). Im Gegensatz zu diesen verbreiteten Vorstellungen versteht die Bibel den Tod als das unerbittliche, vollständige Ende des Lebens, das als Folge der Sünde die ganze Menschheit erfasst. Dennoch ist mit dem Tod nicht alles aus, denn es wird einmal eine von Gott bewirkte Auferstehung geben, genau genommen sogar zwei zeitlich getrennte Auferstehungen.

Die drei bekanntesten Denkmodelle über das Leben nach dem Tod

REINKARNATION
Diese Lehre beruht auf der Beobachtung der Natur mit ihrem ständigen Kreislauf von Werden und Vergehen. Das „Rad der Wiedergeburt" bedeutet Seelenwanderung, die nie endet (Hinduismus) bzw. zuletzt durchbrochen werden kann (Buddhismus).
Botschaft:
Sterben ist kein wirklicher Tod. Erlösung geschieht, wenn der Mensch selber das Gute und Richtige tut (Gesetz des „Karma", d. h., der ewigen Vergeltung).
Vertreter:
- Hinduismus und Buddhismus
- „New Age" – Esoterik
- Parapsychologie

UNSTERBLICHKEIT
Diese Lehre ist das Ergebnis philosophischer sowie ethischer Überlegungen über das Wesen des Seins und das rechte Leben. Die unsterbliche „Seele" befindet sich im Haus (Kerker) des Körpers, aus dem sie beim Tod befreit und in einen höheren Bewusstseinszustand versetzt wird.

Botschaft: Sterben ist kein wirklicher Tod, sondern die Befreiung der Seele von irdischen Fesseln und ihre Aufnahme in Gottes ewige Welt (Leib-Geist/Seele-Dualismus).
Vertreter:
- Griechische Philosophie
- Abendländische Theologie
- Philosophen (Immanuel Kant)

AUFERSTEHUNG
Diese Lehre entsteht im (nach-)exilischen Judentum, prägt die Pharisäer, Jesus und die Schreiber des Neuen Testament. Der Mensch ist ein beseelter Körper, der beim Tod aufhört zu existieren und erst bei der Auferstehung des Leibes zu neuem Leben erweckt wird.
Botschaft: Sterben ist wirklicher Tod, d. h. Aufhören des Lebens, das erst bei der Wiederkunft Jesu aus Gnade (nicht aus Verdienst) zu neuem Leben erweckt wird.
Vertreter:
- Das Neue Testament
- Karl Barth, Oscar Cullmann und andere Theologen
- Siebenten-Tags-Adventisten

Die biblische Auffassung vom Tod und dem Leben danach lässt sich folgendermaßen zusammenfassen:

Tod und Auferstehung | 26

Der Lohn der Sünde ist der Tod. Gott aber, der allein unsterblich ist, schenkt seinen Erlösten ewiges Leben. Bis zu jenem Tag sind alle verstorbenen Menschen in einem Zustand ohne Bewusstsein. Wenn Christus, der unser Leben ist, wiederkommt, werden die auferweckten und lebenden Gerechten verherrlicht und entrückt, um ihrem Herrn zu begegnen. Das ist die erste Auferstehung. Die zweite Auferstehung, die Auferstehung der Ungerechten, geschieht tausend Jahre später.

(Glaubensüberzeugungen der Siebenten-Tags-Adventisten, Nr. 26)

Die Ohnmacht der Todesmacht

Wendet sich der Mensch von Gott ab, so erlangt er nicht die ersehnte Freiheit, sondern gerät in die Abhängigkeit und Knechtschaft der Sünde. Insofern ist der Tod der rechtmäßige Lohn, der allen zusteht, die der Sünde dienen (Röm 6,23). Die Trennung von seinem Schöpfer führt das Geschöpf unweigerlich in den Tod, da es ohne Gott kein Leben gibt. Die Bibel sieht im Tod also nicht einen natürlichen Teil des Lebens, einen direkten Weg zu Gott oder einen willkommenen Freund, sondern vielmehr eine lebensfeindliche und zerstörende Macht, die aufgrund der Gottesferne des Menschen existiert und uns in die völlige und dauerhafte Gottverlassenheit führt. Wer das erkennt, ruft mit Paulus aus: „Ich elender Mensch! Wer wird mich erlösen von diesem todverfallenen Leibe?" (Röm 7,24) Der Tod ist somit unser Todfeind!

Umso erstaunlicher und überwältigender ist die frohe Botschaft, die die ersten Christen verkündigten und die in der Gestalt des Neuen Testaments zum Glaubensfundament der Christenheit geworden ist. Die Auferstehung Jesu begründet und bestärkt die Hoffnung auf eine allgemeine Auferstehung der Toten! In den Worten des Apostels Paulus: „Nun aber ist Christus vom Tod auferweckt worden, und als der erste Auferweckte gibt er uns die Gewähr, dass auch die übrigen Toten auferweckt werden. Durch einen Menschen kam der Tod. So kommt auch durch einen Menschen die Auferstehung vom Tod." (1 Kor 15,20f.)

Damit ist der Tod prinzipiell entmachtet, auch wenn er weiterhin alle Menschen erfasst. Schließlich ist ja auch Jesus erst gestorben und dann auferstanden. Doch gerade darin zeigt sich die Ohnmacht der Todesmacht, dass sie die Toten nicht mehr für immer in ihren Klauen festhalten kann. So dürfen wir schon heute in Erwartung unserer Auferstehung ausrufen: „Der Tod ist vernichtet! Der Sieg ist vollkommen! Tod, wo ist dein Sieg? Tod, wo ist deine Macht?" (1 Kor 15,54f. GNB) Christus hat dem Tod für immer die Macht genommen! (2 Tim 1,10)

Wie ein traumloser Schlaf

Die christliche Hoffnung beruht also nicht auf dem Glauben an eine unsterbliche Seele und ein natürliches Weiterleben nach dem Tod. Damit wird die bittere Wahrheit über den Tod nur verharmlost, ja, in ihr Gegenteil verkehrt. „Ihr werdet bestimmt nicht sterben!", suggerierte die Schlange – Symbol für Satan – dem ersten Menschenpaar, dem Gott zuvor die tödlichen Folgen des Unglaubens vor Augen gestellt hatte (1 Mo 2,17; 3,4). Stattdessen beschreibt die Bibel den Tod nüchtern und sachlich als das, was er tatsächlich ist: das Ende des eigenen Lebens, das Aufhören aller Wahrnehmungen und Empfindungen, die Rückkehr zum „Staub", aus dem wir gemacht sind (Hi 14,10-14; Ps 6,6; 88,12f.; 115,17; Pred 3,19-21; 9,4-10).

Und trotzdem ist der Tod nicht das absolute Ende des menschlichen Seins, gibt es doch eine Auferstehung am Ende der Weltzeit! Unser „(Lebens-)Geist" kehrt zu Gott zurück, von dem wir ihn ursprünglich erhalten haben (Pred 12,7; Lk 23,46). Bei der Auferstehung wird der göttliche Lebensfunke eine neue, unvergängliche Behausung finden (1 Kor 15,35ff.). Unsere Identität bleibt somit auch im Tod erhalten. „Der Geist, der Charakter des Menschen kehrt zu Gott zurück und wird dort bewahrt. Bei der Auferstehung wird jeder Mensch seinen eigenen Charakter haben ... dieselbe Individualität der Erscheinung." (Ellen G. White, Manuskript 76, 1900)

Die beste Beschreibung für diesen Zwischenzustand zwischen dem irdischen und dem ewigen Leben ist der (traumlose) Schlaf; er wird in der Bibel gern als Synonym für den Tod verwendet (Hi 14,12; Dan 12,2; Mt 9,24par.; 27,52; 1 Kor 15,20; 1 Ths 4,13; 5,10). Wenn man mich am Morgen fragt, wie ich in der Nacht geschlafen habe, antworte ich gern: „Keine Ahnung. Ich war völlig bewusstlos." So ist auch der Tod ein schlafähnlicher Zustand ohne jedes Bewusstsein, Erinnerungsvermögen und Zeitgefühl. „Lazarus schläft", so beschreibt Jesus den Zustand seines toten Freundes, „aber ich gehe hin, ihn aufzuwecken." (Joh 11,11ff.)

Frohes Aufstehen – böses Erwachen

Welch ein Erlebnis für Lazarus, dem Tod entronnen zu sein, ein zweites Mal zu leben! Was für eine Erfahrung für seine Familie, Nachbarn und Freunde, den toten Freund lebend wieder zu sehen! Doch der Glaube an die Auferstehung der Erlösten bei der Wiederkunft Jesu sprengt jede menschliche Vorstellungskraft. Ebenso unvorstellbar ist der Gedanke an ein ewiges Leben, das für immer frei ist von Leid und Vergänglichkeit. Doch genau das ist die Gute Nachricht, die allen Menschen gilt. Gott, „der allein Unsterblichkeit besitzt" (1 Tim 6,16 GNB), der Schöpfer und Erhalter des

Lebens, kann uns wieder neu schaffen, die Toten aufwecken, die Lebenden verwandeln und alle mit einem unvergänglichen Körper ausstatten (1 Kor 15,35ff.; 1 Ths 4,13ff.). Wer einmal Leben geschaffen hat, kann dies auch ein zweites Mal!

Doch ganz so ungetrübt, wie wir es uns wünschten, ist die Wirklichkeit leider nicht. Für viele wird es nämlich ein böses Erwachen geben, wenn sie feststellen, dass sie nicht an der ersten „Auferstehung des Lebens" teilhaben, sondern an der späteren, zweiten „Auferstehung des Gerichts" (Joh 5,28f.; Dan 12,2; Offb 20). Auch hier bedient die Bibel nicht primär unsere Wünsche, sondern dient dem Wunsch Gottes, uns die Realität vor Augen zu führen, damit wir unser Leben entsprechend einrichten. Nur wer schon hier und jetzt auf Gottes Seite steht, wird dann (über)leben. Johannes bringt es auf einen kurzen Nenner: „Wer den Sohn hat, der hat das Leben; wer den Sohn Gottes nicht hat, der hat das Leben nicht." (1 Joh 5,12)

Ewiges Leben gibt es also nur in der vertrauensvollen persönlichen Verbindung zu Jesus Christus. Zwar lebt jeder Mensch zweimal – einmal vor und einmal nach seinem Tod – doch nicht alle werden ewig leben. Alle menschlichen Anstrengungen zur Überwindung des Todes und seiner Folgen ändern daran nichts. Das „Leben nach dem Leben" ist ein unverfügbares Geschenk. „Der Lohn, den die Sünde zahlt, ist der Tod. Gott aber schenkt uns unverdient, aus reiner Gnade, ewiges Leben durch Jesus Christus, unseren Herrn!" (Röm 6,23)

Einen anderen oder besseren Weg zum Leben und zu Gott gibt es nicht. Jeder von uns erhält die Chance auf einen Neuanfang, eine geistliche Neugeburt, ein zweites und unvergängliches Leben. Es beginnt in dem Augenblick, in dem wir uns Christus anvertrauen (Joh 6,40.47.54), und endet – nie!

➤ *Siehe auch „Rückkehr aus dem Todestunnel" und „‚Heute' wirst du mit mir im Paradies sein" auf Seite 217 im Anhang.*

Buchempfehlungen:

Mark Finley, „Licht am Ende des Tunnels?", Advent-Verlag, Lüneburg, 80 Seiten, 3,00 €, Best.-Nr. 1278

Oscar Cullmann, „Unsterblichkeit der Seele oder Auferstehung der Toten?", Quell-Verlag, Stuttgart. Vergriffen, Antiquarisch bei www.amazon.de.

Ende gut, alles gut

Das Millennium bringt die lang ersehnte Wende

Die Geschichte ist an Dramatik kaum zu überbieten. Sie könnte geradezu als Vorlage für eine Verfilmung dienen, die die Zuschauer in atemlose Spannung versetzt: Hier der gütige und gerechte Herr des Lichts mit seinen treuen Untertanen, dort der skrupellose und brutale Herrscher der Finsternis mit seinen Komplizen. Ob als verführerische Schlange, engelgleiche Lichtgestalt oder furchterregender Drache – stets ist es sein Ziel, die Bewohner des Planeten zu verführen und zu vernichten, zu täuschen und zu töten. Lange Zeit scheint ihn nichts und niemand daran hindern zu können. Zwar hat er den Kampf um die universale Vorherrschaft verloren, doch dafür kämpft er nun umso verbissener um die Macht über die ihm dienstbare Welt. Zu diesem Zweck hat er alles aufgeboten, was sich mit List und Gewalt gefügig machen lässt. Es sieht so aus, als habe er den Planeten Erde völlig unter seine Kontrolle gebracht.

Doch dann kommt alles ganz anders. In kürzester Zeit fällt sein Herrschaftssystem wie ein Kartenhaus in sich zusammen, das globale Netzwerk der Rebellion zerreißt so plötzlich und vollständig wie ein Spinnennetz durch eine gezielte Handbewegung. Über Nacht ist sein unheilvolles Werk zerstört, alle unterstützenden Systeme sind weggebrochen. Jetzt ist die Stunde gekommen, in der sich das Blatt endgültig wendet und sich ein glückliches Ende im Krieg der Sterne abzeichnet. Ein Kämpfer aus der Welt des Lichts nimmt den Anführer der Finsternis gefangen und sperrt ihn in ein Verlies. Die tödliche Bedrohung ist gebannt, das Universum kann aufatmen.

Kapitel 27

Was sich wie eine spannende „Science Fiction"-Geschichte liest, ist in Wirklichkeit die bildhafte Beschreibung der Bibel von der kosmischen Auseinandersetzung zwischen Licht und Finsternis, Gott und Satan. Ihre letzte Phase wird von Johannes in prophetischer (Vor-)Schau beschrieben: „Dann sah ich einen Engel aus dem Himmel herabkommen, der den Schlüssel zum Abgrund und eine schwere Kette in der Hand hatte. Er packte den Drachen – die alte Schlange, den Teufel, Satan – und legte ihn für tausend Jahre in Ketten. Der Engel warf ihn in den Abgrund und verschloss und versiegelte ihn, sodass Satan die Völker bis zum Ablauf der tausend Jahre nicht mehr verführen konnte." (Offb 20,1-3 NL)

Ein Sabbat für die Welt

Beim Betrachten dieser dramatischen apokalyptischen Vision kommt mir ein Lied der „Söhne Mannheims" in den Sinn, das vom Untergang Babylons – eine biblisch-prophetische Chiffre für ein globales antigöttliches Macht- und Unterdrückungssystem – handelt. „Ich bin sicher, wir werden sehn, wie sich die Dinge für immer drehn. Denn die Tage sind gezählt, dann stirbt das Babylon-System." Es ist nur noch eine Frage der Zeit, bis sich das Blatt ein für allemal wendet und die Geschichte dieser Welt – trotz allem Schönen eine Geschichte von unsagbarem Leid, himmelschreiendem Unrecht und menschenverachtender Gewalt – zu Ende geht und einer neuen, besseren Welt Platz macht. Es ist Zeit für die lang ersehnte Wende der Geschichte, die Unheil beendet und das Gute vollendet – Zeit für das „Millennium".

Das Wort „Millennium" kommt aus dem Lateinischen und bedeutet „tausend Jahre" (*mille anni*); es bezeichnet den Zeitraum der Gefangenschaft Satans in seinem endzeitlichen Verlies. Angesichts der symbolgeladenen Sprache der Offenbarung stellt sich die Frage, wie diese tausend Jahre zu verstehen sind. Steckt dahinter vielleicht ein tieferer Sinn? Es scheint so. Im zeitgenössischen Judentum wie auch bei christlichen Bibelauslegern gab (und gibt) es nämlich die Vorstellung von einer „Weltenwoche", in der ein Tag tausend Jahren entspricht (Ps 90,4; 2 Ptr 3,8). Nach 6000 Jahren wechselvoller Menschheitsgeschichte, die den ersten sechs Schöpfungstagen entsprechen, folgt das siebte Jahrtausend, der „Weltensabbat". In dieser Zeit kommt die gesamte Schöpfung zur Ruhe; das vergebliche Mühen und rastlose Streben des Menschen endet; die ausgebeutete und geplagte Welt kann endlich aufatmen.

Weltreich oder Gottesreich?

Doch wann beginnt und endet das Millennium und was geschieht während dieser Zeit? Wird es ein irdisches Friedensreich sein oder eine Zeit völliger Ruhe und tatenloser Stille? Ist das Millennium innerhalb der Geschichte zu denken oder als ihre endzeitliche Fortsetzung oder sogar erst nach dem Ende der Zeit? Liegt es etwa bereits in der Vergangenheit, leben wir heute schon bzw. noch darin oder kommt es erst in Zukunft auf uns zu? Wo stehen wir heute im Verhältnis zu diesem „tausendjährigen Reich"? Wird die Wiederkunft Jesu am Beginn oder erst am Ende des Millenniums stattfinden? Diese Fragen haben im Laufe der Zeit zu einer Fülle von millennialistischen oder millenniaristischen Theorien geführt, die sich auf drei grundlegende Denkmodelle reduzieren lassen. (Siehe Text „Die Hauptformen des Millennialismus" auf der nächsten Seite.)

Während des Millenniums verharrt Satan erzwungenermaßen in rastloser Untätigkeit – es gibt schließlich niemanden mehr, den er jetzt noch verführen könnte.

Tatsache ist: „Keine eschatologische Hoffnung hat Menschen so fasziniert und zugleich so viel Unglück angerichtet wie die Idee eines tausendjährigen Reiches Christi und der Seinen auf dieser Erde vor dem Ende der Geschichte." (Jürgen Moltmann) Wie die Geschichte zeigt, ist die Vision vom Millennium nicht nur im religiösen Sinn (miss-)verstanden, sondern auch für politische Zwecke umgedeutet und missbraucht worden. Die revolutionäre Utopie des Marxismus und das sog. „tausendjährige Reich" sind drastische Beispiele dafür. Karl Popper hat es auf einen kurzen Nenner gebracht: „Der Versuch, den Himmel auf Erden zu verwirklichen, produzierte stets die Hölle." Dies gilt auch für alle religiösen Utopien, die im Christentum (Kreuzzüge u. a.), Judentum (Bar Kochba-Aufstand) und Islam (Heiliger Krieg) anzutreffen sind. Wo Menschen das Reich Gottes auf Erden errichten wollen, werden sie zu Handlangern des Bösen. Das Reich Gottes dagegen kommt aus einer anderen Welt zu uns.

Die Hauptformen des Millennialismus

Der Amillennialismus

Das tausendjährige Reich hat bereits mit der christlichen Kirche begonnen, in der sich das endzeitliche Reich Gottes abbildet. Mit Jesu Menschwerdung und Erhöhung hat der „Stein" (Dan 2,34.35.44.45) die Reiche dieser Welt schon zerstört und breitet sich seitdem unaufhaltsam aus. Erst die Wiederkunft Christi am Ende der Zeit wird jedoch seine letzte Vollendung bringen.

Diese Sicht wurde von einigen Kirchenvätern entworfen (Origines, Eusebius von Cäsarea, Hieronymus, Augustinus) und entwickelte sich nach der konstantinischen Wende und der ihr folgenden weltlichen Macht der Kirche zur Lehrauffassung der römisch-katholischen Kirche. In moderner und säkularer Gestalt prägte diese Auffassung das Zeitalter der Aufklärung, den evolutionären Optimismus des 19. Jahrhunderts, die politischen Utopien des Marxismus und Nationalsozialismus, den „American Dream" von einer neuen Weltordnung und den Zionismus.

Der Postmillennialismus

Das tausendjährige Reich wird aus der gegenwärtigen Geschichte heraus entstehen und ein goldenes Zeitalter des Friedens und Wohlstands für die Menschheit bringen. Die verheißene Wiederkunft Jesu findet deshalb erst nach dem Millennium statt. Im Unterschied zum Amillennialismus ist das verheißene Friedensreich noch nicht Wirklichkeit.

Diese Auffassung entstand unter dem Eindruck des unaufhaltsamen Fortschritts, der im 18. und 19. Jahrhundert das Denken vieler Menschen prägte. Dieser Glaube an eine ständige Weltverbesserung kennzeichnete auch die religiösen Erweckungsbewegungen („Great Awakenings") unter Daniel Whitby (1638-1726), Jonathan Edwards (1703-1758), George Whitefield (1714-1770) und Charles Finney (1792-1875).

Der Prämillennialismus

Die tausend Jahre von Offenbarung 20 werden erst nach Abschluss der Geschichte kommen. Die Weltwende bedeutet zugleich das unaufhaltsam nahende Weltende. Die Wiederkunft Christi ist das entscheidende Ereignis der Zukunft; sie findet vor dem Millennium statt. Von vielen wird dann ein irdisches Friedensreich erwartet (Chiliasmus).

Diese Position wurde in der frühen Kirche vertreten (Justin, Irenäus, Tertullian, Montanus, Hippolyt). Im Mittelalter findet sie sich u. a. bei Hildegard von Bingen und Joachim von Fiore. Die Reformatoren teilten sie ebenso wie Täufer, Taboriter und Puritaner, Gelehrte wie John Mede und Isaac Newton, die Millerbewegung und der Dispensationalismus bzw. Fundamentalismus. Siebenten-Tags-Adventisten teilen ebenfalls diese Sicht, lehnen jedoch die „chiliastische" (irdisch-materialistische) Vorstellung eines Friedensreiches während der tausend Jahre ab.

Auszeit – Bedenkzeit – Wendezeit

Nach der Wiederkunft Jesu, dem Tod der Gottlosen und der Entrückung der Gläubigen hat Satan, die personifizierte Gestalt des Bösen, während des Millenniums ausreichend Zeit und Gelegenheit, um über die irregeleiteten Motive und die unübersehbaren Auswirkungen seiner Rebellion nachzudenken – offenbar ohne nachhaltigen Erfolg, wie der erneute Versuch eines Umsturzes am Ende des Millenniums deutlich macht. Satan und seine Anhänger haben den „point of no return" überschritten, von dem ab eine wirkliche Umkehr nicht mehr möglich ist. Während Satan erzwungenermaßen in Untätigkeit verharrt – es gibt schließlich niemanden mehr, den er jetzt noch verführen könnte –, befinden sich die auferstandenen und verwandelten Gläubigen bei Gott im „neuen Jerusalem" (Offb 20,9; 21,2), um am Endgericht teilzunehmen, in dem der himmlische Richter seine gerechten Urteile vor dem gesamten Universum offenlegt (Offb 20,4-6).

Schon Jesus hatte seinen zwölf Jüngern angekündigt, dass sie einmal als Beisitzer im letzten Gericht mitwirken werden (Mt 19,28; Lk 22,30). Nach Paulus ist diese Richterfunktion allen Gläubigen zugedacht (1 Kor 6,2f.) und die Offenbarung bezeichnet die treuen Christen als Könige, die über die ganze Erde herrschen werden (Offb 5,10). Damit erhalten sie Anteil an der Königs- und Richterrolle, die Gott zusteht. Er ist schließlich kein eifersüchtiger, machthungriger Herrscher, sondern ein gütiger Vater, der uns Anteil an allem gibt, was er besitzt. Welch ein drastischer Gegensatz! Während der Herrscher und „Gott dieser Welt" (Joh 14,30; 2 Kor 4,4) quasi gefesselt im Abgrund liegt, sitzen die von ihm Verfolgten und Getöteten auf himmlischen Thronen zu Gericht über ihn und seine Komplizen. Eindrucksvoller kann die radikale Wende wohl kaum geschildert werden, die mit dem Millennium vor sich geht. Siebenten-Tags-Adventisten glauben:

Das Millennium und das Ende der Sünde | 27

Das Millennium umfasst die tausend Jahre zwischen der ersten und zweiten Auferstehung, in denen Christus mit seinen Heiligen im Himmel herrscht. Während dieser Zeit wird über die nicht erlösten Toten Gericht gehalten. Die Erde befindet sich in einem verwüsteten Zustand; kein Mensch lebt darauf, nur Satan und seine Engel. Am Ende der tausend Jahre kommen Christus und seine Heiligen sowie die Heilige Stadt vom Himmel zur Erde herab. Dann werden die Ungerechten aus dem Tod auferweckt. Mit Satan und seinen Engeln werden sie die Heilige Stadt belagern. Aber Feuer von Gott wird sie verzehren und die Erde reinigen. So wird das Universum auf ewig von Sünde und Sündern befreit. (Glaubensüberzeugungen der Siebenten-Tags-Adventisten, Nr. 27)

Das Spiel ist aus!

Was am Ende der tausend Jahre geschieht, kann das Erreichte nicht mehr gefährden oder gar rückgängig machen. Mit der Auferstehung der Gottlosen und dem Erscheinen des neuen Jerusalems – Sinnbild für die vollendete (Braut-)Gemeinde (Offb 21,9.12.13) – bietet sich Satan eine letzte Gelegenheit, sein wahres Gesicht zu zeigen und seine Verführungskunst zu beweisen. Die Offenbarung beschreibt den letzten Generalangriff gegen Gott und seine Herrschaft in Bildern, die alttestamentlichen Visionen über Israels Zukunft entnommen sind (Hes 33-37; 38-39; Sach 14,1ff.). Doch während bei Sacharja der Ansturm der Völker gegen Jerusalem zur Eroberung der „geliebten Stadt" und erst einige Zeit später zu ihrer Befreiung führt, haben die Angreifer jetzt nicht den Hauch einer Chance. Das Feuer, das sie verzehrt, reinigt die Erde endgültig von allen Spuren der Sünde. Der Widersacher Gottes hat endgültig und für immer verspielt (Offb 20,7-10; 2 Ptr 3,10-13).

Ist das alles eine fromme Utopie? Steckt hinter den apokalyptischen Sprachbildern eine Wirklichkeit, die man tatsächlich eines Tages sehen und erleben kann? Wieder geht mir das Lied der „Söhne Mannheims" durch den Kopf. „Ich bin sicher, wir werden sehn, wie sich die Dinge für immer drehn. Denn die Tage sind gezählt, dann stirbt das Babylon-System." So gewiss Christus auferstanden ist und alle Macht im Himmel und auf Erden besitzt, so gewiss wird er wiederkommen und vollenden, was er begonnen hat. Die lang ersehnte Wende steht bevor!

Als die deutsche Fußballnationalmannschaft am 4. Juli 1954 gegen die hoch favorisierten Ungarn in der 84. Spielminute in Führung ging, schien das „Wunder von Bern" greifbar nah. Minuten später ertönte der erlösende Schlusspfiff, den Radioreporter Herbert Zimmermann mit den unvergesslichen Worten übertönte: „Aus! Aus! Aus! – Aus! – Das Spiel ist aus!"

➡ *Siehe auch „Wann beginnt das Millennium?" auf Seite 218 im Anhang.*

Hoffnung, die uns trägt

„Siehe, ich mache alles neu!"

Gott will für immer bei uns Menschen wohnen

Von 1723 bis 1730 ließ der sächsische Kurfürst und polnische König August der Starke im Dresdner Residenzschloss eine Schatzkammer einrichten, um die von ihm und seinen Vorgängern gesammelten Kunstobjekte und Juwelen öffentlich zur Schau zu stellen. Das „Grüne Gewölbe" wurde zum ersten Museum der Welt. Im Bombenhagel des Zweiten Weltkriegs wurde das Schloss weitgehend zerstört, die Pretiosen hatte man vorsorglich ausgelagert. Seit September 2006 ist das Historische Grüne Gewölbe wieder der Öffentlichkeit zugänglich und strahlt in neuem (alten) Glanz. Der staunende Betrachter ist hin- und hergerissen zwischen Bewunderung für die prunkvoll restaurierten und rekonstruierten Räume und Faszination über die umfangreichste und wertvollste Sammlung von Kleinodien und Raritäten in Europa.

Der königlichen Prunk- und Prachtentfaltung des Barock entsprachen die katholischen Sakralbauten jener Zeit. Kostbare Marmorsäulen, zahllose Engel- und Heiligenfiguren sowie farbenprächtige Deckenmalereien sollten den Gläubigen das Gefühl vermitteln, quasi direkt in den Himmel zu schauen und Gott auf seinem himmlischen Thron zu erblicken. Der Kontrast zu den nüchternen protestantischen Kirchen war ein bewusstes Stilmittel im Zeitalter der Gegenreformation. In den Kirchen des Barock war der Himmel auf die Erde gekommen, das Ewige im Heute sichtbar, das Transzendente immanent, Gott selbst gegenwärtig geworden.

Vom Himmel auf Erden

Wie aber sieht es im Himmel wirklich aus? Die Bibel sagt eigentlich recht wenig über das Jenseits und das Danach – das meiste davon in verschlüsselten Bildern und Symbolen, die nicht immer wörtlich zu nehmen sind. Was lässt sich also wirklich darüber sagen, wie es im Himmel einmal sein wird? Das Problem fängt schon mit dem Wort „Himmel" an. Die meisten Gläubigen stellen sich darunter einen Ort irgendwo im fernen Weltall vor, viele Lichtjahre entfernt. Als Kinder haben manche von uns gebetet: „Lieber Gott, mach mich fromm, dass ich in den Himmel komm." Egal ob wir dabei eine Stadt aus Gold, jubelnde Engelchöre oder die persönliche

Kapitel | 28

Begegnung mit Christus vor Augen haben – unwillkürlich verlassen wir in Gedanken die Erde und wenden uns einer fernen Region – dem Himmelreich – zu.

Doch diese Vorstellung entspricht nur bedingt der biblischen Sicht und steht teilweise sogar im Widerspruch zu ihr.

Gottes Verheißungen an die Glaubensväter des Volkes Israel waren jedenfalls ganz irdischer Art. Ein Land sollten sie besitzen und zum großen Volk sowie zum Segen für die anderen Völker werden. Auch als Jesaja später von einem neuen Himmel und einer neuen Erde in prophetischer Schau sprach, verband er damit ganz weltliche Vorstellungen wie den Bau von Häusern, das Pflanzen von Weinbergen und das Weiden von Viehherden in einem fruchtbaren Land (Jes 35; 65; 66). Im alten Bund warteten die Gläubigen von Abraham bis Zephania auf die von Gott in Aussicht gestellte Heimat auf einer erneuerten Erde.

So war es auch zur Zeit Jesu. Das „Himmelreich", von dem er immer wieder redete, bezeichnete nicht einen fernen Ort im Jenseits, sondern Gottes Herrschaft hier auf dieser Erde, also kein Reich *im* Himmel, sondern das Reich *der* Himmel. Das aber soll hier auf der Erde errichtet werden. „Dein Reich komme!" beten wir im Vaterunser und fügen verdeutlichend hinzu: „Dein Wille geschehe auf Erden wie (er) im Himmel (geschieht)!" In den Seligpreisungen der Bergpredigt wird den geistlich Armen sowie den um ihres Glaubens willen Verfolgten das „Himmelreich" versprochen, den Sanftmütigen dagegen das „Erdreich" (Mt 5,3.5.10). Dabei handelt es sich nicht um zwei verschiedene Herrschaftsbereiche Gottes, sondern um die eine neue Welt, die er verheißen hat.

Mit Rücksicht auf seine jüdischen Leser, die das Aussprechen des Gottesnamens aus Ehrfurcht vermieden, schrieb Matthäus etwa 30 Mal vom „Himmelreich", die anderen Evangelisten stattdessen stets vom „Reich Gottes". Damit

Das Historische Grüne Gewölbe in Dresden (hier Blick in den Pretiosensaal) enthält die umfangreichste und wertvollste Sammlung von Kleinodien und Raritäten in Europa.

ist die Herrschaft Gottes über Menschen und Welt gemeint. Auch die Gleichnisse vom „Himmelreich" lassen sich nur verstehen, wenn man sie als bildhafte Beschreibungen des gegenwärtigen wie zukünftigen Wirkens Gottes in der Welt liest (Mt 13,1ff.; 18,23ff.; 20,1ff.; 22,1ff.; 25,1ff.). Somit ist auch die Hoffnung der Gläubigen im Neuen Bund auf eine bessere Welt ausgerichtet. Schließlich kommt „die heilige Stadt, das neue Jerusalem, von Gott aus dem Himmel herab" auf diese Erde (Offb 21,2). Unser Heil liegt also nicht darin, dass wir in den Himmel kommen, sondern dass Gott auf diese Erde kam und noch einmal – für immer – zu uns kommen wird. In diesem Sinne glauben und bekennen adventistische Christen:

Die neue Erde | 28

Auf der neuen Erde, in der es endlich Gerechtigkeit gibt, wird Gott eine ewige Heimat für die Erlösten schaffen, eine vollkommene Welt des ewigen Lebens, der Liebe, der Freude und der wachsenden Erkenntnis in seiner Gegenwart. Gott selbst wird unter seinem Volk wohnen. Leid und Tod werden nicht mehr sein. Der große Kampf ist zu Ende. Nie mehr wird es Sünde geben. Alles, das Belebte und das Unbelebte, wird davon künden, dass Gott Liebe ist. Er wird in Ewigkeit regieren.

(Glaubensüberzeugungen der Siebenten-Tags-Adventisten, Nr. 28)

Es kommt alles (ganz) anders ...

Wie wird das Leben auf der neuen Erde aussehen? Auch wenn manche darüber reden, als wüssten sie genau Bescheid, so hat doch bisher niemand die ewige Heimat, das verheißene Paradies, den neuen Himmel und die neue Erde mit eigenen Augen gesehen. Insofern bleibt alles bestenfalls fromme Vermutung, was über die klaren Aussagen der Bibel hinausgeht. Hier ist zurückhaltendes Schweigen eher angebracht als voreiliges Spekulieren.

Aber können wir überhaupt etwas Genaues wissen über das Jenseits oder das Leben danach? Welche Informationen lassen sich den Offenbarungen der Propheten

und Apostel entnehmen? Was steckt hinter den Bildern der Bibel, mit denen der neue Himmel und die neue Erde beschrieben werden? Gibt es beispielsweise im neuen Jerusalem tatsächlich nur Straßen aus Gold? Werden die Erlösten dort ewig auf „Wolke 7" sitzen und fromme Lieder singen? Und stimmt es, dass man sich nicht einmal mehr verlieben, heiraten und eine Familie gründen kann? Wie reizvoll ist es dann überhaupt, dort zu sein?

Das Leben auf der neuen Erde wird vielleicht ganz anders sein, als wir es uns heute vorstellen oder ausmalen können. Das liegt zum einen daran, dass wir auf keine Erfahrungswerte zurückgreifen können, und zum anderen, dass auch die Propheten, denen Gott die Zukunft enthüllte, diese nur in der Sprache und im Denken ihrer Zeit beschreiben konnten. Außerdem wollten die Schreiber der Bibel nicht unsere Neugier befriedigen, sondern uns die Schönheit der neuen Welt in eindrucksvollen Bildern vor Augen malen.

So will uns beispielsweise die Offenbarung des Johannes nicht glauben machen, dass das neue Jerusalem ein goldener, mit Edelsteinen verzierter Würfel mit einer Seitenlänge von über 2200 Kilometern ist – eine Entfernung, die von Dänemark bis nach Sizilien reicht – und von einer 70 Meter hohen Mauer umgeben ist. Die Beschreibung der Stadt soll vielmehr an den Tempel – Gottes Wohnort – erinnern und die Vollkommenheit der Erlösten darstellen.

Wer also in der Bibel eine Beschreibung künftiger Geographie und Geologie, Fauna und Flora, Natur und Kultur sucht, wird nicht viel Verwertbares finden. Manches wird sicher so ähnlich sein wie jetzt – nur unvergleichlich viel schöner und vollkommener: ohne Sünde und Unrecht, ohne Leid und Tod.

... aber es kommt (gewiss)!

Trotz allem Nichtwissen über das Wie und Was der neuen Welt macht die Bibel doch einige konkrete Aussagen, die uns Antwort geben auf grundsätzliche Fragen. So wird es entgegen einer weit verbreiteten Vorstellung zwar ewiges Leben, aber keine ewig brennende „Hölle" geben. Mit diesem oft missverstandenen Wort übersetzte Luther drei griechische Begriffe: *Hades*, *Tartaros* und *Gehenna*. Sie bezeichnen den gegenwärtigen Aufenthaltsort der Toten (d. h. das Grab) und der gefallenen Engel sowie den Ort des letzten Gerichts. Auf der neuen Erde wird es jedoch keinen Tod – nicht einmal Spuren davon – mehr geben (Jes 25,8; 1 Kor 15,26; Offb 20,14; 21,4). In Anspielung an den „Garten Eden" (1 Mo 2,15) wird sie deshalb auch das „Paradies" genannt (Offb 2,7). Mit der neuen Schöpfung stellt Gott die Vollkommenheit der ursprünglichen Schöpfung wieder her – ja, er übertrifft diese sogar noch.

Von Jesus selbst stammt folgende Aussage über die Lebensumstände im Reich Gottes: „Die Ehe gibt es nur in dieser Welt. Wer aber das ewige Leben erlangt und einmal in Gottes Reich sein darf, für den wird es keine Ehe mehr geben." (Lk 20,34f. Hfa) Betrachtet Gott die Liebe zwischen Mann und Frau demnach nur als vorläufig? In gewisser Weise, ja. Denn die Ehe ist nur ein unvollkommenes Abbild der wahren, göttlichen Liebe – die das ganze Universum tragende und erhaltende Kraft und die einzig unwiderstehliche Macht der Welt. Diese göttliche Liebe wird einmal alle(s) erfüllen, sodass selbst die schönsten irdischen Glücksmomente ihr gegenüber verblassen. Doch niemand wird deshalb einen Mangel verspüren. Im Gegenteil, alle werden erleben, wie „himmlisch" Liebe sein kann! Eines ist sicher: Gott will uns nichts wegnehmen, was das Leben lebenswert und schön macht.

Die Bibel beschreibt die Menschen nach der leiblichen Auferstehung nicht als neutrale, geschlechtslose Wesen. Zwar werden sie wie die Engel im Himmel unsterblich sein (Lk 20,36), darüber hinaus aber auch einen kraftvollen und gesunden Körper haben (1 Kor 15,35-49). Das ist eine gute Nachricht für alle, die sich im Spiegel betrachten und für zu dick oder zu dünn, zu groß oder zu klein, zu flach oder zu üppig halten. Wir werden unseren neu erschaffenen Körper lieben – und vor allem werden wir Gott lieben, bei dem wir für immer und ewig leben dürfen.

Ellen G. White über das Leben auf der neuen Erde

Was ein Leben in Gottes Reich und in seiner Nähe bedeutet, lässt sich mit Worten nicht beschreiben – ja, es lässt sich nicht einmal denken: Man muss es erleben! An verschiedenen Stellen spricht die Bibel in Bildern und Vergleichen von der ewigen Heimat der Erlösten, aber diese Bilder sind ja nicht die Wirklichkeit, sondern nur der Versuch, mit menschlichen Worten das anschaulich zu machen, was alle Vorstellungen sprengt …

Das Leben auf der neuen Erde wird eine völlig neue Qualität haben. Die Menschen werden über unbegrenzte schöpferische Kraft verfügen, ihr Geist wird sich immer neuen Erkenntnissen öffnen, sie werden tätig sein und doch nicht ermüden. Die Kräfte von Leib, Seele und Geist werden sich zu nie gekannten Höhen entfalten. Den Erlösten wird das ganze Universum offenstehen … In Ewigkeit werden ihnen reichere und herrlichere Offenbarungen Gottes und Christi zuteil werden. Mit wachsender Erkenntnis werden auch Liebe, Ehrfurcht und Glück zunehmen.

(„Der große Kampf", neue Ausgabe, S. 405f.)

Dass diese Hoffnung auf ein ewiges Leben mit Gott unwiderruflich verbürgt ist, hat Jesus Christus, der auferstandene Herr, seinen Jünger Johannes dreimal ausdrücklich wissen lassen: „Schreibe, denn diese Worte sind wahrhaftig und gewiss!" (Offb 21,5; vgl. 22,6; 19,9)

Gottes Zelt ist unter uns

Das ist das Allerschönste an der verheißenen Zukunft: dass wir bei unserem Erlöser und Freund Jesus Christus sind und uns seiner unmittelbaren Gegenwart erfreuen dürfen. Wenn Gott sein „Zelt" unter uns errichtet und für immer bei uns wohnt (Offb 21,3; vgl. 2 Mo 25,8), dann gewinnt das geflügelte Wort von der „ewigen Heimat" einen neuen, tiefen Sinn. Nur wer bei Gott selbst angenommen und angekommen ist, ist wirklich und für immer zu Hause. Gottes Reich ist ein Reich der Liebe und des Friedens. Seine Herrschaft bedeutet nicht Unterdrückung, sondern Freiheit. Seine Regierung bringt nicht Willkür und Gewalt, sondern Gerechtigkeit. „Gott hat uns einen neuen Himmel und eine neue Erde versprochen. Dort wird es kein Unrecht mehr geben, weil Gottes Wille regiert. Auf diese neue Welt warten wir." (2 Ptr 3,13 GNB)

Wer wollte sich nicht schon heute auf die bevorstehende Erfüllung dieser größten aller Verheißungen Gottes freuen: „Siehe, ich mache alles neu!"? (Offb 22,5)

➥ *Siehe auch „Das neue Jerusalem – Vision der vollendeten Gemeinde" auf Seite 218f. im Anhang.*

„Halte dich in der Mitte!"

Adventistischer Glaube auf den Punkt gebracht

Was ist der eigentliche, wesentliche Kern der adventistischen Glaubensüberzeugungen, die hier vorgestellt und erläutert wurden? Wo liegt die verbindende und verbindliche Mitte adventistischen Glaubens, die wichtige, ja entscheidende Wahrheit für heute? Auf diese Frage geben Adventisten unterschiedliche Antworten – bei über 15 Millionen Mitgliedern und über 160 Jahren Geschichte auch nicht gerade verwunderlich. Als weltweit verbreitete Kirche leben Siebenten-Tags-Adventisten unter den unterschiedlichsten gesellschaftlichen Bedingungen. Davon sind das individuelle Lebensgefühl und die konkrete Lebensgestaltung ebenso betroffen wie die persönliche Einstellung zur Kirche und ihren Glaubenslehren.

Die von der jeweiligen Kultur geprägten Gewohnheiten und Einstellungen sind aber nicht das Einzige oder gar Entscheidende, was diese christliche Glaubensgemeinschaft ausmacht. Ihr geht es vielmehr darum, das Wesentliche des christlichen Glaubens unter den heutigen Bedingungen zur Sprache zu bringen und in den Alltag des Lebens zu übersetzen. Dabei spielen die Bibel als die verbindliche Glaubensgrundlage sowie die mit ihrer Hilfe gewonnenen Erkenntnisse und Erfahrungen eine zentrale Rolle. Ihre nachhaltige Wirkung zeigen Bibel und Tradition nicht zuletzt im lehrhaften Bekenntnis der Freikirche, den sog. „Glaubensüberzeugungen".

Wie gelangt eine christliche Kirche zu einem Verständnis ihres Glaubens, das sowohl der Heiligen Schrift und den bisherigen Erkenntnissen und Erfahrungen mit Gott als auch den Bedürfnissen der heutigen Zeit entspricht? Anders gesagt: Wie sieht christlicher Glaube aus, der schriftgemäß, bekenntnisgemäß und zeitgemäß ist? Auf diese Frage wird es nicht nur eine einzige, für alle Zeiten und Kulturen gleichermaßen überzeugende und verbindliche Antwort geben können. Andererseits ist ein deutliches Maß an Übereinstimmung notwendig, wenn eine Glaubensgemeinschaft nach außen hin auch als solche erkennbar sein will.

Jede christliche Kirche benötigt eine gesunde Identität und ein unverwechselbares Profil. Sie unterscheidet sich von anderen aufgrund von bestimmten Überzeugungen, Werten und Gewohnheiten. Gleichzeitig steht sie denen nahe, die eine ähnliche Glaubensgrundlage und Lebenseinstellung haben. Ohne Unterschiede im Denken und

Nachwort

Auch der Glaube adventistischer Christen hat eine Mitte: Christus ist die treibende Kraft!

Handeln verliert sie ihre unverwechselbare Identität; ohne Nähe zu anderen Christen, ohne Bezug zur Gesellschaft und ihren Bedürfnissen bleibt sie ein isolierter und wirkungsloser Fremdkörper. Eine gesunde konfessionelle Identität hält die Balance zwischen Nähe und Distanz.

IDENTITÄTSSTIFTENDER GLAUBE

Wie sieht das biblisch verankerte, identitätsstiftende, kulturrelevante Selbstverständnis des Adventismus im 21. Jahrhundert aus? Welches sind die typischen und unverzichtbaren Merkmale adventistischen Christseins heute? Die Antwort darauf befindet sich in einem gedanklichen Zirkel, der von bestimmten Annahmen und Voraussetzungen bestimmt ist, mit denen wir an diese Fragen herangehen. Den bisherigen sowie den folgenden Ausführungen liegen drei Überzeugungen zugrunde:

Ein gemeinsamer Glaube

Der christliche Glaube kennt nur einen Gott und Herrn, auf den alles ausgerichtet ist. Er bildet das Fundament seiner Kirche. Deshalb sind die Gläubigen aufgerufen, „zu wahren die Einigkeit im Geist durch das Band des Friedens: ein Leib und ein Geist, wie ihr auch berufen seid zu einer Hoffnung eurer Berufung; ein Herr, ein Glaube, eine Taufe; ein Gott und Vater aller, der da ist über allen und durch alle und in allen." (Eph 4,3-6) Nur so kann die ersehnte „Einheit des Glaubens und der Erkenntnis des Sohnes Gottes" erreicht werden (Eph 4,13). Jesus möchte, dass seine Jünger „alle eins" sind in ihm (Joh 17,20-23).

Dieses Ziel gilt über alle zeitlichen, geographischen und kulturellen Grenzen hinweg. Da es nur einen Leib Christi, nur eine Gemeinde Gottes gibt, kann das christliche Bekenntnis zwar in ganz unterschiedlichen Sprachen ausgedrückt werden, bleibt aber dennoch das eine, die Gläubigen auf der ganzen Welt verbindende Bekenntnis. Aufgrund ihrer Geschichte, ihrer Kirchenstruktur und ihrer Theologie bilden Siebenten-Tags-Adventisten keine unabhängigen Nationalkirchen mit jeweils eigenem Bekenntnis. Stattdessen stellen sie eine universale und globale Gemeinschaft dar, eine Weltkirche also, in der der gemeinsame Glaube an Christus in der Vielfalt kultureller Ausdrucksformen unverwechselbare Gestalt findet.

Ein christuszentrierter Glaube

Was die Gläubigen eint, ist das eine Haupt, mit dem die Glieder des Leibes direkt – und so auch untereinander – verbunden sind: Jesus Christus. Er ist Ursprung, Mitte und Ziel des Glaubens. Lehraussagen sind nicht um ihrer selbst willen da, sondern um den Glauben an ihn zu wecken und zu vertiefen. Deshalb ist nicht die Anzahl der Glaubenssätze bedeutsam, sondern ihre konsequente inhaltliche Ausrichtung auf Christus, den sie bezeugen wollen. Bekenntnisaussagen wollen nicht gezählt, sondern gewichtet werden. Nicht alles ist gleich wichtig und unverzichtbar. Randaussagen sind von Kernaussagen zu unterscheiden. Das Zentrum hat eine höhere Bedeutung als die Peripherie. Auch Schiffe fahren in der Mitte des Stroms, nicht in der Uferzone. Das Neue Testament plädiert für einen ganz auf Christus fokussierten Glauben (Lk 24,27; Joh 5,39; Röm 10,4; 2 Kor 1,20; Kol 1,25-2,3; 1 Tim 1,3-11).

Diese Konzentration auf das Wesentliche und entscheidend Wichtige verhindert das Abgleiten in sekundäre Belange des Christseins. Zu allen Zeiten gab es in der Kirche Jesu Bemühungen, bestimmten vernachlässigten Wahrheiten Geltung zu verschaffen, indem man sie besonders betonte. Überbetonung führt jedoch leicht zur Einseitigkeit, dem Kennzeichen jeder Irrlehre (Häresie). Deshalb gehören Ausgewogenheit und Mäßigkeit – das Vermeiden von Überspitzungen und Extremen – nicht nur zum christlichen Lebensstil, sondern auch zu einer verantwortlichen Theologie. Hier gilt der weise Rat des Bernhard von Clairvaux: „Halte dich in der Mitte, wenn du das Maß nicht verlieren willst." Auch das Neue Testament weiß um die Gefahr solcher Fehlentwicklungen und warnt nachdrücklich davor (Röm 14; Kol 2; 1 Tim 4; 2 Tim 2,14ff.; Tit 1,10ff.; 2 Ptr 2; 1 Joh 4,1ff.; 2 Joh 7ff.; Hbr 13,9; Judasbrief).

Ein umfassender Glaube

„Du durchdringest alles ..." dichtete Gerhard Teerstegen in einem seiner Kirchenlieder. Dies gilt auch für den Glauben in seinen unterschiedlichen Ausdrucksformen. Die Botschaft von der Liebe Gottes, vom Heil in Christus und von der verändernden Kraft des Geistes will alle Lebensbereiche durchziehen und prägen. Sie ist wie ein Sauerteig, der den ganzen Teig durchsäuert (Mt 13,33). Deshalb darf es keine dualistische Scheidung zwischen Seele bzw. Geist und Leib, Denken und Tun, Dogmatik und Ethik, Wahrheit und Werten geben.

Auch eine Überbetonung der rationalen Seite des Glaubens bzw. die Vernachlässigung oder Abwertung seiner lebenspraktischen Dimension widerspricht dem biblischen Denken. Ein Gefälle zwischen Glaubenslehre (Dogmatik) und Lebensstil

(Ethik) führt letztlich zu einem Wahrheitsverlust. Glaube jedoch ist ganzheitlich und lebensumfassend. Das Heil Gottes – sein „schalom" – hat viele Aspekte: Vergebung und Versöhnung, Gesundheit und Heil(ung), Glück und Frieden. „Was Gott zusammengefügt hat, soll der Mensch nicht scheiden."

Die Suche nach der evangeliumsgemäßen Mitte, dem eigentlichen Zentrum und der kulturübergreifenden Wahrheit des Glaubens darf also nicht zu einer „kalorienarmen" oder „abgespeckten" Version des christlichen Bekenntnisses führen. Kein „Christsein light" begeistert andere für Gott und die Gemeinde, sondern die konsequente und ganzheitliche Umsetzung der biblischen Lehre in das christliche Alltagsleben. Deshalb gehört die konkrete Lebenspraxis ebenso eng und untrennbar zu einem überzeugenden Glaubensbekenntnis wie ethische Grundwerte und dogmatische Lehraussagen. Schließlich zeigen sich Profil und Identität einer Kirche weniger im gedachten als im gelebten Glauben. Auch hier gilt das Wort von Jesus: „An ihren Früchten sollt ihr sie erkennen." (Mt 7,20)

WAHRHEIT FÜR HEUTE

Wie drückt sich dieser gemeinsame, christuszentrierte und lebensumfassende Glaube der Siebenten-Tags-Adventisten im 21. Jahrhundert aus? Wie lässt sich die verbindende und verbindliche Mitte des Glaubens, die aktuelle „Wahrheit für heute" beschreiben, die es im jeweiligen gesellschaftlichen Umfeld überzeugend zu lehren und konsequent zu leben gilt?

Eines ist klar: Es gibt nicht die eine, zeitlose, umfassende und vollkommene Ausdrucksform dieses Glaubens. Er kann vielmehr unter Zuhilfenahme verschiedener theologischer Begriffe, sprachlicher Bilder und biblischer Belegstellen formuliert werden, wie dies ja auch im Neuen Testament geschieht.

Die bekannteste Form der Beschreibung und Selbstvergewisserung des adventistischen Glaubens sind die 28 biblischen Grundlehren, in denen die wichtigsten dogmatischen, ethischen und lebenspraktischen Erkenntnisse des Adventismus in lehrhafter Form dargestellt sind (siehe Anhang 1).

Für viele Adventisten stellt dieser von der Weltsynode der Siebenten-Tags-Adventisten 1980 verabschiedete und 2005 um einen neuen Artikel erweiterte Text ein verbindliches „Credo" dar. Unter Berufung auf die Präambel sehen andere Gemeindeglieder darin jedoch nur eine zeitgebundene und unvollkommene Ausdrucksform adventistischen Glaubens, die sowohl für Korrekturen als auch für Veränderungen offen ist. In den postmodernen Kulturen Europas, Australiens und Nordamerikas bewahrheitet sich ein Wort des Theologen Alfred Loisy: „Unsere Väter hatten Mühe, ihren Glauben zu bekennen; wir haben Mühe, ihre Bekenntnisse zu glauben."

Dennoch: Lassen sich die 28 Glaubensartikel auf einige Punkte konzentrieren, die den Wesenskern des Adventismus kurz und prägnant zur Sprache bringen? Mithilfe der 1860 in bekenntnishafter Absicht gewählten Selbstbezeichnung als „Seventh-day Adventist Church" lässt sich diese Frage vielleicht am besten beantworten, zeigen sich darin doch drei zentrale Anliegen, die den Adventismus von Anfang an und bis heute nachhaltig geprägt haben. In ihnen spiegelt sich ein einzigartiges Verständnis vom „ewigen Evangelium", das zum auffälligsten Merkmal der Freikirche der Siebenten-Tags-Adventisten geworden ist (siehe Offb 14,6-12).

Die Wiederkunft Christi – Erwartung göttlicher Gerechtigkeit

Das Wort „Adventisten" kürzt nicht nur eine lange Konfessionsbezeichnung ab, sondern nimmt zugleich eine bedeutsame theologische Gewichtung vor: Siebenten-Tags-Adventisten gehören zu den Christen, die die Vollendung des Reiches Gottes bei der Wiederkunft Christi (lat.: *adventus*) erwarten. Ihre Hoffnung auf ein baldiges Ende der Geschichte lebt nicht von Zukunftsangst oder Weltuntergangsstimmung, sondern von der unstillbaren Sehnsucht nach Gerechtigkeit, Frieden und Freiheit für die ganze Schöpfung. Adventisten vertrauen auf die biblische Verheißung vom Kommen Gottes, vom neuen Himmel und einer neuen Erde. Sie sind deshalb zuallererst Menschen mit einer lebendigen Hoffnung.

Diese neue Welt kommt jedoch nur, wenn Gott Gericht hält und das, was aus den Fugen geraten ist, wieder „richtet" und zurechtrückt. Erst dann findet auch die zutiefst bedrängende Frage nach Gottes eigener Gerechtigkeit und Liebe eine befriedigende Antwort. In einer Welt voll Leid, Unrecht und Gewalt ist die Botschaft vom Jüngsten Gericht eine eminent gute und befreiende Nachricht. Adventisten sehen deshalb ihre wichtigste Aufgabe darin, die Menschen auf das Kommen von Jesus vorzubereiten. Deshalb predigen sie das Evangelium vom Heil in Christus im Kontext des letzten Gerichts und der Erwartung göttlicher Gerechtigkeit für die ganze Welt.

Der Tag des Herrn – Erlebnis gottgeschenkter Freiheit

Nirgends kommt die Hoffnung auf Gerechtigkeit, Frieden und Freiheit für alle Geschöpfe deutlicher zum Ausdruck als im Sabbat, dem biblischen „Tag des Herrn". Als Gedenktag der Schöpfung, Zeichen der Erlösung und Vorgeschmack der Vollendung vereint der christliche Sabbat die Vergangenheit, Gegenwart und Zukunft des Heils im Erlebnis gottgeschenkter Freiheit. Der Sabbat bietet Befreiung vom Alltagsstress, Zeit für andere, für sich selbst und für Gott. Die Rechtfertigung allein aus Gnade findet hier zeichenhaften Ausdruck. Nicht die geleistete Arbeit sichert unseren Wert, sondern das Eintreten in die Ruhe Gottes, d. h., in die Gemeinschaft mit Christus. Adventisten sind deshalb auch „Siebenten-Tags-Adventisten".

Das Festhalten am biblischen Ruhetagsgebot und an der Praxis der ersten Christen dient nicht der eigenen Heilssicherung oder der Absonderung von anderen Christen, sondern will den Segen des Ruhetags dankbar genießen und an andere weitergeben. Der Sabbat ist der größte „Gleichmacher" der Menschen, denn an ihm sind alle gleich – Arme und Reiche, Herren und Knechte, Männer und Frauen, Schwarze und Weiße usw. Alle dürfen diesen Tag genießen und Gottes Güte feiern. Als Tag der Freiheit bietet der Sabbat ein zeitgemäßes Verständnis und attraktives Erlebnis des im Evangelium angebotenen göttlichen Heils.

Die Gemeinde Jesu – Erfahrung heilender Gemeinschaft

Die christliche Hoffnung stärken, den biblischen Sabbat feiern – das geht am besten gemeinsam mit anderen: der Familie, Nachbarn, Freunden und allen, die die schönen und schweren Stunden des Lebens miteinander teilen wollen. Die sozialen Strukturen unserer Gesellschaft verstärken Einsamkeit und Isolation und führen viele in den Teufelskreis von Abhängigkeit und Sucht. Wir Menschen brauchen einander – und wir brauchen Gott. Beide Dimensionen – die soziale wie die spirituelle – sind lebenswichtig. Der Glaube an Christus lebt von der Begegnung mit seinem „Leib" – der Gemeinde. Hier erfahren wir Akzeptanz, Gemeinschaft und Solidarität. Eine auf den eschatologischen „Tag des Herrn" hoffende und den wöchentlichen „Tag des Herrn" feiernde Gemeinde ist ein sichtbares Zeichen der heilbringenden Gegenwart Gottes.

Siebenten-Tags-Adventisten bilden eine Gemeinschaft des Glaubens, der Hoffnung und der Liebe. Sie wollen nicht nur Kirche im Sinne einer etablierten religiösen Institution sein, sondern eine weltweite Familie, die Menschen aller Nationen und Kulturen miteinander vereint. Darin wissen sie sich mit allen Christen verbunden, die sich nach der gottgewollten Einheit der Kinder Gottes sehnen. Aufgrund ihrer Erkenntnis und Erfahrung gehen sie zwar einen eigenen Weg, doch verfolgen Adventisten kein anderes Ziel als das, was auch Jesus bewegte und erstrebte: die Gemeinschaft aller Menschen mit Gott.

 Siehe auch „Mein Glaubensbekenntnis" auf Seite 220 im Anhang.

Buchempfehlung:

*„Was Adventisten glauben – 27 biblische Grundlehren umfassend erklärt",
hgg. von der Generalkonferenz der Gemeinschaft der Siebenten-Tags-Adventisten,
Advent-Verlag, Lüneburg, 570 Seiten, 19,00 €, Best.-Nr. 1276.*

28 biblische Grundlehren

Glaubensüberzeugungen der Siebenten-Tages-Adventisten

Präambel

Siebenten-Tags-Adventisten anerkennen allein die Bibel als Richtschnur ihres Glaubens und betrachten die folgenden Glaubensüberzeugungen als grundlegende Lehren der Heiligen Schrift. Diese Glaubensaussagen stellen dar, wie die Gemeinde die biblische Lehre versteht und bezeugt. Eine Neufassung ist anlässlich einer Vollversammlung der Generalkonferenz (Weltsynode) dann zu erwarten, wenn die Gemeinde durch den Heiligen Geist zu einem tieferen Verständnis der biblischen Wahrheit gelangt oder bessere Formulierungen findet, um die Lehren des heiligen Gotteswortes auszudrücken.

1. Die Heilige Schrift

Die Heilige Schrift – Altes und Neues Testament – ist das geschriebene Wort Gottes, durch göttliche Inspiration heiligen Menschen anvertraut, die geredet und geschrieben haben, getrieben vom Heiligen Geist. In diesem Wort hat Gott dem Menschen alles mitgeteilt, was zu dessen Errettung nötig ist. Die Heilige Schrift ist die unfehlbare Offenbarung seines Willens. Sie ist der Maßstab für den Charakter und der Prüfstein aller Erfahrungen. Sie ist die maßgebende Offenbarungsquelle aller Lehre und der zuverlässige Bericht von Gottes Handeln in der Geschichte. (2 Ptr 1,20.21; 2 Tim 3,16.17; Ps 119,105; Spr 30,5.6; Jes 8,20; Joh 17,17; 1 Ths 2,13; Hbr 4,12)

2. Die Dreieinigkeit

Es ist ein Gott: Vater, Sohn und Heiliger Geist – drei in Einheit verbunden, von Ewigkeit her. Gott ist unsterblich, allmächtig und allwissend; er steht über allem und ist allgegenwärtig. Er ist unendlich und jenseits aller menschlichen Vorstellungskraft. Dennoch kann er erkannt werden, weil er sich selbst offenbart hat. In alle Ewigkeit gebührt ihm Ehre, Anbetung und der Dienst der ganzen Schöpfung. (5 Mo 6,4; Mt 28,19; 2 Kor 13,13; Eph 4,4 6; 1 Ptr 1,2; 1 Tim 1,17; Offb 14,7)

Anhang

3. Der Vater

Gott, der ewige Vater, ist Schöpfer, Ursprung, Erhalter und Herr alles Geschaffenen. Er ist gerecht und heilig, barmherzig und gnädig, langmütig und reich an beständiger Liebe und Treue. Die Eigenschaften und die Macht, wie der Sohn und der Heilige Geist sie bekunden, sind gleichermaßen Offenbarungen des Vaters. (1 Mo 1,1; Offb 4,11; 1 Kor 15,28; Joh 3,16; 1 Joh 4,8; 1 Tim 1,17; 2 Mo 34,6.7; Joh 14,9)

4. Der Sohn

Gott, der ewige Sohn, wurde Mensch in Jesus Christus. Durch ihn ist alles geschaffen, der Charakter Gottes offenbart, die Erlösung der Menschheit bewirkt und die Welt gerichtet. Ewig wahrer Gott, wurde er auch wahrer Mensch: Jesus Christus. Er wurde gezeugt durch den Heiligen Geist und geboren von der Jungfrau Maria. Er lebte als Mensch, wurde versucht als Mensch und war dennoch die vollkommene Verkörperung der Gerechtigkeit und Liebe Gottes. Seine Wunder bezeugten die Macht Gottes und bestätigten ihn als den von Gott verheißenen Erlöser. Er litt und starb aus freiem Willen für unsere Sünden an unserer Statt am Kreuz, wurde von den Toten auferweckt und fuhr gen Himmel, um für uns im himmlischen Heiligtum zu dienen. Er wird wiederkommen in Herrlichkeit zur endgültigen Errettung seines Volkes und zur Wiederherstellung aller Dinge. (Joh 1,1-3.14; Kol 1,15-19; Joh 10,30; 14,9; Röm 6,23; 2 Kor 5,17-19; Joh 5,22.27; Lk 1,35; Phil 2,5-11; Hbr 2,9-18; 1 Kor 15,3.4; Hbr 8,1.2; Joh 14,1-3)

5. Der Heilige Geist

Gott, der ewige Geist, wirkte zusammen mit dem Vater und dem Sohn bei der Schöpfung, bei der Menschwerdung und bei der Erlösung. Er inspirierte die Schreiber der Heiligen Schrift. Er erfüllte Christi Leben mit Kraft. Er zieht die Menschen zu Gott und überführt sie ihrer Sünde. Die sich ihm öffnen, erneuert er und formt sie nach dem Bild Gottes. Gesandt vom Vater und vom Sohn, damit er allezeit bei Gottes Kindern sei, gibt der Heilige Geist der Gemeinde geistliche Gaben, befähigt sie zum Zeugnis für Christus und leitet sie in Übereinstimmung mit der Heiligen Schrift in alle Wahrheit. (1 Mo 1,1.2; Lk 1,35; 4,18; Apg 10,38; 2 Ptr 1,21; 2 Kor 3,18; Eph 4,11.12; Apg 1,8; Joh 14,16-18.26; 15,26.27; 16,7-13)

6. Die Schöpfung

Gott ist der Schöpfer aller Dinge. Er hat in der Heiligen Schrift den zuverlässigen Bericht seines schöpferischen Wirkens offenbart. In sechs Tagen schuf der Herr „Himmel und Erde" und alle Lebewesen auf der Erde und ruhte am siebenten Tag dieser ersten Woche. So setzte er den Sabbat ein als eine beständige Erinnerung an sein vollendetes schöpferisches Werk. Der erste Mann und die erste Frau wurden als Krönung der Schöpfung „zum Bilde Gottes" geschaffen. Ihnen wurde die Herrschaft über die Erde übertragen und die Verantwortung, sie zu bewahren. Die Schöpfung war nach ihrer Vollendung „sehr gut" und verkündete die Herrlichkeit Gottes. (1 Mo 1 und 2; 2 Mo 20,8-11; Ps 19,2-7; 33,6.9; 104; Hbr 11,3)

7. Der Mensch

Mann und Frau wurden nach dem Bild Gottes geschaffen mit dem Vermögen und der Freiheit, als Persönlichkeit zu denken und zu handeln. Der Mensch ist eine unteilbare Einheit aus Leib, Seele und Geist und – obwohl als freies Wesen geschaffen – abhängig von Gott in seinem Leben und in allem, was er zum Leben braucht. Als Adam und Eva, unsere ersten Eltern, Gott ungehorsam wurden, verleugneten sie ihre Abhängigkeit von ihm und verloren dadurch ihre hohe Stellung vor Gott. Das Bild Gottes in ihnen wurde entstellt, und sie wurden der Macht des Todes unterworfen. Seitdem unterliegen alle Menschen der Sünde und ihren Folgen. Sie werden mit Schwachheit und Neigung zum Bösen geboren. Durch Christus aber versöhnte Gott die Welt mit sich selbst, und durch den Heiligen Geist wird in sterblichen Menschen, die zur Umkehr bereit sind, das Bild ihres Schöpfers wiederhergestellt. Zur Ehre Gottes geschaffen, sind sie gerufen, ihn und einander zu lieben sowie für ihre Umwelt verantwortlich zu handeln. (1 Mo 1,26-28; 2,7; Ps 8,4-9; Apg 17,24-28; 1 Mo 3; Ps 51,7.12; Röm 5,12-17; 2 Kor 5,19.20; 1 Joh 4,7.8.11.20; 1 Mo 2,15)

8. Der große Kampf

Die ganze Menschheit ist hineingezogen in eine große Auseinandersetzung zwischen Christus und Satan, bei der es um das Wesen Gottes, sein Gesetz und seine Herrschaft über das Universum geht. Dieser Streit hatte seinen Ursprung im Himmel, als ein geschaffenes Wesen, ausgestattet mit Entscheidungsfreiheit, durch Selbsterhöhung zum Satan, zum Widersacher Gottes, wurde. Auch einen Teil der Engel verführte er zum Aufruhr. Als Satan Adam und Eva zur Sünde verleitete, brachte er den Geist des Aufruhrs auch auf unsere Erde. Die Sünde hat das Bild Gottes im Menschen entstellt und die geschaffene Welt in Unordnung gebracht. Sie wurde schließlich durch eine weltweite Flut verwüstet. Unsere Erde ist vor der gesamten Schöpfung zum Austragungsort eines universalen Konfliktes geworden, in dem sich der Gott der Liebe schließlich als rechtmäßiger Sieger erweisen wird. Christus sendet den Heiligen Geist und seine Engel, um seinem Volk in diesem Kampf beizustehen, es zu führen, zu schützen und auf dem Weg des Heils zu bewahren. (Offb 12,3-9; Jes 14,12-14; Hes 28,12-18; 1 Mo 3; Röm 1,19-32; 5,12-21; 8,19-22; 1 Mo 6-8; 2 Ptr 3,6; 1 Kor 4,9; Hbr 1,7.14)

9. Leben, Tod und Auferstehung Christi

Das Leben Christi im vollkommenen Gehorsam gegenüber dem Willen Gottes, sein Leiden, sein Tod und seine Auferstehung sind das einzige Mittel, die Sünde des Menschen zu sühnen. Wer diese von Gott bewirkte Versöhnung im Glauben annimmt, hat das ewige Leben. Die ganze Schöpfung kann so die unendliche und heilige Liebe des Schöpfers besser verstehen. Diese vollkommene Versöhnung erweist die Gerechtigkeit des Gesetzes Gottes und offenbart Gottes Güte. Dadurch wird unsere Sünde verurteilt und zugleich ein Weg zu ihrer Vergebung geöffnet. Christi stellvertretender Tod hat sühnende, versöhnende und umwandelnde Wirkung. Christi Auferstehung verkündet Gottes Triumph über die Mächte des Bösen und sichert allen, die sich versöhnen lassen, endgültigen Sieg über Sünde und Tod am Ende der Weltzeit zu. In seiner Auferstehung wird offenbar, dass Christus der Herr ist. Vor ihm werden einst alle im Himmel und auf Erden ihre Knie beugen. (Joh 3,16; Jes 53; 1 Ptr 2,21.22; 1 Kor 15,3.4.20-22; 2 Kor 5,14.15.19 21; Röm 1,4; 3,25; 4,25; 5,18.19; 8,3.4; 1 Joh 2,2; 4,10; Kol 2,15; Phil 2,6-11)

10. Die Erfahrung der Erlösung

Gott hat in seiner unendlichen Liebe und Barmherzigkeit Christus, „der von keiner Sünde wusste, für uns zur Sünde gemacht", damit wir durch ihn vor Gott gerecht werden. Durch den Heiligen Geist verspüren wir unsere Not, erkennen unsere Sündhaftigkeit, bereuen unsere Verfehlungen und glauben an Jesus als Herrn und Erretter, der sich stellvertretend für uns hingab und unser Vorbild ist. Dieser Glaube, der zum Heil führt, entsteht durch die Kraft des Wortes Gottes und ist das Geschenk seiner Gnade. Durch Christus sind wir gerechtfertigt, von Gott als Söhne und Töchter angenommen und von der Herrschaft der Sünde befreit. Durch den Geist sind wir wiedergeboren und geheiligt. Der Geist erneuert unser Denken, schreibt Gottes Gesetz der Liebe in unser Herz und gibt uns die Kraft zu einem heiligen Leben. Wer in Christus bleibt, wird Teilhaber der göttlichen Natur und hat die Gewissheit des Heils jetzt und im Gericht. (2 Kor 5,17-21; Joh 3,16; Gal 1,4; 4,4-7; Tit 3,3-7; Joh 16,8; Gal 3,13.14; 1 Ptr 2,21.22; Röm 10,17; Lk 17,5; Mk 9,23.24; Eph 2,5-10; Röm 3,21-26; Kol 1,13.14; Röm 8,14-17; Gal 3,26; Joh 3,3-8; 1 Ptr 1,23; Röm 12,2; Hbr 8,7-12; Hes 36,25-27; 2 Ptr 1,3.4; Röm 8,1-4.31-34; 5,6-10)

11. Wachsen in Christus

Durch seinen Tod am Kreuz triumphierte Jesus über die Macht des Bösen. Er, der während seines irdischen Dienstes die dämonischen Geister unterwarf, hat ihre Macht gebrochen und ihren endgültigen Untergang besiegelt. Jesu Sieg verleiht auch uns den Sieg über die bösen Mächte, die uns immer noch beherrschen wollen. Jetzt können wir mit Jesus in Frieden, Freude und der Zusicherung seiner Liebe leben. Der Heilige Geist wohnt in uns und gibt uns Kraft. In beständiger Beziehung zu Jesus als unserem Retter und Herrn sind wir befreit von der Last vergangener Taten, den dunklen Seiten unseres früheren Lebens, der Angst vor bösen Mächten, von Unwissenheit und Sinnlosigkeit. In dieser neuen Freiheit mit Jesus sind wir berufen, zu wachsen und ihm ähnlicher zu werden. Dies geschieht in der Gemeinschaft mit Gott im Gebet und seinem Wort, in der täglichen Andacht, im Nachdenken über seine göttliche Führung, im Singen von Lobliedern, in der Versammlung im Gottesdienst und durch die Mitwirkung am Missionsauftrag der Gemeinde. Während wir unseren Mitmenschen in Liebe dienen und die Erlösung durch Christus bezeugen, verwandelt seine beständige Gegenwart im Geist jeden Augenblick und jede Aufgabe in eine bereichernde Erfahrung mit Gott. (Ps 1,1.2; 23,4; 77,12.13; Kol 1,13.14; 2,6.14.15; Lk 10,17-20; Eph 5,19.20; 6,12-18; 1 Ths 5,23; 2 Ptr 2,9; 3,18; 2 Kor 3,17.18; Phil 3,7-14; 1 Ths 5,16-18; Mt 20,25-28; Joh 20,21; Gal 5,22-25; Röm 8,38.39; 1 Joh 4,4; Hbr 10,25)

12. Die Gemeinde

Die Gemeinde ist die Gemeinschaft von Gläubigen, die Jesus Christus als ihren Herrn und Erlöser bekennen. Wie Gottes Volk zur Zeit des Alten Testaments ist auch die Gemeinde Jesu aus der Welt herausgerufen. Sie vereint sich zur Anbetung, zur Gemeinschaft, zur Unterweisung im Wort, zur Feier des Abendmahls, zum Dienst an den Mitmenschen und zur Verkündigung des Evangeliums in aller Welt. Die Gemeinde erhält ihre Vollmacht von Christus, dem Fleisch gewordenen Wort, und aus der Heiligen Schrift, dem geschriebenen Wort. Die Gemeinde ist die Familie Gottes. Ihre Glieder, von ihm als Kinder angenommen, leben auf der Grundlage des Neuen Bundes. Die Gemeinde ist eine Gemeinschaft des Glaubens. Sie ist der Leib Christi, dessen Haupt er ist. Sie ist die Braut, für die Christus starb, damit er sie heilige und reinige. Bei seiner Wiederkunft in Herrlichkeit wird er sie in vollendeter Schönheit vor sich stellen. Es sind die Treuen aller Zeiten, erworben durch sein Blut, ohne Flecken und Falten, heilig und unsträflich. (1 Mo 12,3; Apg 7,38; Eph 4,11-15; 3,8-11; Mt 28,19.20; 16,16-19; 18,18; Eph 2,19-22; 1,22.23; 5,23-27; Kol 1,17.18)

13. Die Übrigen und ihr Auftrag

Die weltweite Gemeinde setzt sich zusammen aus allen, die wahrhaft an Christus glauben. Doch in der letzten Zeit, einer Zeit weit verbreiteten Abfalls, ist eine Schar der Übrigen herausgerufen, um an den Geboten Gottes festzuhalten und den Glauben an Jesus zu bewahren. Diese Übrigen weisen darauf hin, dass die Stunde des Gerichts gekommen ist. Sie predigen, dass es Erlösung allein durch Christus gibt, und verkündigen das Herannahen seiner Wiederkunft. Die drei Engel in Offenbarung 14 sind Sinnbild dieser Verkündigung. Sie geht einher mit dem Gerichtsgeschehen im Himmel und führt auf Erden zu einer Bewegung der Buße und Erneuerung. Jeder Gläubige ist aufgefordert, sich an diesem weltweiten Zeugnis persönlich zu beteiligen. (Offb 12,17; 14,6 12; 18,1 4; 2 Kor 5,10; Jud 3.14; 1 Ptr 1,16-19; 2 Ptr 3,10-14)

14. Die Einheit der Gemeinde Christi

Die Gemeinde ist ein Leib mit vielen Gliedern, herausgerufen aus allen Nationen, Geschlechtern, Sprachen und Völkern. In Christus sind die Gläubigen eine neue Schöpfung. Rassische, kulturelle, bildungsmäßige, nationale, soziale und gesellschaftliche Unterschiede sowie Unterschiede zwischen Mann und Frau dürfen unter uns nicht trennend wirken. In Christus sind alle gleich, durch einen Geist zur Gemeinschaft mit ihm und untereinander zusammengefügt. Wir sollen einander dienen, ohne Voreingenommenheit und Vorbehalt. Weil sich Jesus Christus in der Schrift offenbart hat, verbinden uns ein Glaube und eine Hoffnung – das bezeugen wir vor allen Menschen. Diese Einheit hat ihren Ursprung im Einssein des dreieinigen Gottes, der uns als seine Kinder angenommen hat. (Röm 12,4; 1 Kor 12,12-14; Mt 28,19.20; Ps 133,1; 2 Kor 5,16.17; Gal 3,27.29; Kol 3,10-15; Eph 4,14-16; 4,1-6; Joh 17,20 23)

15. Die Taufe

Durch die Taufe bekennen wir unseren Glauben an den Tod und die Auferstehung Jesu Christi und geben Zeugnis, dass wir für die Sünde tot sind und entschlossen, ein neues Leben zu führen. Damit erkennen wir Christus als Herrn und Erlöser an, werden seinem Volk hinzugefügt und als Glieder seiner Gemeinde angenommen. Die Taufe ist ein Sinnbild für unsere Gemeinschaft mit Christus, für die Vergebung unserer Sünden und für den Empfang des Heiligen Geistes. Sie wird durch Untertauchen vollzogen auf das Bekenntnis des Glaubens an Jesus Christus und als Zeichen der Reue über die Sünde. Ihr geht Unterweisung in der Heiligen Schrift und Annahme ihrer Lehren voraus. (Röm 6,1 6; Kol 2,12.13; Apg 16,30-33; 22,16; 2,38; Mt 28,19.20)

16. Das Abendmahl

Beim Abendmahl haben wir Anteil an den Zeichen des Leibes und Blutes Jesu. Wir nehmen Brot und Wein zu uns und bringen so unser Vertrauen in Jesus Christus, unseren Herrn und Erlöser, zum Ausdruck. In diesem Erlebnis der Gemeinschaft ist Christus gegenwärtig, um unter seinem Volk zu sein und es zu stärken. Durch die Teilnahme am Abendmahl verkünden wir voll Freude den Tod des Herrn, bis er wiederkommt. Zur Vorbereitung gehören Selbstprüfung, Reue und Sündenbekenntnis. Der Herr gebot auch den Dienst der Fußwaschung. Die Fußwaschung ist ein Sinnbild erneuter Reinigung, ein Ausdruck der Bereitschaft, einander in Demut zu dienen, wie Christus es tat, und soll unsere Herzen in Liebe verbinden. Am Abendmahl können alle gläubigen Christen teilnehmen. (1 Kor 10,16.17; 11,23-30; Mt 26,17-30; Offb 3,20; Joh 6,48-63; 13,1-17)

17. Geistliche Gaben und Dienste

Gott rüstet die Glieder seiner Gemeinde zu allen Zeiten mit geistlichen Gaben aus. Jedes Glied soll die ihm verliehenen Gaben in liebevollem Dienst zum Nutzen der Gemeinde und der Mitmenschen einsetzen. Diese Gaben, die der Geist nach seinem Ermessen zuteilt, befähigen die Gläubigen zu allen Diensten, die die Gemeinde zur Erfüllung der ihr von Gott gestellten Aufgaben braucht. Gemäß der Schrift gehören dazu: Glaube, Heilung, Weissagung, Verkündigung, Lehre, Verwaltung, Versöhnung, Barmherzigkeit, selbstloser Dienst und Nächstenliebe, damit anderen geholfen wird und sie ermutigt werden. Einige Glieder werden von Gott berufen, vom Heiligen Geist ausgerüstet und von der Gemeinde anerkannt für den Dienst als Seelsorger, Evangelisten, Leiter oder Lehrer. Sie werden besonders gebraucht, die Glieder der Gemeinde für den Dienst auszubilden, die Gemeinde zur geistlichen Reife zu führen sowie die Einheit im Glauben und in der Erkenntnis Gottes zu fördern. Wenn die Gemeindeglieder diese geistlichen Gaben als treue Haushalter der vielfältigen Gnade Gottes einsetzen, bleibt die Gemeinde vor dem zerstörenden Einfluss falscher Lehre bewahrt, wird in der von Gott vorgesehenen Weise wachsen und in Glaube und Liebe gefestigt. (Röm 12,4-8; 1 Kor 12,4-11.27.28; Eph 4,8.11-16; Apg 6,1-7; 1 Tim.3,1-13; 1 Ptr 4,10.11)

18. Die Gabe der Weissagung

Eine der Gaben des Heiligen Geistes ist die Weissagung. Diese Gabe ist ein Kennzeichen der Gemeinde der Übrigen und hat sich im Dienst von Ellen G. White erwiesen. Die Schriften dieser Botin des Herrn sind eine fortwirkende, bevollmächtigte Stimme der Wahrheit und geben der Gemeinde Trost, Führung, Unterweisung und Zurechtweisung. Sie heben auch deutlich hervor, dass die Bibel der Maßstab ist, an dem alle Lehre und Erfahrung geprüft werden muss. (Joel 3,1.2; Apg 2,14-21; 1 Kor 14,1-4; Röm 12,6; Offb 12,17; 19,10)

19. Das Gesetz Gottes

Die grundlegenden Prinzipien des Gesetzes Gottes sind in den Zehn Geboten zusammengefasst und im Leben Jesu Christi beispielhaft dargestellt. In den Geboten kommen Gottes Liebe, sein Wille und seine Absichten für das Leben der Menschen zum Ausdruck – für ihr Verhalten und für die zwischenmenschlichen Beziehungen. Die Zehn Gebote sind bindend für die Menschen aller Zeiten, Grundlage für Gottes Bund mit seinem Volk und Maßstab in Gottes Gericht. Durch das Wirken des Heiligen Geistes decken sie Sünde auf und wecken das Verlangen nach einem Erlöser. Die Erlösung geschieht allein aus Gnade, nicht durch Werke; ihre Frucht jedoch ist Gehorsam gegenüber den Geboten. Dieser Gehorsam trägt dazu bei, einen christlichen Charakter zu entfalten und führt zu innerem Frieden. Er bekundet unsere Liebe zum Herrn und unsere Verantwortung für die Mitmenschen. Im Gehorsam des Glaubens erweist sich Christi Macht, das Leben eines Menschen zu ändern, und bekräftigt so das christliche Zeugnis. (2 Mo 20,1-17; Ps 40,9; Mt 22,36-40; 5 Mo 28,1-14; Mt 5,17-20; Hbr 8,8-10; Joh 14,15.21; 15,10; Eph 2,8-10; 1 Joh 5,3; Röm 8,3.4; Ps 19,8-12)

20. Der Sabbat

Nach sechs Schöpfungstagen ruhte Gott, auf unser Wohl bedacht, am siebenten Tag und setzte den Sabbat für alle Menschen zum Gedenken an die Schöpfung ein. Das vierte Gebot in Gottes unwandelbarem Gesetz gebietet die Heiligung des siebenten Tages der Woche als Tag der Ruhe, der Anbetung und des Dienens, so wie es uns Jesus Christus, der Herr des Sabbats, gelehrt und vorgelebt hat. Der Sabbat ist ein Tag froher Gemeinschaft – mit Gott und untereinander. Er ist ein Sinnbild unserer Erlösung durch Christus, ein Zeichen unserer Heiligung, ein Ausdruck unserer Treue und ein Vorgeschmack ewigen Lebens im Reich Gottes. Der Sabbat ist Gottes bleibendes Zeichen seines ewigen Bundes mit seinem Volk. Wer diese heilige Zeit freudig beachtet, von Abend zu Abend, von Sonnenuntergang bis Sonnenuntergang, feiert Gottes schöpferisches und erlösendes Handeln. (1 Mo 2,1-3; 2 Mo 20,8-11; Lk 4,16; Jes 56,1-8; 58,13.14; Mt 12,1-12; 2 Mo 31,12-17; Hes 20,12.20; 5 Mo 5,12-15; Hbr 4,9-11; Neh 13,15-21; Mk 1,32; 16,1.2)

21. Gottes Haushalter

Wir sind Haushalter Gottes. Er hat uns Zeit und Möglichkeiten, Fähigkeiten und Besitz, den Ertrag der Erde und ihre Güter anvertraut. Für einen vernünftigen

Umgang damit sind wir Gott verantwortlich. Wir erkennen Gott als Eigentümer an, wenn wir ihm und den Mitmenschen treu dienen, ihm den Zehnten und Gaben darbringen, um die Verkündigung seines Evangeliums und das Wachstum seiner Gemeinde zu fördern. Mit der Haushalterschaft gibt uns Gott eine Möglichkeit, in der Liebe zu wachsen und Selbstsucht und Habgier zu überwinden. Der Haushalter freut sich über den Segen, den andere durch seine Treue empfangen. (1 Mo 1,26-28; 2,15; 1 Chr 29,14; Hag 1,3-11; Mal 3,8-12; 1 Kor 9,9-14; Mt 23,23; 2 Kor 8,1-15)

22. Christlicher Lebensstil

Wir sind berufen, ein gottesfürchtiges Volk zu sein, das in Übereinstimmung mit den Grundsätzen des Wortes Gottes denkt, fühlt und handelt. Damit der Heilige Geist in uns einen Christus ähnlichen Charakter ausprägen kann, beschäftigen wir uns bewusst mit dem, was in uns Reinheit, Gesundheit und Freude fördert. Freizeitgestaltung und Unterhaltung sollen dem hohen Anspruch von Geschmack und Schönheit entsprechen, wie sie christlichem Glauben angemessen sind. Während wir durchaus kulturelle Unterschiede berücksichtigen, sind wir darauf bedacht, uns schlicht, anständig und geschmackvoll zu kleiden; denn wahre Schönheit besteht nicht in Äußerlichkeiten, sondern in dem unvergänglichen Schmuck der Freundlichkeit und Herzensgüte. Das schließt auch ein, dass wir für unseren Leib, der ein Tempel des Heiligen Geistes ist, in vernünftiger Weise Sorge tragen. Neben ausreichender körperlicher Bewegung und Ruhe wollen wir uns so gesund wie möglich ernähren und uns der Speisen enthalten, die in der Heiligen Schrift als unrein bezeichnet werden. Weil wir uns nicht schaden wollen, enthalten wir uns auch alkoholischer Getränke, des Tabaks, jeglicher Drogen und lehnen den Missbrauch von Medikamenten ab. Stattdessen befassen wir uns mit dem, was unsere Gedanken und unseren Körper unter den Einfluss Christi stellt. Er wünscht uns Freude, Gesundheit und Wohlergehen. (Röm 12,1.2; 1 Joh 2,6; Eph 5,1-20; Phil 4,8; 2 Kor 10,5; 6,16-18; 7,1; 1 Ptr 3,1-4; 1 Kor 6,19.20; 10,31; 3 Mo 11; 3 Joh 2)

23. Ehe und Familie

Die Ehe, von Gott im Garten Eden eingesetzt und von Jesus Christus bestätigt, soll eine lebenslange Verbindung zwischen einem Mann und einer Frau in einer von Liebe erfüllten Gemeinschaft sein. Für den Christen gilt das Eheversprechen sowohl Gott als auch dem Ehepartner gegenüber. Eine Ehe sollte nur zwischen Partnern gemeinsamen Glaubens geschlossen werden. Gegenseitige Liebe, Wertschätzung, Achtung und Verantwortung sind die Grundlage der Ehe. Sie soll die Liebe, Heiligkeit, Innigkeit und Beständigkeit der Beziehung zwischen Christus und seiner Gemeinde widerspiegeln. Jesus hat gelehrt, dass Ehebruch begeht, wer sich von seinem Ehepartner scheiden lässt – es sei denn wegen Unzucht – und einen anderen heiratet. Selbst wenn manche ehelichen und familiären Verhältnisse nicht ideal sind, können dennoch Ehepartner, die in Christus zueinanderhalten, durch die Führung des Heiligen Geistes und den Beistand der Gemeinde ihre Liebe erneuern und miteinander verbunden bleiben. Gott segnet die Familie und möchte, dass die Familienangehörigen auf dem Weg zur völligen Reife einander beistehen. Eltern sollen ihre Kinder so erziehen, dass sie den Herrn lieben lernen und ihm gehorchen. Durch Wort und Vorbild sollen Eltern ihre Kinder zu der Erkenntnis führen, dass Christus ein liebevoller Erzieher ist, voll Güte und Fürsorge, der sie zu Gliedern seines Leibes, der Familie Gottes, machen möchte. Den Zusammenhalt der Familie zu stärken ist ein besonderes Anliegen der Verkündigung des Evangeliums in der Endzeit. (1 Mo 2,18-25; Mt 19,3-9; Joh 2,1-11; 2 Kor 6,14; Eph 5,21-33; Mt 5,31.32; Mk 10,11.12; Lk 16,18; 1 Kor 7,10.11; 2 Mo 20,12; Eph 6,1-4; 5 Mo 6,5-9; Spr 22,6; Mal 3,23.24)

24. Christi Dienst im himmlischen Heiligtum

Es gibt ein Heiligtum im Himmel, die wahre Stiftshütte, die Gott aufgerichtet hat und nicht ein Mensch. Dort dient Christus für uns und macht den Gläubigen das Angebot seines versöhnenden Opfers, das ein für alle Mal am Kreuz vollbracht wurde, zugänglich. Mit seiner Himmelfahrt wurde er als unser großer Hohepriester eingesetzt und nahm seinen Mittlerdienst auf. Am Ende der prophetischen Zeit der 2300 Tage, im Jahr 1844, begann die zweite und letzte Phase seines Versöhnungsdienstes. Sie leitet das Gericht vor dem zweiten Kommen Christi ein und gehört zur endgültigen Beseitigung der Sünde, wie sie durch die Reinigung des alttestamentlichen Heiligtums am Versöhnungstag vorgebildet war. Das irdische Abbild des himmlischen Heiligtums wurde mit dem Blut von Tieropfern gereinigt; für das wirkliche, das himmlische Heiligtum war ein besseres Opfer nötig: das vollkommene Opfer Jesu Christi. Das Gericht vor der Wiederkunft Jesu offenbart den himmlischen Wesen, wer im Glauben an den Herrn gestorben und durch ihn würdig ist, an der ersten Auferstehung teilzuhaben. Es zeigt auch auf, wer von den Lebenden Gemeinschaft mit Christus hat, an den Geboten Gottes festhält und den Glauben an Jesus bewahrt – also bereit ist für die Umwandlung zum Eingang in Gottes ewiges Reich. Dieses Gericht erweist die Gerechtigkeit Gottes, der alle rettet, die an Jesus Christus glauben. Es bestätigt, dass alle, die Gott treu geblieben sind, das Reich empfangen werden. Wenn Christus diesen Dienst vor seiner Wiederkunft vollendet, ist für die Menschen die Zeit der Gnade abgelaufen. (Hbr 8,1-5; 4,14-16; 9,11-28; 10,19-22; 1,3; 2,16-18; Dan 7,9-14.25-27; 8,13.14; 9,24-27; 4 Mo 14,34; Hes 4,5.6; 3 Mo 16; Offb 14,6.7.12)

25. Die Wiederkunft Christi

Das zweite Kommen Christi ist die froh machende Hoffnung der Gemeinde. Mit ihm erreicht die Geschichte ihren Höhepunkt, wie es das Evangelium bezeugt. Der Erlöser wird wirklich, persönlich und weltweit sichtbar erscheinen. Wenn er wiederkommt, werden die verstorbenen Gerechten auferweckt und zusammen mit den lebenden Gerechten verherrlicht in den Himmel aufgenommen; die Ungerechten aber werden sterben. Die Erfüllung der meisten prophetischen Aussagen sowie der gegenwärtige Zustand der Welt weisen darauf hin, dass Christi Kommen nahe bevorsteht. Der Zeitpunkt dieses Ereignisses ist nicht offenbart worden; deshalb sind wir aufgefordert, jederzeit bereit zu sein. (Tit 2,13; Hbr 9,28; Joh 14,1-3; Apg 1,9-11; Mt 24,14; Offb 1,7; Mt 24,43.44; 1 Ths 4,13-18; 1 Kor 15,51-54; 2 Ths 1,7-10; 2,8; Offb 14,14-20; 19,11-21; Mt 24,29-31; Mk 13,26.27; 2 Tim 3,1-5; 1 Ths 5,1-6)

26. Tod und Auferstehung

Der Lohn der Sünde ist der Tod. Gott aber, der allein unsterblich ist, schenkt seinen Erlösten ewiges Leben. Bis zu jenem Tag sind alle verstorbenen Menschen in einem Zustand ohne Bewusstsein. Wenn Christus, der unser Leben ist, wiederkommt, werden die auferweckten und lebenden Gerechten verherrlicht und entrückt, um ihrem Herrn zu begegnen. Das ist die erste Auferstehung. Die zweite Auferstehung, die Auferstehung der Ungerechten, geschieht tausend Jahre später. (Röm 6,23; 1 Tim 6,15.16; Pred 9,5.6; Ps 146,4; Joh 11,11.14; Kol 3,4; 1 Kor 15,51-54; Phil 3,20.21; 1 Ths 4,13-17; Joh 5,28.29; Offb 20,1-6)

27. Das Millennium und das Ende der Sünde

Das Millennium umfasst die tausend Jahre zwischen der ersten und zweiten Auferstehung, in denen Christus mit seinen Heiligen im Himmel herrscht. Während dieser Zeit wird über die nicht erlösten Toten Gericht gehalten. Die Erde befindet sich in einem verwüsteten Zustand; kein Mensch lebt darauf, nur Satan und seine Engel. Am Ende der tausend Jahre kommen Christus und seine Heiligen sowie die Heilige Stadt vom Himmel zur Erde herab. Dann werden die Ungerechten aus dem Tod auferweckt. Mit Satan und seinen Engeln werden sie die Heilige Stadt belagern. Aber Feuer von Gott wird sie verzehren und die Erde reinigen. So wird das Universum auf ewig von Sünde und Sündern befreit. (Offb 20; 1 Kor 6,2.3; Jer 4,23-26; Offb 21,1-5; Mal 3,18.19; Hes 28,18.19)

28. Die neue Erde

Auf der neuen Erde, in der es endlich Gerechtigkeit gibt, wird Gott eine ewige Heimat für die Erlösten schaffen, eine vollkommene Welt des ewigen Lebens, der Liebe, der Freude und der wachsenden Erkenntnis in seiner Gegenwart. Gott selbst wird unter seinem Volk wohnen. Leid und Tod werden nicht mehr sein. Der große Kampf ist zu Ende. Nie mehr wird es Sünde geben. Alles, das Belebte und das Unbelebte, wird davon künden, dass Gott Liebe ist. Er wird in Ewigkeit regieren. (2 Ptr 3,13; Jes 65,17.22-25; Mt 5,5; Offb 21,1-7; 22,1-5; 11,15)

Zur Vertiefung

Weiterführendes Studienmaterial

Gottesvorstellungen in den Religionen der Welt

Ein französisches Sprichwort sagt: „Les extrêmes se touchent – die Extreme berühren sich." Das heißt, je weiter Auffassungen auseinander liegen, desto mehr ähneln sie sich wieder. Dieses Paradox gilt auch für die folgenden Theorien über Gott.

Nach der Bibel ist Gott sowohl jenseitig, transzendent (2 Mo 33,20; Jes 45,15; 55,8f.; 1 Tim 6,16; Offb 4-5) als auch diesseitig, immanent (1 Mo 3,8; Jes 54,7ff.; 57,15; Mt 1,23; Joh 1,14.18; 14,9; Apg 17,27f.). Ohne diese Balance driftet die Theologie entweder zum Deismus oder zum Pantheismus – und von dort zum Atheismus, wo sich die Extreme wieder berühren.

Theismus (vom Griech.: „theos", Gott)
Glaube an ein höchstes, persönliches Wesen, das die Welt erschaffen hat, erhält und regiert.

Monotheismus (Ein-Gott-Glaube)
Es gibt nur einen einzigen persönlichen Gott. Die Lehre der Bibel. Christen glauben an einen dreieinen Gott (Vater, Sohn und Heiliger Geist). Judentum, Christentum und Islam bilden die drei großen monotheistischen Religionen der Welt.

Henotheismus (vom Griech.: „henos", eins)
Obwohl es andere Götter geben mag, ist nur einer der Anbetung würdig. So erklärte Pharao Echnaton den Sonnengott Aton zum einzig verehrungswürdigen Gott. (Vgl. 5 Mo 5,6f.; 6,4f.)

Ditheismus (Zwei-Gott-Glaube)
Es gibt zwei Götter: einen guten Gott und einen bösen Gott. Vorstellung im Parsismus, der alten persischen Religion, zum Beispiel bei Zarathustra. (Nach biblischer Auffassung ist Satan nur ein geschaffenes Wesen, dem keine göttliche Verehrung gebührt.)

Tritheismus (Drei-Gott-Glaube)
Es gibt drei Götter: Vater, Sohn und Heiliger Geist. Populäre Vorstellung, die jedoch der christlichen Lehre von der Dreieinigkeit (Trinität, lat. „triunitas", ein Gott in drei Personen) nicht entspricht und von Juden und Muslimen als gotteslästerlich abgelehnt wird.

Polytheismus (Viel-Gott-Glaube)
Es gibt viele Götter, die von einem allerhöchsten Gott angeführt werden. Dies war der Glaube der meisten Völker der Antike, u. a. auch der Griechen und Römer.

Gottesvorstellungen in den Religionen der Welt (Forts.)

Pantheismus *(All-Gott-Glaube)*
Gott und die Natur sind identisch. Bekannte Vertreter sind der Hinduismus, der Mystizismus (Meister Eckhart) und einige Philosophen (Spinoza, Hegel, Schelling).

Animismus *(vom lat.: „anima", Seele)*
Nach dem Glauben der sog. Naturvölker ist die gesamte Natur von Geistwesen beseelt. Die Welt ist beseelte Natur, es gibt deshalb keine echte Unterscheidung von Materie und Geist.

Atheismus *(Kein-Gott-Glaube)*
Leugnung der Existenz Gottes. Es gibt nichts Göttliches. Eine moderne philosophische Weltanschauung, die im Materialismus ihre bekannteste Ausformung findet.

Agnostizismus bzw. Skeptizismus
Vorstellung, dass man Gott, falls es ihn gibt, weder rational noch empirisch erkennen und deshalb seine (Nicht-)Existenz nicht beweisen (oder widerlegen) kann. Der Skeptizismus bezweifelt prinzipiell die Fähigkeit, sichere Erkenntnisse über irgendetwas zu gewinnen.

Deismus *(vom lat.: „deus", Gott)*
Die Vorstellung, dass Gott die Welt geschaffen hat, aber nicht in das Weltgeschehen eingreift (wie ein Uhrmacher) und sich auch nicht offenbart (Vertreter u. a.: Voltaire, Kant Rousseau, Lessing).

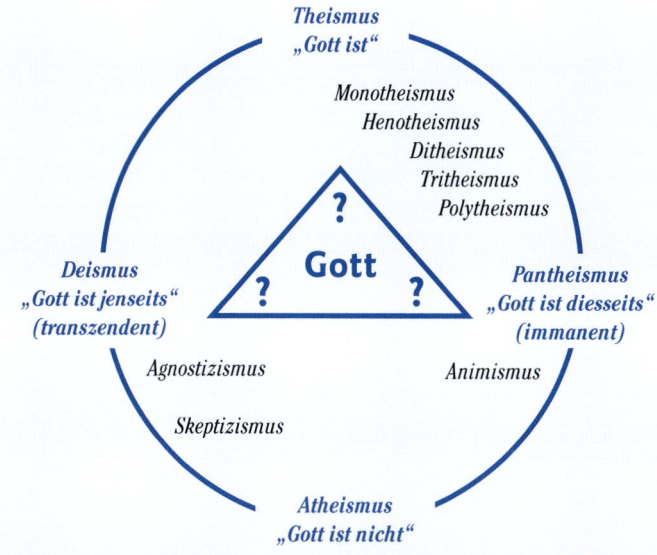

Wie Adventisten an den dreieinigen Gott glauben lernten

Die frühen Adventisten kamen aus verschiedenen Kirchen, darunter waren Methodisten, Baptisten und Anhänger der „Christian Connection". Letztere ließen kein Glaubensbekenntnis außer der Bibel gelten und nahmen sich die ersten Christen zum Vorbild. James White und Joseph Bates – die Gründungsväter der Siebenten-Tags-Adventisten – gehörten einst dieser Gemeinschaft an, während Ellen G. White aus der methodistischen Heiligungsbewegung kam. Die Spuren dieser Prägung lassen sich an den adventistischen Glaubensüberzeugungen unschwer ablesen. Die Betonung persönlicher Heiligung, die Glaubenstaufe, der Sabbat (ein Erbe der Siebenten-Tags-Baptisten) sowie die Ablehnung eines fixierten Bekenntnisses sind Beispiele dafür. Adventistische Christen bauen auf dem Glauben und den Erkenntnissen anderer Christen und Kirchen auf.

Unter dem Einfluss von James White und Joseph Bates verwarfen die Siebenten-Tags-Adventisten ursprünglich mit großer Einmütigkeit die Trinitätslehre, die ihnen unbiblisch und unlogisch erschien. Gegen Ende seines Lebens schwächte James White seine Kritik daran allerdings merklich ab, während seine Frau Ellen immer deutlicher die ewige Existenz und Gottheit von Jesus Christus betonte. 1892 veröffentlichte der „Review and Herald" eine Broschüre über „Die biblische Lehre von der Dreieinigkeit" – ein Zeichen des sich anbahnenden Umdenkens. In dem Buch „Das Leben Jesu" vertrat Ellen White 1898 erstmals öffentlich die neugewonnene adventistische Sicht vom Heiligen Geist, „der dritten Person der Gottheit" („Desire of Ages", S. 671; dt.: „Jesus von Nazareth", S. 487). Auch in den folgenden Jahren sprach sie wiederholt von drei göttlichen „Personen" oder himmlischen „Würdenträgern" („Evangelisation", S. 557-560).

In einem Artikel über „Die Botschaft für heute" fasste F. M. Wilcox, der Schriftleiter der Gemeindezeitschrift, die adventistischen Glaubenslehren in fünfzehn Punkten zusammen. Darin heißt es: „[Wir glauben] 1. An die göttliche Dreieinigkeit. Diese Trinität besteht aus dem ewigen Vater, ... dem Herrn Jesus Christus, ... dem Heiligen Geist, der dritten Person der Gottheit ..." („Review and Herald", 9. Oktober 1913, S. 21). Auf derselben Seite steht unter einem anderen Beitrag der Name „E. G. White" – vermutlich hat sie dieses Bekenntnis also selbst gelesen und zweifellos befürwortet. Schließlich spiegelte es ihre eigene Überzeugung wortwörtlich wider, die sie seit fünfzehn Jahren mündlich wie schriftlich offen vertreten hatte.

Auch in den späteren Darstellungen adventistischer Glaubensüberzeugungen finden sich gleich- oder ähnlichlautende Formulierungen (1931 und 1980). Siebenten-Tags-Adventisten teilen also mit den meisten anderen Christen und Kirchen den Glauben an den dreieinigen Gott.

Der Heilige Geist – Stellvertreter des Sohnes Gottes auf Erden

Nirgendwo in der Heiligen Schrift werden Person und Werk des Heiligen Geistes so ausführlich beschrieben wie in den Abschiedsreden Jesu (Joh 14–16). Als der einzigartige „Sohn" Gottes kündete Jesus das Kommen des „Parakleten" an, seines persönlichen Stellvertreters auf der Erde (Joh 14,16-26; 15,26; 16,5-15). Der Begriff „paráklētos" bezeichnet eine Person, die an jemandes Seite gerufen wird, einen Helfer, Beistand oder Freund. In der Rechtssprache ist damit ein Anwalt oder Fürsprecher gemeint, der jemanden vor Gericht vertritt.

Jesus selbst ist unser Fürsprecher und Beistand bei Gott (1 Joh 2,1); in anderer Weise vertritt uns auch der Heilige Geist (Röm 8,26f.). Jesus nennt ihn deshalb einen „állon parákléton", das heißt, einen zusätzlichen Helfer und Beistand der Gläubigen (Joh 14,15). Wie der Vater den Sohn in die Welt sandte, so senden nun Vater und Sohn gemeinsam den Geist zu uns (Joh 14,16.26; 15,26; 16,7). Er führt das Werk fort, das Jesus begonnen hat. Deshalb wird im Johannesevangelium alles, was über den Heiligen Geist gesagt wird, auch von Jesus gesagt:

	GEIST	JESUS
Er geht vom Vater bzw. vom Sohn aus	15,26	16,27-30; 17,8
Er ist vom Vater bzw. vom Sohn gesandt	14,16.26; 15,26; 16,7	3,16; 16,5; 17,3.18
Er macht lebendig	6,63	5,21
Er kommt zu den Jüngern	16,13	14,18
Er bleibt bei bzw. in den Jüngern	14,16-17	14,20.23
Die Welt sieht und kennt ihn nicht	14,17	1,10; 6,40
Die Jünger aber (er)kennen ihn	14,17	8,19; 16,3; 10,14; 17,3
Ein von Gott gesandter Lehrer (Rabbi)		
Er hat viel zu sagen	16,13	16,12
Er sagt die Wahrheit bzw. leitet in alle Wahrheit	16,13	8,40.45.46
Er ist (die) Wahrheit	14,17; 15,26; 16,13	1,17; 14,6
Gottes Sprecher und Zeuge in der Welt		
Er zeugt vom Vater bzw. vom Sohn	15,26	3,31-32
Er lehrt das, was der Vater bzw. der Sohn sagt	14,26	8,28
Er redet und verkündigt (nur), was er von Gott hört	16,13-15	1,18; 3,31-32; 7,17; 8,26-28
Er verherrlicht den Vater bzw. den Sohn	16,14	17,4
Gottes Anwalt in der Welt		
Er öffnet der Welt die Augen und überführt sie	16,8-11	8,26; 9,6-15
– bezüglich der Sünde des Unglaubens	16,9	8,7; 12,37-39
– bezüglich der Rückkehr Jesu zu Gott	16,10	20,17
– bezüglich des Gerichts über Satan	16,11	12,31

Zusammenfassend lässt sich sagen: Wie Jesus seinen himmlischen Vater auf dieser Erde persönlich vertrat, so vertritt seit Pfingsten der Heilige Geist den zum Vater zurückgekehrten Christus. Der Heilige Geist ist die unsichtbare persönliche Gegenwart Gottes in dieser Welt.

Biblische Typologie des Bösen

Spottlied über den König von Babylon
(Jes 14,4-21)
In poetischer Form beschreibt Jesaja den Untergang des Weltherrschers, der Gottes Volk unterdrückt und nach Babylon verschleppt hatte, aber nun von Gott gestürzt und vernichtet wird. Im rebellischen Hochmut des Königs spiegelt sich das verführerische „Ihr werdet sein wie Gott" der Schlange (1 Mo 3,5), der Größenwahn der Gründer Babels, die eine Stadt mit einem Turm bauen wollten, „der bis an den Himmel reicht" (1 Mo 11,4 GNB), sowie Luzifers Rebellion gegen Gott.

Klagelied über den König von Tyrus
(Hes 28,11-19)
Hesekiels dichterische „Totenklage" schildert in bilderreicher Sprache den steilen Aufstieg und tiefen Fall des phönizischen Königs, dessen Unrechtstaten ihm zum Verhängnis wurden. Das gleiche Schicksal trifft alle, die sich gegen Gott und seine Ordnungen auflehnen. Die Verse 11-19 bilden die literarische Mitte des gesamten Buches, was ihre Bedeutung für Hesekiels prophetische Botschaft unterstreicht. In der Tat: „Hochmut kommt vor dem Fall."

„Das Böse" oder „der Böse"?

Das Böse ist mehr als die Abwesenheit des Guten, mehr als ein Defizit, das sich durch Bildungsmaßnahmen und Willensanstrengung überwinden ließe. Es ist auch kein bloßes Prinzip, sondern eine reale Macht, die uns Menschen versklavt (Röm 7,14ff.). Der Böse – das ist mehr als eine anschauliche Metapher für eine Kraft, die in uns und unserer Welt existiert. Der Böse hat – wie Gott selbst – personhafte Züge; er ist der personale Gegenspieler Gottes.

Gott ist ein reales Gegenüber, das eine Stimme hat und ein Gesicht (das wir nicht sehen können). So hat auch der Böse Stimme und Gesicht (genauer: eine Maske, hinter der er sein wahres Gesicht verbirgt, 2 Kor 11,14). Nicht Hörner, Pferdefuß und Schwefelgestank sind seine Erkennungszeichen, sondern Intelligenz, Scharm und Wille – gepaart mit List, Lüge und Verführung. Das Böse ist nicht nur strukturell und sozial, sondern auch individuell-personal. So jedenfalls redet die Bibel von Satan (1 Chr 21,1; Hiob 1,6ff.; Sach 3,1f.; Mt 4,10; Mk 4,15; Lk 10,18) bzw. dem Teufel (Mt 4,1; Lk 8,12; Eph 6,11). Das hebräische Wort „satan" bezeichnet einen Ankläger, Widersacher und Feind (2 Sam 19,23; 1 Kön 11,25); von der griechischen Übersetzung „diabolos" (wörtlich: Verleumder, Entzweier) ist das Wort „Teufel" abgeleitet (Joh 6,70). Jesus war von der Existenz des Teufels überzeugt. Durch sein Leben und Wirken wollte er die Menschen aus der Gewalt Satans befreien (Apg 26,18).

Die Bibel nennt ihn die alte Schlange (1 Mo 3,1ff.; Offb 12,9ff.), den großen Drachen (Offb 12-13), den Widersacher (1 Ptr 5,8), Versucher (Mt 4,1ff.; 1 Ths 3,5), Verkläger (Sach 3,1ff.; Offb 12,10), Mörder und Lügner (Joh 8,44), den Bösen (Mt 13,19.38; Eph 6,16; 2 Ths 2,8f.; 1 Joh 2,13f.; 3,12; 5,18), Feind Gottes und der Menschen (Mt 13,39; Lk 10,19). Er selbst versteht sich als „Fürst [Herrscher] dieser Welt" bzw. als „Gott dieser Welt" – ein Anspruch, den Jesus nachdrücklich bestritt und überzeugend widerlegte (Joh 12,31; 14,30; 16,11; 2 Kor 4,4; Eph 6,12).

Das Kreuz – theologisch gedeutet

Dramatisches Erklärungsmodell
Durch Ungehorsam wurden wir Sklaven der Sünde. Jesus hat uns durch sein Opfer freigekauft, das Lösegeld bezahlt, den Lohn der Sünde (den Tod) auf sich genommen und die satanischen Mächte besiegt. Der Kampf zwischen Gott und Satan ist damit entschieden.
Fazit: Nur Jesu Tod kann uns aus der Gewalt von Sünde, Tod und Teufel befreien.
Vertreter: Irenäus, Tertullian, Origines, Augustinus, Luther u. a.

Objektives Erklärungsmodell
Sünde verletzt unsere Gehorsamspflicht gegenüber dem Gesetz und beleidigt die Ehre Gottes. Um sein Ansehen sowie das Recht wiederherzustellen, ist die Bestrafung des Übeltäters oder ein Akt der Wiedergutmachung bzw. Genugtuung (Satisfaktion) notwendig. Letzterer besteht in einer freiwilligen Ersatzleistung (Kompensation), die der Schwere des Vergehens entspricht. Jesus hat diese sühnende Tat stellvertretend für uns vollbracht.
Der Hintergrund dieses Modells ist die mittelalterliche Feudalordnung und das Lehnsrecht.
Fazit: Nur Jesu Tod kann Gottes Ehre wiederherstellen und uns vor dem Tod retten.
Vertreter: Anselm von Canterbury (11. Jh.), Melanchthon, Calvin u. a.

Subjektives Erklärungsmodell
Gott beweist seine Liebe zu uns, indem er freiwillig für uns stirbt. Sein Tod war nicht objektiv notwendig, sondern geschah, um uns seine Liebe zu zeigen und unsere Gegenliebe hervorzurufen. Gott vergibt uns aus freier Liebe, ohne ein (stellvertretendes) Sühneopfer als Entschädigung zu verlangen.
Gott ist ein liebender, kein zürnender oder strafender Gott. Versöhnung mit Gott geschieht, wenn wir seine Liebe annehmen und erwidern.
Fazit: Nur Jesu Tod kann uns von der Liebe Gottes überzeugen.
Vertreter: Abaelard (12. Jh.), Denker seit der Aufklärung: Schleiermacher, Tillich u. a.

Biblische Begriffe für die Gemeinde

qahal *(hebräisch)* die (Volks- bzw. Gemeinde-)Versammlung (abgeleitet von „qal", rufen)

'edah *(hebräisch)* die (Gemeinde- bzw. Volks-)Versammlung (abgeleitet von „ja'ad", bestimmen), sich an einem bestimmten Ort treffen; das weitaus häufigere Wort im Alten Testament.

synagoge *(griech.)* die Versammlung (abgeleitet von „synagein", zusammenführen); in der Septuaginta (das griechisches Alte Testament) die übliche Übersetzung von „'edah", im NT nur in Jak 2,2 auf die Gemeinde bezogen.

ekklesia *(griech.)* die Versammlung (abgeleitet von „ekkalein", herausrufen), in der Septuaginta die vorherrschende Übersetzung von „qahal", im NT die übliche Bezeichnung für die Gemeinde (über 100 Mal).

Credo ecclesiam …

Das Glaubensbekenntnis (Credo) von Konstantinopel (381) enthält vier grundlegende Aussagen über die Gemeinde („ecclesia"). Sie gelten konfessionsunabhängig für den einen unteilbaren Leib Christi (1 Kor 1,13). Dessen wesentliche Eigenschaften und Kennzeichen sind:

… unam

Die Gemeinde Jesu ist eins in Christus, weil sie der Leib Christi und er das Haupt ist. Die Gemeinschaft der Gläubigen in Anbetung, Zeugnis und Dienst ist sichtbarer Ausdruck ihrer inneren Einheit. Diese ist Gabe und Aufgabe, Geschenk und Auftrag. Uneinigkeit und Zerrissenheit sind Sünde und verleugnen das Wesen und die Bestimmung der Gemeinde.

… sanctam

Die Gemeinde Jesu ist heilig in Christus, weil er sie durch sein Opfer geheiligt hat. Christen sind Heilige, die als begnadete Sünder in enger Verbindung mit Gott leben. Sie sind aus der Welt herausgerufen, aber sie wenden sich – wie Gott – der Welt in dienender Liebe zu. Heiligkeit ist somit Gabe und Auftrag. Die Unvollkommenheit und Sündhaftigkeit der Gläubigen steht unter Gottes Gericht und Gnade. Die Gemeinde bedarf deshalb der ständigen Reinigung und Erneuerung.

… catholicam

Die Gemeinde Jesu ist universal („catholica", allgemein, umfassend), weil in ihr zeitliche, räumliche und kulturelle Grenzen überwunden sind. Ihre Verkündigung hat das volle Evangelium zum Inhalt. Sektiererische Enge, selbstgenügsame Isolation, lehrmäßige Einseitigkeit und Unausgewogenheit im Leben widersprechen der Bestimmung der Gemeinde.

… apostolicam

Die Gemeinde Jesu ist apostolisch, weil sie auf dem Fundament der Apostel und Propheten ruht. Dies zeigt sich in ihrer Unterordnung unter das verbindliche apostolische Zeugnis, den Kanon der Heiligen Schrift. Letztlich gibt es nur ein Kennzeichen der „wahren" Gemeinde, nämlich ihre Übereinstimmung mit dem Wort Gottes, dem Evangelium vom Heil.

„Die Übrigen" im Neuen Testament

Der griechische Begriff „hoi loipoí" bedeutet wörtlich „die anderen". Er beinhaltet stets eine Gegenüberstellung (die einen – die anderen). Der Gedanke an einen kleinen Überrest haftet ihm nicht an. Oft bezeichnet er sogar die Mehrheit anstelle der Minderheit. Nicht selten steht ein Einzelner einer weitaus größeren Gruppe von anderen – „den übrigen" – gegenüber wie beispielsweise an den folgenden Bibelstellen:

- Mt 25,10f.   die klugen Jungfrauen – die anderen (törichten) Jungfrauen
- Mk 16,12f.   die zwei Emmausjünger – die anderen Jünger Jesu
- Lk 8,10   die Jünger Jesu – die anderen Zuhörer Jesu
- Lk 18,9.11   die frommen Pharisäer – die anderen (sündigen) Leute
- 1 Kor 7,10-12   die verheirateten Christen – die anderen Christen
- 2 Kor 12,13   die Gemeinde in Korinth – die anderen Gemeinden
- 1 Ths 4,13; 5,6 die Gläubigen – die anderen Menschen (Nichtchristen)
- 2 Ptr 3,16   die Briefe des Paulus – die anderen heiligen Schriften
- Apg 2,37   Petrus – die übrigen Apostel
- Apg 28,8f.   der kranke Vater des Publius – die übrigen Kranken der Insel Malta
- 1 Kor 9,5   Paulus – die übrigen Apostel
- Gal 2,12f.   Petrus – die übrigen Juden (Christen)
- Phil 4,3   Klemens – die übrigen Mitarbeiter des Paulus

In der Offenbarung kommt der Begriff „hoi loipoí" 8 Mal vor, 4 Mal in der profanen Bedeutung „die anderen" (8,13; 9,20; 19,21; 20,5). An den übrigen vier Stellen kann an den kleinen, treuen und heiligen Überrest des Volkes Gottes gedacht werden, obwohl auch hier die Übersetzung „die anderen" durchaus gerechtfertigt erscheint (Offb 2,24; 3,2; 11,13; 12,17). „Die Übrigen" in Offenbarung 12,17 sind die wahren Nachfolger Jesu der letzten Zeit, die trotz Abfall und Verfolgung in Treue zu ihm halten. Man erkennt sie an ihrer Loyalität gegenüber den Geboten Gottes und dem Zeugnis von Jesus (14,12; 19,10).

Die Bedeutung der Taufe im Neuen Testament

Im biblischen Tauf- bzw. Tauchritus spiegelt sich die ganze Breite und Tiefe des urchristlichen Taufverständnisses wider.
Alle zehn Bedeutungsaspekte handeln von dem, was Gott in Jesus Christus für uns Menschen getan hat – und wie wir im Glauben darauf antworten.

1. Bekenntnis und Glaubenszeugnis
Taufe ist öffentliches Bekenntnis der Schuld und persönliches Zeugnis des Glaubens an Christus. Sie ist das äußere Zeichen der Umkehr und des Neuanfangs. Taufe ist ein Akt des Gehorsams, in dem unser „Ja" zu Jesus sichtbar wird. In ihr bekennen wir uns zu Gott, weil Gott sich in Jesus Christus zu uns bekannt hat – und in der Taufe zu uns persönlich bekennt. (Mt 3,5f.11.17; Mk 1,4f.; Lk 3,3; 7,29f.; Apg 10,46f.)

2. Reinigungsbad von der Sünde
Taufe bedeutet Abwaschen der Sünden, Befreiung von Schuld. In ihr wird die Reinigung des „Herzens" zeichenhaft ausgedrückt. Als Zeichen der Sündenvergebung weist sie nicht nur auf die Vergebung hin, sondern macht sie real für alle, die sie im Glauben empfangen. (Joh 3,22-26; Apg 2,38; 15,9; 22,16; Röm 6; 1 Kor 6,11; Eph 5,25-27; Tit 3,4f.; 1 Ptr 3,21)

3. Erfahrung des Todesgerichts
Taufe bedeutet das Todesgericht über Sünder und Sünde, das zugleich reinigende und lebenspendende Wirkung besitzt. Das Gericht gehört zum Auftrag des Messias und wird von ihm in seinem stellvertretenden Opfertod selbst erlebt und erlitten. Mit der Taufe anerkennen wir ihn als rechtmäßigen Herrn und Richter des Lebens und unterstellen uns seinem Gericht. (Mt 3,7-12; Mk 10,38f.; Lk 3,7-17; 12,50; Joh 5,19-30; vgl. Mal 3,1-5)

4. Begräbnis und Auferstehung
Taufe ist das symbolische Begräbnis des alten Menschen sowie unsere Auferstehung zu einem neuen Leben mit Christus. Sie ist somit Ende und Neuanfang zugleich. (Röm 6,1-14; 2 Kor 5,14-17; Gal 5,24f.; Kol 2,12f.)

5. Teilhabe an Jesus Christus
Taufe bedeutet Teilhabe und Identifikation am Leben Christi, das heißt, an seinem Sterben und Tod, an seiner Auferstehung, Erhöhung und himmlischen Herrschaft. Jesu eigene Taufe ist ein eindrucksvolles Vorbild, das zur Nachahmung einlädt. (Mt 3,13-15; Röm 6,1-11; Gal 3,27; 5,24; Eph 2,6; Kol 2,12f.; Offb 1,5f.; 5,10)

6. Beschneidung des Herzens
Taufe ist Zeichen der Beschneidung des Herzens; sie beinhaltet das Entfernen des alten Wesens („Fleisch") und den Beginn eines neuen, geistgewirkten Lebens mit Gott („Geist"). (Röm 2,25-29; Kol 2,11-13)

7. Geistliche (Neu-)Geburt
Taufe ist das äußere Zeichen des Neuanfangs. Diese Lebenserneuerung wird durch den Geist bewirkt. Sie ist der Geburt vergleichbar: Das Leben beginnt von neuem (wörtlich: „von oben her"). (Joh 3,3-8; Tit 3,5; 1 Ptr 1,23)

Die Bedeutung der Taufe im Neuen Testament (Forts.)

8. Erfüllung mit dem Heiligen Geist
Mit der Taufe verbunden ist die Erfüllung mit dem Heiligen Geist, in den wir hineingetaucht werden und der über uns ausgegossen wird. Mit der Geistestaufe erfolgt die Ausrüstung mit den Geistesgaben. Taufe ist Berufung, Beauftragung und Bevollmächtigung der Jünger Jesu zum Zeugnis und Dienst. (Mt 3,11.16f.; Mk 1,8-11; Lk 3,16.21f.; Joh 1,33; Apg 1,5; 2,38; 8,15-17; 10,44-48; 11,16; 19,1-6; 1 Kor 12; Eph 4,1-14; Tit 3,4-8)

9. Versiegelung mit dem Geist
Taufe ist Zeichen der Versiegelung mit dem Heiligen Geist, dem Unterpfand (Anzahlung, Garantie) unserer Erlösung. In ihr werden wir zu Gottes Eigentum und Kindern („Erben") erklärt und seinem Schutz unterstellt. Dieses Siegel kann nur mutwillig von uns selbst gebrochen werden. (Mt 3,16f.; Mk 1,8-11; Lk 3,21f.; Joh 1,33f.; 2 Kor 1,21f.; Eph 1,11-14; 4,30; Tit 3,4-8)

10. Eingliederung in die Gemeinde
Taufe bedeutet Eingliederung in den „Leib Christi". Die Zugehörigkeit zur Familie Gottes begründet die sichtbare Gemeinschaft der Gläubigen. Die Taufe dokumentiert den Eintritt in das Reich – das heißt den Herrschaftsbereich – Gottes und die Gemeinde Jesu Christi. (Mt 28,19f.; Joh 3,3-5; Apg 2,41f.; 1 Kor 12,12f. 27; Gal 3,27f.; Eph 2,11ff.; 4,1ff.; Kol 1,13)

Fazit: Die Taufe ist die zeichenhafte, im Glauben wirksame Verkündigung des Evangeliums von der unverbrüchlichen (Heils-)Zusage Gottes zu uns Menschen, die in Jesu Opfertod sichtbar geworden ist (Aktion) und in den Glaubenden ihre vom Geist gewirkte Antwort findet (Reaktion).
Die (Wasser-)Taufe durch Untertauchen veranschaulicht die Bedeutung dieser Handlung; sie dokumentiert, illustriert und zelebriert den Beginn eines neuen Lebens mit Gott.

Was meint die Bibel mit „Gesetz"?

Der Begriff „Gesetz" wird in der Bibel unterschiedlich gebraucht. Um eine Aussage richtig zu verstehen, ist es wichtig, diese Unterschiede zu kennen. Was an einer bestimmten Stelle mit „Gesetz" gemeint ist, ergibt sich jeweils aus dem Zusammenhang. Hier ist eine Übersicht der sieben verschiedenen Bedeutungen dieses Wortes:

1. Die Thora *(Weisung)*. Das Wort kommt vom Hebräischen „jarah" (werfen, zeigen, weisen, unterweisen). Die Nomadenhirten werfen kleine Stöcke und Steine nach ihren Schafen und Ziegen, um sie zu leiten und ihnen die Richtung zu weisen. So ist auch das Gesetz Gottes ein Wegweiser für uns Menschen. Die Bibel verwendet diesen Begriff für die Offenbarung des Willens Gottes, seine „Unterweisung". Psalm 119 besingt die Schönheit der Thora in 22 Strophen aus je 8 Versen, die dem hebräischen Alphabet entsprechen („das güldene ABC"). Im umfassenden Sinn ist die Thora das Wort Gottes – „was Gott geredet hat" (Röm 3,1f.) –, sein den Menschen bekannter bzw. in ihrem Gewissen offenbarter Wille (Röm 2,12-16; 7,7).

2. Der Pentateuch *(Fünfgefäß)*. Dieses griechische Wort stammt von den Tonkrügen, in denen man Schriftrollen aufbewahrte, und bezeichnet die fünf Bücher Mose. Neben dem Gesetz (Pentateuch/Thora) gehören die „Propheten" und „Schriften" zum Alten Testament, der Bibel Israels sowie der ersten Christen (Mt 5,17f.; 7,12; Lk 16,29; 24,44; Röm 3,19.31ff.).

3. Die Gesetzesvorschriften *(Gebote)*. Die Juden zählen 613 Einzelanweisungen – Gebote und Verbote –, die sich in der Tora finden. Das am Sinai gegebene Bundesgesetz wurde im sog. „Buch des Gesetzes" schriftlich festgehalten und im Heiligtum neben der Bundeslade aufbewahrt (5 Mo 31,24-26; Jos 1,7f.; Joh 1,17; Gal 3,17ff.). Es umfasst die ewige sittliche Grundordnung (das Sittenbzw. Moralgesetz) ebenso wie die speziell für das Volk Israel geltende Gottesdienstordnung (das Zeremonial- bzw. Kultgesetz) und die der damaligen Gesellschaft und Kultur entsprechende zivile Rechtsordnung (das Straf- und Zivilgesetz).

4. Der Dekalog *(Zehnwort)* bildet den Kern der Thora. Die Zehn Gebote enthalten Grundregeln für die Beziehung zu Gott (1-4) sowie für das menschliche Zusammenleben (4-10). Das Sabbatgebot mit seinen religiösen und sozialen Aspekten bildet die Brücke zwischen beiden Teilen (2 Mo 20,8-11; 5 Mo 5,12-15). Die herausragende Stellung des Dekalogs wird daran deutlich, dass er auf Steintafeln – in zweifacher Ausfertigung – geschrieben war und in der Bundeslade aufbewahrt wurde (2 Mo 31,18; 32,15f.; 5 Mo 10,1-5). Jesus und die Apostel verweisen mehrfach zustimmend auf die Zehn Gebote (Mt 19,17-19; Röm 13,8f.; Jak 2,8-13).

Was meint die Bibel mit „Gesetz"? (Forts.)

5. **Das Liebesgebot** in seiner doppelten Zielrichtung – nämlich der Liebe zu Gott sowie der Liebe zum Nächsten – bildet gewissermaßen die Zusammenfassung des ganzen Gesetzes. Wer so liebt, hat das Gesetz Gottes ganz erfüllt (Mt 7,12; 22,35-40; Röm 13,8-10; Gal 5,14).

6. Das Wort „Gesetz" bezeichnet in der Bibel auch **eine Gesetzmäßigkeit**, der eine natürliche oder geistliche Ordnung bzw. ein Prinzip zugrunde liegt. Paulus kennt zwei solcher Gesetze, denen wir Menschen unterworfen sind. Während „das Gesetz der Sünde" uns immer wieder und unwiderstehlich zum Ungehorsam verleitet, der zum Tod führt (Röm 7,23.25), ermöglicht uns das „Gesetz des Geistes", den Willen Gottes in seiner Kraft tatsächlich zu erfüllen (Röm 8,2).

7. Schließlich wird auch **Gesetzlichkeit** mit diesem Begriff bezeichnet, also eine Haltung, die sich Gottes Gnade durch Gehorsam gegenüber dem Gesetz zu sichern versucht. Paulus verurteilt die gesetzliche (legalistische) Einstellung mancher Christen als nutzlose „Werke des Gesetzes" (Gal 2,16ff.) und stellt ihnen den Glauben gegenüber, „der durch die Liebe tätig ist" (Gal 5,6). Die Werke des Glaubens (gute Werke) sind Ausdruck der Dankbarkeit und Freude über das umsonst empfangene Heil (Lk 7,47; Eph 2,10; Kol 1,10; Tit 2,14); als Folge (Frucht) und Zeichen geistgewirkten Glaubens (Mt 7,16-21; Gal 5,22ff.) bilden sie den Maßstab im Gericht (Mt 16,27; 25,31ff.; Röm 2,5-10; 2 Kor 5,10; 1 Ptr 1,17; Offb 22,12).

Fazit: Der Charakter Gottes – sein wahres Wesen – spiegelt sich in seinem geschriebenen Gesetz wider. Dieses Wesen ist Liebe (1 Joh 4,8.16). Wer sich von Gottes Liebe verändern und erneuern lässt, wird seinem Charakter ähnlicher. Auf diese Weise werden wir in sein Bild verwandelt (2 Kor 3,18) und tragen sein Gesetz im Herzen (Ps 40,9; Jer 31,33f.; Hbr 8,10; 10,16).

Worauf ich gern verzichte

Nikotin
Tabak stinkt und Tabak tötet – und zwar Raucher wie Nichtraucher (sog. „Passivraucher"). Er gehört zu den Massenmördern der Menschheitsgeschichte. Wer in seine Fänge gerät, hat nicht viel zu lachen (dafür umso mehr zu husten). In der Schule lachten sie mich aus, weil ich nicht mit-„ziehen" wollte. Nach dem ersten vergeblichen Versuch hatte ich (für immer) genug. Wer zuletzt lacht, lacht am besten (mit weißen Zähnen). In der Öffentlichkeit ist oder gehört Rauchen überall dort verboten, wo es anderen Menschen Schaden zufügt. Doch am meisten leiden die Kinder zuhause – schon im Bauch der Mutter. Was soll denn daran „schön" sein?

Alkohol
Mit meiner Berliner Abiturksklasse besuchten wir 1968 das Wiener Weindorf Grinzing. Außer alkoholischen Getränken hatte die Wirtin nichts im Haus. So blieb mir nichts anderes übrig, als einen „Heurigen" zu bestellen. Nach einem (ungewohnten) Schluck verschenkte ich den Rest. Später half ich den torkelnden Kameraden, in die Jugendherberge zurückzufinden. Seitdem weiß ich: Nüchtern sein ist schön(er). Die Bibel sagt: „Betrinkt euch nicht; das führt nur zu einem liederlichen Leben. Lasst euch vielmehr von Gottes Heiligem Geist erfüllen." (Eph 5,18 Hfa) Obwohl niemand von einem Glas abhängig wird, haben doch alle mit einem Glas angefangen. Aus Solidarität mit meinen alkoholkranken Freunden sowie zum eigenen Schutz verzichte ich gern auf alle „geistigen" Getränke – nicht aber auf die Fülle des Lebens, die mir Jesus Christus im Heiligen Geist täglich anbietet (Joh 7,37-39; 10,10).

Drogen, Narkotika, Arzneimittel
Ich beobachtete sie eine Zeit lang im Washington Square Park in New York. Unauffällig und doch unübersehbar handelten sie mit dem weißen Gift. Jugendliche – halbe Kinder noch – kamen, um sich Stoff zu besorgen. Sie zitterten, bettelten, kauften und verkauften sich. Die Polizei schaute weg, machtlos gegen die alles zerstörende Sucht. Nur wenige schaffen den Ausstieg. Da hilft nur eins: Wehret den Anfängen! Aus diesem Grund meide ich alle Rausch- und Betäubungsmittel (Mt 27,34.48; Joh 19,28-30; Spr 31,6f.). Sie helfen nicht zum Leben, sondern zum Sterben und haben deshalb vor allem in der Palliativmedizin ihren Platz. Auch Medikamente können abhängig machen oder die Behandlung der wahren Ursachen von Krankheiten und Beschwerden verhindern. Deshalb vermeide ich unnötige Pillen und Medikamente, verwende vor allem natürliche Heilmittel und vertraue auf die gottgegebenen Heilkräfte der Natur.

Worauf ich gern verzichte (Forts.)

(Schweine-)Fleisch

Manchmal wird mir mit einem Unterton des Bedauerns gesagt: „Ach, Sie dürfen das nicht essen!" Meistens antworte ich: „Doch, ich darf – aber ich will es nicht!" Aus christlicher Sicht ist alles „rein": kultische Unreinheit gibt es nicht mehr (Röm 14,20; 1 Tim 4,3.4; Tit 1,15) und sittliche Unreinheit hat nichts mit dem zu tun, was wir essen, sondern was wir denken, reden und tun (Mk 7,14-23). Dennoch ist längst nicht alles gesund und gut für uns (1 Kor 6,12). Da unser Schöpfer auch Ernährungsberater und Arzt ist (2 Mo 15,26), bietet er aus seinem Garten das Beste reichlich an: Obst, Gemüse, Hülsenfrüchte, Nüsse und Vollkornprodukte. Bei Eiern und Milcherzeugnissen ist Zurückhaltung geboten, auf Fisch und Fleisch kann ganz verzichtet werden. (Was früher nur selten auf den Tisch kam, ist heute zur täglichen Nahrung geworden und bringt unseren Ernährungshaushalt aus dem Gleichgewicht.) Schweinepest, Rinderseuche, Vogelgrippe und Gammelfleischskandale verderben einem sowieso den Appetit. Und wenn es doch nicht ganz ohne Fleisch geht, ist es ratsam, sich an Gottes „Speiseplan" zu halten (3. Mo 11). Ich halte es an dieser Stelle mit Oscar Wilde: „Ich habe einen einfachen Geschmack. Ich bin mit dem Besten zufrieden."

Wie man mit Gesundheitsratschlägen umgehen sollte

Am 17. März 1868 publizierte der „Review and Herald" einen offenen Brief, der sich mit extremen Reaktionen auf die Ratschläge Ellen Whites zu Gesundheitsfragen befasste. Es gibt Menschen – so James White – die in ihrem Eifer ihre Empfehlungen in einer extremen Weise auslegen, auch da, wo unterschiedliche Ansichten möglich sind. Solche Leute übersehen das Folgende:

„Es gibt Ausnahmen zu den allgemeinen Regeln in fast allen Fragen, zu denen sie sich geäußert hat ... Sie richtet klare Appelle an die Gemeinde, die von einigen uneingeschränkt angenommen und in extremer Weise verwendet werden ... Was die Langsamen anspornen soll, greifen die Schnellen auf und schießen über das Ziel hinaus. Und wenn sie dann die Vorschnellen und Übereifrigen zur Zurückhaltung ermahnt, benutzen das die Säumigen, um ihre Trägheit zu entschuldigen. Wir sagen denen, die Frau White in ihrer Arbeit unterstützen wollen: Sie ist den Leuten nicht weit voraus und nicht bei ein paar Extremisten zu finden ... Ihr müsst die Menschen da abholen, wo sie sind.

Wer beauftragt ist, für andere zu arbeiten, wird ihnen geduldig klare Prinzipien und klare Fakten vorlegen und es dann den Leuten überlassen, was sie damit anfangen. Diejenigen, die andere unterweisen, sind verantwortlich für das, was sie lehren, und wie sie selbst diese Lehren ausleben. Es sollte eine große Erleichterung für sie sein, dass sie nicht für das Tun anderer verantwortlich sind, solange sie ihre Pflicht erfüllt haben und ein gutes Vorbild sind. Erfüllt eure Pflicht und wartet dann geduldig auf das Ergebnis. Drängt und treibt nicht."

Was Ellen G. White über sich selbst sagt

„Das Wort Gottes ist ausreichend, um den dunkelsten Verstand zu erleuchten, und kann von allen verstanden werden, die den Wunsch haben, es zu verstehen ... Wenn ihr Gottes Wort mit dem Wunsch studiert hättet, den biblischen Anforderungen zu entsprechen und zur christlichen Reife zu gelangen, dann hättet ihr die Zeugnisse nicht benötigt ... Die geschriebenen Zeugnisse sollen kein neues Licht bringen, sondern dem Herzen die bereits offenbarten Wahrheiten der Inspiration tief einprägen ... Es wird keine zusätzliche Wahrheit durch sie hervorgebracht ... Die Zeugnisse sollen das Wort Gottes nicht schmälern, sondern es erhöhen und die Aufmerksamkeit der Menschen darauf richten." („Testimonies", Bd. 5, S. 663-665 [1870-1871])

„Die Zeugnisse von Schwester White sollten nicht in den Vordergrund gerückt werden. Gottes Wort ist der untrügliche Maßstab. Die Zeugnisse sollen nicht den Platz des Wortes einnehmen ... Lasst alle ihren Standpunkt aus der Schrift beweisen und jeden Punkt, den sie als Wahrheit ausgeben, mithilfe des offenbarten Wortes Gottes belegen." (Brief 12, 1890, in „Evangelism", S. 256; vgl. „Evangelisation", S. 243f.)

„Legt Schwester White zur Seite; legt sie zur Seite. Zitiert bloß meine Worte nicht mehr, solange ihr lebt, bis ihr der Bibel gehorchen könnt ... Hier ist das Wort, das kostbare Wort, heute vor euch verherrlicht. Und gebt bloß keinen Heller mehr auf das, was ‚Schwester White sagt – Schwester White sagt dies, und Schwester White sagt das, und Schwester White sagt jenes.' Sagt vielmehr: ‚So spricht der Herr Gott Israels.'" – „Zitiert bloß nicht Schwester White. Ich möchte nicht, dass ihr jemals Schwester White zitiert, bis ihr eure Ausgangsposition dort bezieht, wo ihr wisst, wo ihr euch befindet. Zitiert die Bibel. Sprecht von der Bibel. Sie ist voll Fleisch und Fett." (Briefe aus der Spalding-Magan-Sammlung, S. 167, 174)

Was andere über Ellen G. White sagen

„Wenn ich noch einmal leben würde, wäre ich gern ein Adventist. Ich glaube, ihre Weltanschauung hat die beste Lösung für die Lebensprobleme in der heutigen Gesellschaft. Ich habe gerade erst damit begonnen, die Weisheit von Frau White zu entdecken." (Dr. Clive McCay, Ernährungswissenschaftler, Cornell University, Ithaca, NY, Brief vom 18.12.1958, zitiert in Roger W. Coon, „A Gift of Light", Review and Herald, 1983, S. 51)

„Die Gemeinschaft der Siebenten-Tags-Adventisten lebt noch heute vom Geist E. G. Whites, und nur solange sie das Erbe in einer diesem Geist gemäßen Weise weitergibt, wird sie eine Zukunft haben." (Dr. Irmgard Simon, „Die Gemeinschaft der Siebenten-Tags-Adventisten in volkskundlicher Sicht", Münster, 1965, S. 72)

Die Entwicklung der adventistischen Heiligtumslehre

Bei der Entwicklung der Heligtumslehe lassen sich folgende Phasen unterscheiden:

1845: *Joseph Turner* aus Portland (Maine), wo auch Ellen Harmon (White) zuhause ist, lehrt, dass Jesus am 22. Oktober 1844 als Bräutigam zu seinem Vater kam (Dan 7,13). Nach der himmlischen Hochzeit wird er wiederkommen (Lk 12,36). Der Versöhnungsdienst – und damit die Gnadenzeit für die Menschen – ist zu Ende (Mt 25,10). („The Hope of Israel", Januar 1845)

1846: *O. R. L. Crosier* („The Law of Moses", „Day-Star", Februar 1846) lehrt, dass Jesus am 22. Oktober 1844 den Versöhnungsdienst im himmlischen Allerheiligsten begann; der antitypische Versöhnungstag reicht bis zur Wiederkunft Jesu und schließt die Vernichtung Satans nach dem Millenium ein (3 Mo 16; Dan 8,14; Hebr 8-9). Die Sabbat haltenden Adventisten machen diese Sicht zu einem Stützpfeiler ihrer Theologie.

1846–1852: Für *Joseph Bates* ist Christus Priester (Dan 8,14) und Richter (Dan 7,9ff.) zugleich. Das gegenwärtige Gericht im Himmel gilt den Gläubigen (1 Ptr 4,17). James und Ellen White – die Mitbegründer der Siebenten-Tags-Adventisten – lehnen diese Vorstellung (noch) ausdrücklich ab.

1852–1857: *James White* und andere entwickeln die Lehre vom „Untersuchungsgericht". Es prüft seit 1844 die Lebensberichte der verstorbenen und danach der lebenden Gläubigen (Dan 7,10; vgl. Offb 20,12) und entscheidet endgültig über ihre Annahme bzw. Verwerfung. Nach der so verstandenen „Reinigung" des himmlischen Heiligtums kommt Jesus wieder.

1960–1980: *Edward Heppenstall* sieht die Aufgabe des Gerichts vor der Wiederkunft weniger in der Prüfung unseres Charakters als in der Offenbarung der Gerechtigkeit Gottes, des Richters („Christus – unser Hoherpriester", 1972, dt. 1994). Diese Sicht setzt sich durch.

1980: Die *Generalkonferenz-Vollversammlung* in Dallas formuliert die Heiligtumslehre in diesem Sinn in neuer und ungewohnter Begrifflichkeit. Demzufolge entscheidet das Gericht nicht über unser Heil, sondern es bestätigt unsere Lebensentscheidung, indem es offenbart, wer aufgrund des Glaubens Zutritt zum Reich Gottes erhält. Wer in Christus bleibt, darf sich seines Heils gewiss sein – jetzt und im Gericht (Glaubensüberzeugungen, Nr. 10). Darüber hinaus erweist das „Gericht vor der Wiederkunft" die Gerechtigkeit Gottes als unseres Retters und Richters.

 Weiterführendes Material zum Thema „Das Heiligtum als Gleichnis im Hebräerbrief" im Internet: www.christsein-heute.info/hoffnung

„Das Zeichen des Endes" und „die Zeichen der Zeit"

Anliegen und Botschaft der Endzeitrede Jesu nach Matthäus 24, Verse 1-44:

Anlass der Rede ist der prachtvolle Tempelbau und Jesu Hinweis auf dessen Zerstörung (1-2). Der Auslöser ist die Doppelfrage der Jünger nach dem Zeitpunkt (wann?) sowie dem Erkennungszeichen (was?) für die Wiederkunft und die Vollendung der Weltzeit. Die Jünger fragen nach einem konkreten (Begleit-)Zeichen, nicht nach mehreren (Vor-)Zeichen (3).

Die Frage, woran man erkennen kann, dass der wahre Christus gekommen ist – die Jünger erwarteten das Auftreten eines Messias, der den Thron Davids beansprucht und die Römer vertreibt –, beantwortet Jesus schrittweise.

Zunächst schildert er Ereignisse, die nicht als das Zeichen des Endes zu deuten sind, jedoch die Endzeit kennzeichnen (4-26): das lokale Auftreten falscher „Christusse" (5.23.24.26), Kriege und Feindseligkeiten (6-7), Hungersnöte und Erdbeben (7), Verfolgung, Abfall und Verrat (9-10), Verführung durch falsche Propheten (11.24), Gesetzlosigkeit und Egoismus (12), die weltweite Verkündigung des Evangeliums (14) sowie den „Gräuel der Verwüstung" und die große Bedrängnis der Gläubigen (15-22).

Häufigkeit und Intensität dieser Endzeitzeichen nehmen bis zur Wiederkunft Jesu zu (8.12.14.21.22). Wer diese Ereignisse als „das Zeichen des Endes" ausgibt, führt die Gläubigen jedoch in die Irre (4.5.11), denn mit ihnen ist erst „der Anfang der Wehen" (8), aber „noch nicht das Ende" gekommen (6). „Die Zeichen der Zeit" sind ständig wiederkehrende Hinweisschilder, die die unumkehrbare Richtung der Geschichte anzeigen, aber keine Meilensteine, die die genaue Entfernung bis zum Ziel angeben. Sie dienen als Bestätigung, nicht jedoch zur Begründung christlicher Hoffnung. Sie sollen auch keine Endzeithysterie auslösen, sondern vielmehr vor voreiligen Schlussfolgerungen bewahren, Nüchternheit und Gelassenheit fördern (6.23-26).

Das Erkennungszeichen der Wiederkunft dagegen wird so unübersehbar sein wie ein heftiges Gewitter mit Blitz und Donner (27). Die ganze Schöpfung – Himmel und Erde – erzittert und bebt vor dem herannahenden Gott (29; vgl. Jes 13,9-13; Offb 6,12-17). „Und dann wird erscheinen das Zeichen des Menschensohns am Himmel" (30). Alle Menschen werden es – genauer: IHN – sehen, nämlich „den Menschensohn kommen auf den Wolken des Himmels mit großer Kraft und Herrlichkeit" (30). Das ist „das Zeichen des Endes"!

Ellen White beschreibt diese Szene in ihrer ersten Vision: „Bald wurden unsere Augen nach Osten gerichtet, wo eine kleine schwarze Wolke erschien, etwa halb so groß wie eines Menschen Hand. Wir alle wussten, dass dies das Zeichen des Menschensohnes war ... Auf der Wolke saß des Menschen Sohn." („Frühe Schriften von Ellen G. White", 14)

Die Frage „Wann wird das geschehen?" beantwortet Jesus am Bild des Feigenbaums mit einem doppelten Hinweis: Der Tag ist „nahe vor der Tür" – doch niemand weiß, wie nahe (32-44). Mehr brauchen wir offenbar nicht zu wissen. Wir sollen jedoch stets wachsam und bereit sein.

Rückkehr aus dem Todestunnel

Die aus der Schweiz stammende Ärztin Elisabeth Kübler-Ross sowie der amerikanische Mediziner Raymond Moody haben die Beobachtungen der modernen Sterbeforschung der allgemeinen Öffentlichkeit nahe gebracht. Berichte reanimierter Patienten, die von ähnlichen Erfahrungen erzählen (Erscheinung eines Lichtwesens, Verlassen des Körpers, Durchgang durch einen Tunnel, Lichterlebnis) werfen die Frage auf, ob es sich um Jenseitserfahrungen handelt oder um Grenzerfahrungen auf der Schwelle zwischen Leben und Tod. Nah-toderlebnisse lassen sich medizinisch erklären als Folge von Sauerstoffmangel und Kohlendioxidüberschuss im Gehirn, die Halluzinationen hervorrufen. Wer sie als echte Nach-toderlebnisse deutet, will damit die Furcht vor dem Sterben und die Angst vor dem Jenseits überwinden, da es in diesem Fall keinen wirklichen Tod gibt. Damit wird die biblische Lehre von der Todesverfallenheit des Menschen und seiner Rettung durch Christus überflüssig.

„Heute *wirst du mit mir im Paradies sein!*"

Einer der Bibeltexte, der die Lehre von der Unsterblichkeit der Seele zu untermauern scheint, ist das Wort von Jesus an den Schächer am Kreuz: „Ich versichere dir, du wirst noch heute mit mir im Paradies sein!" (Lk 23,43 GNB) Wie lässt sich diese Aussage mit der Lehre vom Todesschlaf vereinbaren?

Die fehlende Interpunktion im Griechischen erlaubt die Zuordnung des „heute" zum vorausgehenden Satz („Ich sage dir heute: Du wirst mit mir im Paradies sein!"). Warum allerdings sollte Jesus gerade den Moment seiner Antwort betonen? Gibt es noch eine andere Erklärung? Die Bitte des Schächers weist ebenso wie Jesu Antwort auf einen Zeitpunkt hin. In welchem Sinn aber sollte sich die Zusage Jesu noch „heute" also – am selben Tag – erfüllen?

Bei seiner Antrittspredigt erklärte Jesus in derselben Vollmacht: „Heute ist dieses Wort der Schrift erfüllt …" (Lk 4,21) und zu Zachäus: „Heute ist diesem Haus Heil wiederfahren." (Lk 19,9) Auch dem Mitgekreuzigten gegenüber scheint Jesus das Wort heute zu betonen. Die Lösung liegt in der Bedeutung des Wortes „Paradies". Ursprünglich der „Garten Eden", den Gott für die Menschen erschuf (1 Mo 2-3), wurde das Wort „Paradies" (Garten) später zum Inbegriff der Vollkommenheit und zum Synonym für die himmlische Gegenwart Gottes (2 Kor 12,1-4; Offb 2,7; 22,1f.14). Der „Garten des Herrn" (Jes 51,3) bezeichnet somit nicht nur einen bestimmten Ort, sondern auch einen vollkommenen Zustand (Hes 28,13ff., 31,8ff.).

Wer im Glauben an Christus stirbt und seinen Geist in Gottes Hände legt (Apg 7,55ff.), ist „daheim" (2 Kor 5,8) „bei Christus" (Phil 1,23). Der Körper liegt im Grab; er selbst „schläft" und ruht „im Herrn". Dennoch – ja, gerade deshalb – zählt er zur Gemeinde derer, „die im Himmel aufgeschrieben sind" (Hebr 12,22-24). Gott hat die Toten nicht vergessen, „denn ihm leben sie alle" (Lk 20,38; vgl. Joh 11,25f.).

Jesus starb in dem Bewusstsein, selbst im Tod bei Gott zu sein: „Vater, ich befehle meinen Geist in deine Hände!" (Lk 23,46). Kurz zuvor versicherte er dem reumütigen Schächer: „Auch du wirst heute (bei deinem Tod) mit mir im Paradies (in Gott geborgen) sein!" Der eine stand am Ostermorgen wieder auf, der andere ruht im Grab bis zu seiner Auferstehung.

Hoffnung, die uns trägt

Wann beginnt das Millennium?

Studiert man Struktur und Aussage der Apokalypse des Johannes, dann lässt sich das Millennium zeitlich unschwer einordnen. Die Offenbarung ist nämlich „chiastisch" aufgebaut, vergleichbar mit einer Pyramide: Dem ersten Teil des Buches entspricht der letzte Teil, dem zweiten der vorletzte usw. So steht den sieben Siegeln die Vision vom dreifachen Endgericht gegenüber.

Das sechste Siegel endet unmittelbar vor der Wiederkunft Jesu. Der Himmel entweicht wie eine Schriftrolle und gibt den Blick auf den Thron Gottes frei. „Der Tag seines Gerichts ist jetzt gekommen." (6,17 Hfa)

Nun kann man die folgenden Kapitel überspringen und gewissermaßen direkt zur Fortsetzung umblättern: „Und ich sah den Himmel geöffnet ..." (19,11) Jetzt wird die Wiederkunft Jesu und das Endgericht über die drei satanischen Mächte geschildert. Beim dritten Strafakt ist Satan an der Reihe und wird gefangengesetzt (20,1ff.). Das Millennium beginnt – offensichtlich nach der Wiederkunft Jesu!

Siehe dazu: Rolf J. Pöhler, „Der literarische Aufbau der Offenbarung des Johannes" in: „Studien zur Offenbarung: die Bedeutung der drei Engelsbotschaften heute". Hg. Gemeinschaft der Siebenten-Tags-Adventisten, EUD, 1988, Band 1, S. 35-112.

Das neue Jerusalem – Vision der vollendeten Gemeinde

Die wohl eindrucksvollste Beschreibung der neuen Erde findet sich auf den letzten Seiten der Bibel (Offb 21-22). Der Ankündigung eines neuen Himmels und einer neuen Erde folgt die Vision vom neuen Jerusalem, das in Anspielung an das israelitische Wüstenheiligtum (2 Mo 25,8) als „Hütte" bzw. „Zelt Gottes" bezeichnet wird (Offb 21,3). Seine Form entspricht einem Würfel und erinnert an das kubusförmige Allerheiligste, den innersten Raum des jüdischen Tempels.

Die Beschreibung vom neuen Jerusalems (21,2-22,5) ist das literarische Gegenstück zu den Briefen an die sieben Gemeinden (1,9-3,22), mit denen die Offenbarung beginnt. Der kämpfenden Gemeinde von damals bzw. heute wird die siegreiche Gemeinde von morgen gegenübergestellt. Die Aussicht auf die eschatologische Vollendung soll die Gläubigen dazu ermutigen, auch in Not und Verfolgung standhaft zu bleiben und Gott die Treue zu halten.

Diese Deutung wird durch den Engel bestätigt, der dem Seher von Patmos „die Braut des Lammes" zeigen will (21,2.9f.) – die Gemeinde Jesu (19,7f.; 22,17; vgl. Eph 5,25-32). Sie ist der Tempel, in dem Gott wohnt; ER wiederum ist der Tempel der Stadt (21,22). Die Symbole und Zahlen der Vision lassen sich in ihrem theologischen Sinngehalt dann wie folgt erklären:

Das neue Jerusalem – Vision der vollendeten Gemeinde (Forts.)

1. Herrlichkeit und Licht (Offb 21,11.23-25; 22,5): Die „Wolke der Herrlichkeit" war das sichtbare Zeichen der Gegenwart Gottes während der Wüstenwanderung (2 Mo 24,15-18; 40,34-38). Hesekiel sah in prophetischer Schau, wie Gottes Herrlichkeit den Tempel erfüllt (Hes 43,1-7). Im Neuen Testament werden die Gläubigen selbst als Tempel bezeichnet (1 Kor 3,16f.; 6,19), an denen Gottes Herrlichkeit sichtbar werden wird (Röm 8,17f.; 2 Kor 3,18; 1 Ptr 5,1.4.10). Die Erlösten - so erklärte Jesus - werden „leuchten wie die Sonne in ihres Vaters Reich" (Mt 13,43). Sie spiegeln in ihrem ganzem Leben und Wesen die Herrlichkeit Gottes und des Lammes wider.

2. Der Grundriss (Offb 21,16): Die Stadt ist quadratisch bzw. kubisch angelegt, die Seitenlängen betragen jeweils 12 mal 1000 Stadien (1 Stadion sind 185 Meter). Die Zahl zwölf bezeichnet die Gesamtheit des Volkes Gottes im Alten (12 Stämme) wie im Neuen Bund (12 Apostel).

3. Die Stadtmauer (Offb 21,12-18): Ihre Höhe beträgt 12 mal 12, also 144 Ellen (1 Elle sind 46 cm). Diese Zahl (mal 1000) entspricht auch der Summe ihrer Bewohner: 12 mal 12.000 aus allen Stämmen Israels - eine bildhafte Darstellung der unzählbaren Schar der Erlösten aller Zeiten (Offb 7,4-10).

4. Die Grundsteine und die Tore (Offb 21,12-21): Die Mauer hat 12 edelsteinverzierte Grundsteine, die den Namen der 12 Apostel tragen, sowie 12 Perlen-Tore mit den Namen der 12 Stämme Israels. Auch damit wird die Gesamtheit des Volkes Gottes umschrieben, das Wohnrecht in der Stadt besitzt (Offb 21,8.27). „Wir sind sein Haus, das auf dem Fundament der Apostel und Propheten erbaut ist mit Christus Jesus selbst als Eckstein. Dieser Eckstein fügt den ganzen Bau zu einem heiligen Tempel für den Herrn zusammen. Durch Christus, den Eckstein, werdet auch ihr eingefügt und zu einer Wohnung, in der Gott durch seinen Geist lebt." (Eph 2,20 NL)

5. Gold, Glas und Edelsteine (Offb 21,18.21): Stadt und Marktplatz sind aus reinem Gold, klar und durchsichtig wie Glas – Symbol für die Vollkommenheit, Sündlosigkeit und Reinheit der vollendeten Brautgemeinde, die im Licht der Herrlichkeit Gottes „schön und makellos, ohne jeden Fehler ... heilig und vollkommen" vor Gott (be)stehen kann (Eph 5,27 Hfa/GNB).

6. Der Lebensstrom (Offb 21,6; 22,1f.): Wie im Garten Eden (1 Mo 2,10-14) fließt auch hier ein Lebensstrom. Die Bewohner der Stadt leben von dem frischen Wasser, das am Thron Gottes und des Lammes entspringt. Gott ist die Quelle ihres Lebens (Ps 36,10; Jer 2,13) und Christus das Lebenswasser, das jeden Lebensdurst stillt (Joh 4,10-15; 7,37). In alle Ewigkeit werden die Erlösten aus dieser Quelle trinken – und das Leben in seiner Fülle genießen (Joh 10,10).

7. Die Lebensbäume (Offb 22,2; 2,7): Der Lebensbaum im Paradies (1 Mo 2,9; 3,22) findet seine Entsprechung in den Lebensbäumen, die 12 Mal Früchte tragen und deren Blätter heilende Wirkung haben. Nur die Erlösten haben das Recht, von diesem Baum zu essen (22,14.19).

Mein Glaubensbekenntnis

Der folgende Text entspricht in seinem Aufbau den altkirchlichen Bekenntnissen. Dem dreimaligen „Credo" (Ich glaube ...) folgt hier ein Taufversprechen (Ich will ...), das Glaube und Leben miteinander verbindet.

Ich glaube an Gott, den Vater –
Schöpfer und Erhalter von Himmel und Erde
Vater der Menschen; heilig, gerecht und gut
Herr und Vollender seines ewigen Reiches

Ich glaube an Jesus Christus –
den Sohn Gottes und Erlöser der Welt
gestorben für uns und unsere Sünden
auferstanden aus dem Reich der Toten
aufgenommen in die ewige Herrlichkeit
Fürsprecher und Richter der Menschen
bald wiederkommender König und Herr

Ich glaube an den Heiligen Geist –
Helfer und Beistand der Gläubigen
gesandt, um uns zu Gott zu führen
und Christi Bild in uns zu erneuern

Aus dankbarer Liebe zu Gott will ich –
sein Wort als Richtschnur des Lebens anerkennen
seine lebensfördernden Gebote und Angebote beachten
meinen Körper als Tempel des Heiligen Geistes ehren
die Gemeinde durch Gaben und Mittel unterstützen
für den Tag der Wiederkunft Jesu Christi bereit sein
mein Taufbekenntnis täglich ausleben und erneuern

Ebenfalls von Rolf J. Pöhler:

Christsein heute
Gelebter Glaube

Brauche ich Gott, um ein guter Mensch zu sein?

Kann mir die Kirche etwas bieten, worauf ich nicht verzichten will?

Ist der Glaube der Christen mehr als Vertröstung auf ein ungewisses Jenseits?

Wie äußert sich ein überzeugend gelebter Glaube?

Was zeichnet eine gesellschaftsrelevante christliche Kirche aus?

Das sind einige der Fragen, die „Christsein heute" im Kontext aktueller Trends und Herausforderungen behandelt, und zwar am Beispiel der Siebenten-Tags-Adventisten, einer der weltweit am schnellsten wachsenden christlichen Kirchen.

Weitere Infos und Leseproben:
www.christsein-heute.info

Bezugsquellen:

Advent-Verlag · Lüner Rennbahn 14 · 21339 Lüneburg · Deutschland
Tel. 04131 9835-02 · E-Mail: bestellen@advent-verlag.de · Internet: www.advent-verlag.de

Top Life Center – Wegweiser Verlag GmbH · Industriestr. 10 · 2104 Spillern · Österreich
Tel. +43 2266 80520 · E-Mail: mailbox@toplife-center.com · Internet: www.toplife-center.com

Advent-Verlag Zürich · Leissigenstrasse 17 · 3704 Krattigen · Schweiz
Tel. +41 33 654 1065 · E-Mail: info@advent-verlag.ch · Internet: www.advent-verlag.ch

Verzeichnis der Abkürzungen

Die Bibelzitate sind – falls nicht anders vermerkt – der *Bibelübersetzung nach Martin Luther* (revidierte Fassung 1984, Deutsche Bibelgesellschaft, Stuttgart 1985ff.) entnommen. Ansonsten bedeuten:

EB	=	*Die Heilige Schrift – Revidierte Elberfelder Bibel* (R. Brockhaus Verlag, Wuppertal, 1985ff.)
EÜ	=	*Einheitsübersetzung der Heiligen Schrift* (Katholisches Bibelwerk, Stuttgart)
GNB	=	*Gute Nachricht Bibel* (revidierte Fassung der *Bibel im heutigen Deutsch*, Deutsche Bibelgesellschaft, Stuttgart 1997ff.)
Hfa	=	*Hoffnung für alle – Die Bibel* (International Bible Society, Übersetzung: Brunnen-Verlag, Basel und Gießen, revidierte Fassung 2002ff.)
NL	=	*Neues Leben – Die Bibel* (Tyndale House Publishers, Übersetzung: Hänssler-Verlag, Holzgerlingen 2002 und 2005).

Abkürzungen der biblischen Bücher:

1 Chr	=	1. Chronik	Am	=	Amos	Kla	=	Klagelieder
1 Joh	=	1. Johannes	Apg	=	Apostelgeschichte	Kol	=	Kolosser
1 Kön	=	1. Könige	Dan	=	Daniel	Lk	=	Lukas
1 Kor	=	1. Korinther	Eph	=	Epheser	Mal	=	Maleachi
1 Mo	=	1. Mose	Esr	=	Esra	Mi	=	Micha
1 Ptr	=	1. Petrus	Est	=	Ester	Mk	=	Markus
1 Sam	=	1. Samuel	Gal	=	Galater	Mt	=	Matthäus
1 Ths	=	1. Thessalonicher	Hab	=	Habakuk	Nah	=	Nahum
1 Tim	=	1. Timotheus	Hag	=	Haggai	Neh	=	Nehemia
2 Chr	=	2. Chronik	Hbr	=	Hebräer	Obd	=	Obadja
2 Joh	=	2. Johannes	Hes	=	Hesekiel	Offb	=	Offenbarung
2 Kön	=	2. Könige	Hiob	=	Hiob	Phil	=	Philipper
2 Kor	=	2. Korinther	Hld	=	Hoheslied	Phlm	=	Philemon
2 Mo	=	2. Mose	Hos	=	Hosea	Pred	=	Prediger
2 Ptr	=	2. Petrus	Jak	=	Jakobus	Ps	=	Psalm
2 Sam	=	2. Samuel	Jer	=	Jeremia	Ri	=	Richter
2 Ths	=	2. Thessalonicher	Jes	=	Jesaja	Röm	=	Römer
2 Tim	=	2. Timotheus	Joel	=	Joel	Rut	=	Rut
3 Joh	=	3. Johannes	Joh	=	Johannes	Sach	=	Sacharja
3 Mo	=	3. Mose	Jona	=	Jona	Spr	=	Sprüche
4 Mo	=	4. Mose	Jos	=	Josua	Tit	=	Titus
5 Mo	=	5. Mose	Jud	=	Judas	Zef	=	Zefanja

Sonstige Abkürzungen:

WLG = *Wir loben Gott* (Adventistisches Liederbuch, Advent-Verlag, Lüneburg, 1998)

Bildnachweis

AIDBOX: 7 o.; 21 H.; 22 H.; 153 H.; 181 u.; 185 H.; 186 H.; 187 H.; 190 H.; 191 H.; **CHURCHPHOTO.DE:** Matthias Schreiber 101; Matthias Müller 124; **CCVISION:** 8 o.; 9 H.; 10 H.; 11 H.; 12 H.; 15 H.; 16 H.; 17 H.; 28 H.; 30 H.; 31 u., 36 H.; 38 H.; 40 H.; 41 o. und H.; 42 H.; 46 H.; 47 H.; 48 H.; 49 H.; 53 H.; 60 H.; 61 H.; 63 H.; 64 H.; 69 H.; 74 H.; 76 H.; 77 o.; 78 H.; 79 H.; 80 o.; 83 H.; 84 H.; 85 H.; 95 H.; 96 H.; 98 o.; 100 H.; 101 u.; 116 o.; 117 und H.; 122 o.; 146 o.; 149 H., 151 u. und H.; 155 u. und H.; 156 H.; 157 H.; 158 o.; 162 H.; 163 u. und H., 175 M. r. und H.; 177 o.; 188 H.; 189 H.; 192 H., 193 H.; 194 H.; 195 H., 196 H.; 197 H.; 199 H.; 213 o.; **FOTOLIA:** Nicola Suslov Titelseite; Ackley Road Photos Titelseite Taube u. 21 o.; Ni Der Lander Titelseite r. u. und 21 o.; Andi Berger 23 o.; Laurent Granier 33 u.; ahardert 34 u. 35 H.; Urbanhearts 50 H. u. 51 H.; Darren Whittingham 52 H.; Urbanhearts 55 H.; Galina Barskaya 56 H. u. 57 H.; Rui Vale de Sousa 62 H.; Carmen Steiner 68 o.; Claus Mikosch 70 u. 71 H.; Devil GB 113 H.; Tootles 115 u. und H.; vimark 118 H. u. 119 H.; Roman Milert 161 o.; Ashley Whitworth 164 o.; Irina Fischer 183 o. und H.; Roberto Anguita 188 o. und 203 H.; Fotolia II 205 o.; philpictore 214 H. und 215 H.; Schwoab 217 H.; Roman Dembitsky 218 u.; Boris Katsman 219 H.; Suprijono Suharjoto 220 o.; Valery Shanin 153; **MEV:** Titelseite Hände mit Pflanze, junge Leute; 6 u.; 20 o.; 22 u.; 26 H.; 29 r.; 39 o.; 40 o.; 44 o. u. H.; 45 o. H.; 53 o.; 66 H.; 67 H.; 72 H.; 75 o.; 86 o. und H.; 87 o. und H.; 88 o.; 89 H.; 90 H.; 91 H.; 99 u.; 102 u.; 125 H.; 128 o.; 131 H.; 132 u.; 135 H.; 136 H.; 137 H.; 138 H.; 139 H.; 141 H.; 142 u. H.; 144 o.; 147 o.; 148 o. und H.; 160 H.; 161 H.; 165 H.; 166 H.; 167 o.; 169 H.; 171 H.; 176 o.; 178 u.; 179 H.; 180 u.; 182 o.; 184 H.; 208 H.; 209 H.; **PHOTOCASE:** Andreas Kreuzeder 24; annaia 172; audiographer 170; **iSTOCK:** Rosemarie Gearhart 32 o.; MKucova 107 H. und 108 M. l; David Peeters 110 o.; First Vision 120 H. und 121 H.; blackred 129 H.; Konradlew 132 H.; 133 H. und 206 H.; webking 211 o.; **SONST.:** o-g-vision Titelseite Vater mit Kind u. 28; edp 81, 96, 104, 114; General Conference of SDA 10, 118; Pascualet.com 9; picture-alliance/ZB 92; Rolf J. Pöhler 27, 88, 102 o.; Staatliche Kunstsammlungen Dresden, David Brandt 177 u.; **VERLAGSARCHIV:** 9 o.; 18 H.; 19 H.; 24 o.; 27 M und H.; 28 o.; 51 M l.; 54 H.; 58 o. und H.; 59 H.; 81 u.; 82 H.; 92 H.; 93 H.; 96 u. l.; 102 o.; 104 o.; 105 H.; 111 u.; 112 H.; 114 o.; 118 o.; 123 u.; 124 M.; 130 H.; 134 H.; 140 H.; 143 o.; 150 o.; 152 o.; 153 o.; 159 H.; 168 H.; 170 o.; 172 o.; 173 H.; 177 u.; 200 H.; 201 H.; 202 H.; 204 H.; 207 H.; 210 u.; 212 u.; 216 u.

Impressum

Autor: Rolf J. Pöhler
Herausgeber: Freikirche der Siebenten-Tags-Adventisten
Lektorat: Elí Diez-Prida
Korrektorat: Gabriele Baur, Hans-Joachim Krause, Werner E. Lange, Erika Schultz
Einband und graphische Gestaltung: Sislak Design, Bad Soden-Salmünster
Gesamtherstellung: Thiele & Schwarz Druck- und Verlagshaus, Kassel

© 2008 Saatkorn-Verlag GmbH, Abt. Advent-Verlag
Lüner Rennbahn 14, D-21339 Lüneburg
Internet: www.advent-verlag.de, E-Mail: info@advent-verlag.de

Das Werk einschließlich aller seiner Teile ist urheberrechtlich geschützt. Jede Verwertung außerhalb der engen Grenzen des Urheberrechtsgesetzes ist ohne Zustimmung des Verlags unzulässig und strafbar. Das gilt insbesondere für Vervielfältigungen, Übersetzungen, Mikroverfilmungen und die Verarbeitung in elektronischen Systemen.
Alle Rechte vorbehalten – Printed in Germany

ISBN: 978-3-8150-7710-8

Aktualisierungen und Ergänzungen dieses Buches im Internet:
www.christsein-heute.info/hoffnung

Nimm Jesus

Du wartest auf eine gute Nachricht für dein Leben?

Nimm Jesus! Du findest alles über ihn, in dem einzigartigen Buch – der Bibel. Jesus zu kennen ist unser größtes Glück! Die Studienbriefe **Start ins Leben** führen in die Welt der Bibel. Sie helfen dir, Jesus zu finden. Direkt bestellen – dein Leben wird sich positiv verändern.

Versuch's einfach!

Kostenlos!
www.bibelstudien-institut.de

INTERNATIONALES BIBELSTUDIEN-INSTITUT
64665 Alsbach-Hähnlein · Sandwiesenstr. 35